Thorsten Knape und Oliver Köhler

Tatort OWL

Kriminelle Geschichten
nach wahren Begebenheiten

PENDRAGON

Inhalt

Thorsten Knape

Der allerletzte Mohikaner

> *»Uncas ist da!«, sprach eine andere Stimme in sanf-
tem Kehllaut.*
> *»Wer fragt nach Uncas?«*
> (James Fenimore Cooper, Der letzte Mohikaner)

Uncas Kronshage hatte eine unglückliche Kindheit.

Klar, möchte man meinen, bei einem solchen
Vornamen.

Es wäre aber zu kurz gegriffen, alles, was Uncas in seinem Leben tun würde, und alles, was
ihm geschehen sollte, sein ganzes Unglück also,
einzig und allein auf seinen ungewöhnlichen
Vornamen zu schieben.

Sicher war es nicht einfach, mit einem solchen Vornamen groß zu werden, in einem Ort
wie Südlengern. Aber das reicht als Erklärung bei
weitem nicht aus. Zumal es in Bezug auf seinen
Vornamen noch weitaus schlimmer hätte kommen können. Denn sein Vater wollte unbedingt
den Vornamen Chingachgook durchsetzen,
scheiterte damit aber am Widerstand seiner Frau.

Die Mutter des zarten Frühchens (Uncas war

sieben Wochen vor der Zeit gekommen) sagte, ein solch langer Name passe nicht zu einem so kleinen Kind. Eigentlich aber hatte sie Angst, dass ihre schlimmen Rechtschreibschwierigkeiten und ihre fast noch heftigeren Probleme sich zu konzentrieren ans Licht kämen. Wenn beim Kinderarzt oder wo auch immer jemand gefragt hätte: »Und wie schreibt sich das bitte?«

Ein Kind, dessen Namen sie nicht richtig schreiben konnte, wollte sie einfach nicht. Man entschied schließlich gemeinsam, das Kind zu behalten, den Namen aber entscheidend zu vereinfachen.

Also Uncas statt Chingachgook.

Auch gut, dachte sein Vater, Hauptsache Mohikaner.

Die Liebe des Vaters zu dem Indianerstamm der zweifellos tapferen Mohikaner war früh entfacht. Und zwar durch das wiederholte und uneingeschränkte Konsumieren des Klassikers von James Fenimore Cooper aus dem Jahr 1826. Nun war Uncas Vater Zeit seines Lebens nie ein Freund von Büchern, aber den »letzten Mohikaner« musste Uncas' Vater gar nicht lesen – er hörte ihn sich einfach an. Denn »Der letzte Mohikaner« kam 1976 als deutsche Hörspielproduktion auf den Markt und damit direkt auf den Plattenteller des damals 16-jährigen, den das Werk des Amerikaners so nachhaltig beeindruckte, dass er seinen Sohn später einmal unbedingt nach dem eigentlichen Helden der Geschichte, dem Mohikaner-Häuptling Chingachgook, benennen wollte. Als er das nicht durchsetzen konnte, brachte er den Namen des einzigen Sohnes seines Indianerhelden ins Spiel, Uncas.

Also Uncas. Besser, aber auch nicht wirklich gut für ein Kind, das in Südlengern-Dorf aufwachsen würde. Dort kam Uncas im Juli 1980 zur Welt.

Nicht, dass die Menschen in Südlengern-Dorf, dieser Perle im Kreis Herford, in den 1980er Jahren weniger tolerant und weltoffen gewesen wären als in anderen vergleichbaren Dörfern. Nein, aber eben auch nicht toleranter oder weltoffener. Und dann kann, einen Uncas in den eigenen Reihen zu ertragen, schon eine Herausforderung sein. Zumal es Uncas den Menschen in Südlengern-Dorf auch nicht leicht machte, ihn zu mögen. Nicht, dass er es ihnen absichtlich schwer machte. Nein, aber Uncas wurde schnell zum ungeliebten kleinen Indianerhäuptling von Südlengern.

Das Unheil nahm seinen Lauf, als Uncas gerade mal neun Jahre alt war. Da wurde er Ziel und

Opfer der sogenannten Doberg-Bande – eine Begegnung mit Folgen – für beide Seiten.

»Wo willst du hin, Uncas?«

Mit einiger Sorge beobachtete seine Mutter, wie Uncas seine Schuhe schnürte, seine Jacke sorgsam festzog und zur Haustür hinaus stiefeln wollte.

»Uncas geht auf Wanderschaft!«, sagte Uncas, der in dieser Phase seiner Entwicklung von sich gerne in der dritten Person sprach.

»Und wohin will Uncas wandern?«, fragte seine Mutter, die dieses dritte Person-Spielchen mitmachte, weil sie es drollig fand und sich ansonsten wenig Gedanken um eventuell daraus resultierende sprachliche Entwicklungsverzögerungen ihres Sprösslings machte.

»Weit will er wandern, bis hinter'n Horizont will Uncas wandern!«

»Gut«, sagte seine Mutter. »Aber sei zum Abendbrot wieder zu Hause!«

Auch um sein körperliches Wohlergehen machte sich seine Mutter nicht mehr Sorgen als nötig. Der Junge kommt schon klar, sagte sie, wenn andere Mütter über die Freiheiten des kleinen Uncas ihre Köpfe schüttelten. Und Indianer kennen keinen Schmerz, fügte sie oft hinzu.

Nun, in diesem Punkt sollte sie sich gründlich geirrt haben.

Und so zog Uncas los: dicke Schuhe, dicke Jacke und einen Leinenbeutel auf dem Rücken.

»Was hast du denn in dem Beutel?«, rief ihm seine Mutter nach.

»Nichts«, antwortete Uncas. »Uncas geht sammeln.«

Südöstlich des Hauses in der Riegelstraße in Südlengern-Dorf, in dem Uncas seine Kindheit verbrachte, begann ein für Kinder ungemein geheimnisvolles Gebiet. Überquerte man die Elsestraße, war man bald in den Ausläufern des Dobergs. Dort, so wussten alle im Dorf, fand man mit etwas Glück rätselhafte Steine und Scherben.

Und auch wenn Uncas sich nicht hundertprozentig sicher war, ob im Doberg früher Indianer gelebt hatten, fühlte er sich doch von den Erzählungen seiner Mitschüler insoweit animiert, dass er dort unbedingt auf die Suche gehen wollte – nach den Überbleibseln aus einer längst vergangenen Zeit.

Vorsichtig überquerte Uncas also die viel befahrene Elsestraße, folgte der Brandhorststraße hoch in den Berg. Schnell wurde die Bebauung dünner und Uncas war schon etwas mulmig im Bauch. Er kannte die Straße nur bis zum Friseursalon von Herrn Großmann und den hatte er schon vor ein paar Minuten passiert. Häuser gab es jetzt keine mehr – der Wald hatte begonnen. Er war mittendrin, im finsteren, sagenumwobenen Doberg. Rechts, im 90-Grad-Winkel abgehend, ein kleiner Lehmpfad. Der sah vielversprechend aus. Schnell dort hinein. Es konnte ja nicht mehr weit sein. Jetzt die Augen auf, konzentriert auf den Boden gerichtet. Hier würde er etwas finden – ganz klar. Nur weiter, weiter in den Wald hinein, den Doberg hinauf …

Bevor er etwas fand, fanden sie ihn.

»Ach nee, was haben wir denn da?«

Uncas, dessen Augen immer noch auf den Boden gerichtet waren, sah Füße, Turnschuhfüße, große Turnschuhfüße. Dann spürte er eine harte Hand in seinem Nacken, an seiner Kapuze. Die hielt ihn fest, riss ihn hoch.

»Was hat der denn hier zu suchen?« Das war eine andere Stimme.

Die Hand im Nacken zog Uncas' Gesicht nach oben. Vor ihm standen vier Jungs. Ältere Jungs. Bestimmt schon 15 oder 16 Jahre alt, schätzte Uncas.

Verwegen sahen sie aus. Dreckig im Gesicht, mit schmutzigen T-Shirts und Hosen. Das waren sie also. Uncas hatte schon von ihnen gehört. In seiner Grundschulklasse hatten sie darüber gesprochen, besser: geflüstert. Die Doberg-Bande. Ein Haufen wilder Kerle, die in ihrem Revier Angst und Schrecken verbreiteten – zumindest unter den kleineren Kindern in der Umgebung. Und jetzt hatten sie ihn erwischt. Und er ahnte, was sie jetzt mit ihm tun würden. Auch darüber hatten die Klassenkameraden geredet.

»Du bist in unser Revier eingedrungen«, sagte ein besonders verwegen aussehender Junge, offenbar der Anführer der Bande. »Das muss bestraft werden. Männer, macht ihn bereit!«

Sie packten ihn zu zweit unter den Armen und trugen ihn weiter den Weg entlang. Dann bogen sie links ab, stapften durch steiles, unwegsames Gelände einen kleinen Hügel hinauf. Oben angekommen sah Uncas, was auf ihn zukommen würde. Auf der anderen Seite fiel der Hügel etwas flacher ab als auf der Seite, die sie heraufgekommen waren. Der ganze Hang vor ihnen war mit Tausenden von Brennnesseln übersät.

»Ausziehen!«, schrie einer der anderen Jungs. Uncas zog sein Hemd über den Kopf. Seine Hände zitterten zu sehr, als dass er es hätte aufknöpfen können. Über sein Gesicht kullerten dicke Tränen.

»Die Hose auch!«

Sie packten den halbnackten Uncas an seinen Händen und Füßen, schaukelten ihn ein paar Mal hin und her und ließen ihn, als sie meinten, genug Schwung zu haben, los. Uncas flog in hohem Bogen Richtung Abhang, hinein in die ersten Brennnesseln. Und dann rollte und rollte er, unfähig, seine Geschwindigkeit zu bremsen, den Hang hinab. Die Brennnesseln auf seiner Haut fühlten sich an wie kleine Stromstöße, die durch seinen Körper jagten. Es tat höllisch weh. Endlich unten angekommen sprang er auf, nur um gleich wieder schwindelig hinzufallen. Zweimal raffte er sich auf, fiel wieder hin und konnte dann endlich loslaufen Richtung Dorf. Er schrie, er heulte und er rannte, halbnackt wie er war, die Brandhorststraße herunter, vorbei an Herrn Großmanns Friseursalon, über die Elsestraße hinweg (auf der glücklicherweise gerade kein Auto kam) in die Riegelstraße hinein. Die wenigen Leute, die den rennenden, heulenden, halbnackten Uncas an sich vorbeilaufen sahen, grinsten breit.

»Aha, die Doberg-Bande hat wieder zugeschlagen« oder »Ach diese Rabauken, herrlich. War ja zu unserer Zeit nicht anders.« Uncas hörte diese Kommentare glücklicherweise nicht. Zu Hause angekommen versteckte er sich unter dem Küchenfenster, hockte sich hin und weinte. Er wollte gar nicht so laut weinen, dass es jemand hörte. Aber das gelang ihm nicht. Seine Mutter hörte das Wimmern sofort.

Der tapfere kleine Häuptlingssohn, der unerschrockene Schatzsucher, erzählte, was ihm widerfahren war. Jedes Mal, wenn seine Mutter tröstend über seinen Arm streicheln wollte, stöhnte er auf. Seine Haut brannte wie Feuer; überall hatten sich kleine Bläschen gebildet. Berührte man die Haut, wurde alles nur noch schlimmer. Seine Mutter brachte ihn auf sein Zimmer und legte ihn vorsichtig aufs Bett. Dann rieb sie seinen ganzen zitternden kleinen Körper mit einer kühlenden Creme ein. Und sie streichelte ihm über den zerzausten Kopf, bis er schwer atmend eingeschlafen war.

Als er spät am nächsten Morgen wieder aufwachte, war seine Mutter bereits wieder zurück von ihrem Besuch bei der Polizeiwache im benachbarten Kirchlengern. Für sie war es keine Frage und keine Überlegung wert gewesen: Ein solcher Übergriff auf ihren geliebten Sohn musste geahndet werden. Mit aller gebotenen Härte. Also hatte sie Strafanzeige erstattet wegen schwerer Körperverletzung, begangen an ihrem Sohn Uncas Kronshage, neun Jahre alt, wohnhaft Riegelstraße 5.

Den Polizeibeamten blieb im Verlauf der nächsten Tage gar nichts anderes übrig, als die Täter zu ermitteln. Schwierig war das nicht, jeder kannte schließlich die Jungs von der Doberg-Bande. Aber keiner im Dorf war jemals auf die Idee gekommen, ernsthaft – also mit Polizei und Anzeige und ähnlich offiziellem Gedöns – gegen sie vorzugehen.

»Jungs sind nun mal so«, sagte man im Dorf. »Die müssen sich austoben.« »Pack schlägt sich, Pack verträgt sich«, sagten andere.

»Das müssen die unter sich ausmachen. Da darf man sich als Eltern doch nicht einmischen.« So dachten die Erwachsenen.

Und die Kinder im Dorf? Nicht wirklich anders: »Was der kleine Blödmann doch für eine Petze ist!«

»Hätte ich nie gemacht. Alles erzählen und sich bei Mama ausheulen. Ich wäre tapferer gewesen.«

»Mit dem will ich nie, nie wieder was zu tun haben.«

Armer Uncas. Erst die Brennnesseln, die wie Feuer gebrannt hatten. Und jetzt die bösen, hasserfüllten Blicke der Kinder im Dorf.

Die brannten fast noch mehr.

Uncas fand sich ungewöhnlich schnell damit ab, dass nach der Sache mit der Doberg-Bande kein

Kind mehr etwas mit ihm zu tun haben wollte. Nicht, dass er es gut fand. Aber es war nun mal, wie es war, und die Aktion seiner Mutter, die zum Bann des Sohnes geführt hatte, war aus seiner Sicht nicht mehr rückgängig zu machen. Und eigentlich fand er es ja auch gut, dass sich seine Mama so toll für ihn eingesetzt hatte. Blöd nur, dass die Polizei ihnen nicht geholfen, sondern eher geschadet hatte. Das sollte er sich für später merken.

Uncas spielte ab dieser Zeit alleine im Garten der elterlichen Wohnung. Er spielte, wen wundert's, am liebsten Cowboy und Indianer. Dass er dies alleine tun musste, war sicher ein Handicap. Uncas war natürlich der Indianer – und seine Gegner, die Cowboys, die immer mehr zu Sheriffs (oder sollte man besser sagen: zu Polizisten?) wurden, die bildete er sich einfach ein. Die lauerten ihm auf, die umging er, an die schlich er sich heran, die überfiel er, die besiegte er – ganz nach Belieben. Es hatte halt auch Vorteile, alleine zu spielen – man konnte sich die Welt herrlich ungestört ausdenken.

Mit einer solchen Erkenntnis und einer gewissen Übung konnte man später im Leben ganz prima Schriftsteller werden – oder Lügner. Das zweite jedenfalls lebte ihm sein Vater eindrucksvoll vor.

Uncas war gerade elf geworden und las in einem alten Karl-May-Buch seines Vaters, als der zur Tür seines Kinderzimmers hereinstürmte.

»Frag nicht, mach jetzt einfach genau das, was ich sage!«

Sein Vater war aufgeregt, er schwitzte, war außer Atem.

»Nimm das. Versteck es unter deinem Bett. Und wenn sie kommen und fragen, woher du das hast, dann fängst du an zu schreien. Versuch, ob du heulen kannst. Wäre gut, wenn dir ein paar Tränen kommen. Das wäre richtig gut. Schreien, heulen – aber nichts sagen. Auf keine Frage antworten. Auch wenn ich dich was frage! Hast du verstanden?«

Natürlich hatte Uncas nichts verstanden. Er starrte auf das Paket, das ihm sein Vater aufs Bett geworfen hatte, bevor er eilig wieder das Zimmer verlassen hatte. Schwer war es wohl nicht, aber groß. So groß, dass es nur knapp unters Bett passte. Uncas hatte es gerade dort verstaut, da kam sein Vater zurück ins Zimmer. Hinter ihm zwei Männer in Uniform.

»Ich glaub das nicht!«, sagte sein Vater zu den Polizisten.

»Aber das Signal ist eindeutig«, erwiderte der ältere der beiden Beamten.

»Es muss hier irgendwo sein«, fügte er hinzu

und schaute Uncas fragend an. Dieser Blick alleine hätte schon fast ausgereicht, um Uncas zu dem von seinem Vater befohlenen Heulen zu bringen.

»Wo ist es?«, fuhr ihn sein Vater mit einer Heftigkeit an, die ihr Übriges tat. Uncas fing an zu weinen, erschrocken und verwirrt wie er war.

Der Polizist schaute sich kurz im Zimmer um und bückte sich dann für einen Blick unter das Bett. Er zog das Paket hervor.

»Na also«, brummte der ältere. »Mach es auf!«

Sein Kollege riss vorsichtig das Klebeband vom Deckel und nahm etwas heraus, dass Uncas selbst mit seinen verheulten Augen als brandneue Handys erkennen konnte.

»Alle 25 da?«, fragte der ältere Polizist.

»Ja, alle da«, antwortete der und zog dann etwas aus dem Paket, was Uncas vorher noch nie gesehen hatte.

»Da ist ja das Schätzchen!«

»Ein Peilsender, wie clever.« Uncas Vater nickte anerkennend und wandte sich dann wieder seinem verängstigten Sohn zu: »Was hast du dir nur dabei gedacht? Ich sage dir, dass wird dir noch leidtun. Schäm dich! Kommen Sie, meine Herren. Lassen Sie uns alles Weitere draußen besprechen.«

Uncas blieb in seinem Zimmer sitzen und

heulte weiter, obwohl das ja offensichtlich über die Anweisungen seines Vaters hinausging.

Eine halbe Stunde später kam sein Vater zurück ins Zimmer und nahm seinen Sohn in den Arm.

»Gut gemacht, Uncas. Alles prima gelaufen.«

»Was ist gelaufen?«, fragte Uncas, der eigentlich am liebsten in Ruhe weiter geheult hätte.

»Na ja, dein Onkel Fred und ich hatten da zwei Pakete – sagen wir mal – gefunden. War 'ne gute Gelegenheit. Haben wir erst mal so mitgenommen. Du weißt schon, in der Spedition, wo ich manchmal aushelfe. Und dann stand plötzlich die Polizei vor Freds Wohnung und redete was von 'nem Peilsender und dass die Falle jetzt zugeschnappt wäre. Fred hatte sein Paket zufällig bei deinem Cousin im Zimmer versteckt. Das war seine Rettung. Die können euch doch nichts anhaben. Ihr seid ja noch nicht einmal zwölf …

Bei uns standen sie auch schon vor dem Haus. Da dachte ich mir, mach ich genauso. Das war echt knapp, aber du hast deine Sache gut gemacht. Das sah aus wie echte Tränen. Cool!«

Zweimal musste Uncas in den folgenden Wochen mit seinen Eltern zum Jugendamt. Seine Anweisungen waren klar. Mund halten und möglichst anfangen zu weinen, wenn der Mann vom Jugendamt seine Fragen stellte oder seine Moralpredigten vom Stapel ließ. Uncas hielt sich daran, und so sollte sein Vater recht behalten. Ihm geschah nichts. Strafmündig ist man erst ab 14. Und sein Vater und Onkel Fred kamen davon, weil sie sich eine gute Lügengeschichte ausgedacht hatten. Das beeindruckte Uncas mehr als ihn die Tatsache irritierte, dass sein Vater offenbar ein eher lockeres Verhältnis zu Recht und Gesetz hatte.

Uncas hatte sich zudem mit der Tatsache abzufinden, dass sein Ruf im Dorf noch mehr litt. Jetzt war er nicht nur eine Petze, jetzt war er auch noch ein Dieb. Ein dummer zudem, weil er sich hatte erwischen lassen.

Und so wurde aus Uncas ein noch einsamerer Mohikaner als er ohnehin schon war.

Mit Ach und Krach beendete Uncas einige Jahre später seine Schullaufbahn auf der Bünder Hauptschule, und sein Vater entschied, dass es besser für Uncas sei, sich nicht in Südlengern oder Umgebung um einen Ausbildungsplatz zu bemühen. Sein durch die Handy-Affäre erworbener Ruf könnte doch allzu hinderlich dabei sein. Er ließ seine diffusen Beziehungen ins Transportgewerbe spielen und besorgte Uncas eine Stelle bei einer Herforder Spedition. Die damit verbundene lange Busfahrt nahm Uncas klaglos hin. Eigentlich nahm er alles klaglos hin: Die neue Stelle, bei der sich die Ausbildung derart gestaltete, dass er tagaus tagein Kisten von einer Ecke des Lagers in die andere wuchten musste und auf Kommando Lieferwagen und LKW zu beladen hatte. Den rüden Ton, mit dem ihm sein Lehrherr, der Lagerleiter, wie sie ihn hier nannten, herumkommandierte. Die Schikanen, die die Kollegen sich einfallen ließen, um den Indianer, wie sie ihn nannten, zu ihrem Amüsement zu reizen, bis der heulend aus der Halle lief. Und die fast täglichen Aufforderungen, wegzuschauen und bloß die Klappe zu halten, wenn die Lagerarbeiter auf Anweisung des Lagerleiters einzelne, vielversprechende Pakete auf ihren Inhalt prüften und dann verschwinden ließen.

Abends setzte sich Uncas wieder in seinen Bus Richtung Südlengern und träumte mit offenen Augen – manchmal von dem Tag, an dem er, der Indianer, einen, seinen Schatz finden würde. Manchmal aber auch nur von dem Tag, an dem ihn alle endlich in Ruhe lassen würden.

An einem dieser Tage entdeckte er sie – sie saß zwei Reihen weiter vor ihm im Bus. Er erkannte sie sofort. Sie war eines der wenigen Mädchen gewesen, die es in der Doberg-Bande zu einem gewissen Ansehen gebracht hatten. Er hatte sie damals oft im Dorf gesehen und seine Mitschüler hatten immer mit großem Respekt und einer gehörigen Portion Angst von ihr gesprochen. Uncas konnte sich nicht mehr erinnern, ob sie an jenem Tag dabei gewesen war, als die Doberg-Bande ihn durch das Brennnessel-Feuer gejagt hatte. Und er wusste auch nicht, ob sie jetzt immer noch zur Bande gehörte. Er wusste nicht einmal, ob diese Bande nach all den Jahren überhaupt noch existierte. Was er aber wusste, war, dass von diesem Mädchen eine ungeheure Faszination ausging. Sie sah so wild aus, so mutig, so unbeugsam. So hatte sich Uncas immer eine tapfere Indianerin vorgestellt. Er beobachtete sie, stieg nicht aus, als seine Haltestelle kam, sondern blieb so lange im Bus, bis sie ausstieg. So begann für den jungen Indianer seine erste echte Pirsch.

Ab jetzt versuchte er, so viel wie möglich über das Mädchen herauszubekommen. Er fuhr früh mit dem Bus zu der Haltestelle, an der sie ausgestiegen war. Er versteckte sich hinter einer Hausecke, von der er einen guten Blick auf die Haltestelle und die Umgebung hatte. Er merkte sich, aus welcher Richtung sie kam. Er traute sich nicht, den gleichen Bus zu nehmen, wartete stattdessen auf den nächsten und kam entsprechend zu spät zur Arbeit. Den Anschnauzer vom Chef nahm er in Kauf.

Am nächsten Tag nahm er einen noch früheren Bus, fuhr eine Haltestelle weiter als die, an der das Mädchen eingestiegen war und wartete auf den Bus in Gegenrichtung. So saß er bereits, versteckt in der letzten Reihe, im richtigen Bus, als das Mädchen zustieg. Er beobachtete sie und merkte sich die Haltestelle, an der sie ausstieg.

Uncas war zufrieden mit sich: Gut so, Uncas. Jetzt weißt du, wo ungefähr sie in Südlengern wohnt und wo ungefähr sie in Bünde zur Arbeit geht. Oder geht sie noch zur Schule? Nein, bestimmt nicht. Sie doch nicht!

Im Laufe der nächsten Tage fand er heraus, wo sie wohnte. Offenbar in einem kleinen Kotten neben einem heruntergekommenen Bauernhof, auf dem anscheinend ihre Eltern lebten. Und er fand heraus, wo sie arbeitete. Sie ging natürlich nicht mehr zur Schule, sondern jobbte in einem Supermarkt. Nur eines wollte ihm nicht gelingen. Herauszufinden, wie sie hieß. Geduld, Uncas.

»Hey, Petze, was geht?« Sie saß ihm direkt gegenüber. Er hatte sich wie immer in die letzte Reihe im Bus verkrümelt und musste wohl gerade einem seiner vielen Tagträume zum Opfer gefallen sein. Er hatte sie nicht kommen sehen.

»Fährst öfter mit diesem Bus. Hab dich schon

ein paar Mal gesehen. Wusste aber nicht, woher ich dich kenne. Jetzt ist es mir wieder eingefallen. Die Petze.«

Uncas konnte nichts erwidern. Er blieb stumm.

»Biste dumm oder was? Kannste nicht reden? Ich bin Sarah, ich war mal das stärkste Mädchen in der Doberg-Bande. War aber nicht dabei, als sie dich den Hügel runtergeschickt haben. Aber verpetzt hast du die damals. Mensch, die haben vielleicht Ärger gekriegt wegen dir.«

»Meine Mama«, sagte Uncas und ärgerte sich sogleich für so unpassende erste Worte zu seiner Traum-Indianerin.

»Was sagste? Nach Mama rufste?« Sarah sah ihn abschätzig an. »Meine Mama war's. Die hat euch verpetzt. Ich wollte das gar nicht.«

Sarah grinste. »Na ja. Ist ja auch egal. Ist so lange her. Und – was machste denn jetzt so?« Leise und zaghaft fing Uncas an zu erzählen. Viel war es nicht und spannend natürlich auch nicht. Das einzig Spannende war seine Pirsch nach Informationen über Sarah gewesen. Aber das wollte er ihr nicht erzählen. Also erzählte er ein bisschen von seiner Arbeit und von der Spedition. Und von den Paketen, die hin und wieder verschwanden. Das fand er noch am spannendsten von allem. Er wollte gar nicht wieder aufhören zu erzählen. So viele Worte an einem Stück – er wusste nicht, wann und ob er jemals soviel geredet hatte. Nur eines konnte er nicht: Sarah dabei in die Augen schauen.

»Sag mal, guckst du mir auf den Busen oder was?«, schnauzte Sarah ihn plötzlich an.

»Nein, nein, natürlich nicht!« entschuldigte sich Uncas demütig wegduckend.

»Wie, du guckst mir nicht auf den Busen? Gefällt er dir etwa nicht?« »Doch, doch. Natürlich«, stammelt Uncas.

Sarah grinste, als sie sah, wie rot Uncas wurde.

»Wie? Dir gefällt nur mein Busen und der Rest nicht? Unglaublich!«

»Nein ... ich ... du.«

Spätestens da hatte Sarah begriffen, dass sie ab jetzt mit Uncas machen konnte, was sie wollte. Und wenn sie es wollte, für immer.

Uncas trieb sich jetzt mehr und mehr bei Sarahs kleinem Kotten rum. Mittlerweile hatte sie ihn schon das ein oder andere Mal hereingelassen. Hatte ihn ein bisschen nach seinem Job bei der Spedition gefragt und nach der Sache mit den häufiger mal verschwindenden Paketen.

»Sieh zu, dass da auch mal was für dich abfällt. Ich würd mich schon mal über ein kleines Geschenk von dir freuen!«

Als sie merkte, dass Uncas zögerte, hob sie ihren Pullover hoch.

»Darfst dann auch mal anfassen.«

Uncas strahlte und begriff, dass das Paradies nur ein paar geklaute Pakete entfernt war.

Ab jetzt machte er regelmäßig mit im ›Paket-Business‹ und wenn ihn mal Skrupel überkamen, dann hob Sarah ihren Pullover und ließ Uncas auch mal anfassen und auch mal mehr.

»Und überhaupt«, sagte sie dann dem glücklich grinsenden Uncas, »die Pakete sind doch alle versichert und die Versicherungen haben es doch dicke.«

Und wer es dicke hat, dem kann man es auch nehmen, war schließlich auch Uncas Schlussfolgerung. Über einen von Sarahs Freunden starteten die beiden wenig später die ersten Versuche im ›Unfall-Business‹. Ein paar alte Autos, ein paar fingierte Unfälle, ein paar obskure Kostenvoranschläge. Das Ergebnis: ein paar ganz ordentliche Schecks von der Autoversicherung. So bekam Sarah immer wertvoller werdende Geschenke, und Uncas immer häufiger Zugang zu seinem Paradies.

»Na, geht's dem Uncas gut?«, fragte sie dann, oft sogar mit einer gewissen Zärtlichkeit in der Stimme.

»Ja, dem Uncas geht's gut«, antwortete Uncas,

der immer noch am liebsten in der dritten Person von sich sprach.

Zwei Jahre später, als Uncas sich vor Gericht für das verantworten musste, was er tat und was er geschehen ließ, erklärte er dem vorsitzenden Richter, er wäre nie so glücklich gewesen wie zu der Zeit. Und er habe alles dafür getan, dass es so blieb. Alles.

»Unfallversicherungen zahlen viel mehr als Autoversicherungen!«

»Unfallversicherungen?«

»Ja, wenn man sich 'nen Arm bricht oder 'nen Bein. Und es war ein Unfall. Dann zahlen die richtig viel Geld.«

Sarah war darauf gestoßen, als eine ihrer Kolleginnen beim Auffüllen der Regale im Supermarkt von einer Leiter gefallen war und sich den Arm gebrochen hatte.

»Die hat dafür richtig Kohle abgezogen«, erklärte sie Uncas.

Von Anfang an war klar, wer für diesen nächsten Schritt in Richtung bestmögliche Versicherungsabzocke seinen Kopf hinhalten musste. Oder genauer gesagt: sein rechtes Bein.

Sarah sorgte dafür, dass für Uncas gleich zwei private Unfallversicherungen abgeschlossen wur-

den, jeweils mit einer extrem hohen Kapital-
leistung im Schadensfall und einer verbesserten
Gliedertaxe.

»Eine was?«, fragte Uncas, als er beim Unterschreiben auf dieses Wort stieß.

»Nichts Wichtiges. Damit kriegt man noch
mehr Geld. Das ist alles«, versuchte ihn Sarah zu
beruhigen.

Aber Uncas war beunruhigt und begann, eine
Passage aus dem Versicherungstext laut vorzule-
sen: »Nach der Gliedertaxe schließt der Verlust
oder die Funktionsunfähigkeit eines funktionell
höher bewerteten, rumpfnäheren Gliedes den
Verlust oder die Funktionsunfähigkeit des rumpfferneren Gliedes ein. Führt die Funktionsunfähigkeit des rumpfferneren Gliedes zu einem höheren
Invaliditätsgrad als die Funktionsunfähigkeit des
rumpfnäheren Gliedes, so stellt die Invaliditätsleistung für das rumpffernere Glied die Unter-
grenze der geschuldeten Invaliditätsleistung dar.«

Uncas schaute Sarah verstört an: »Es geht um
mein Glied?«

»Nein, geht es nicht«, sagte Sarah lächelnd
und hob ihren Pullover.

Um welches seiner Körperteile es ging, wurde
Uncas am Abend des 16. Juni 2002 klar.

Sie saßen an diesem warmen Frühsommertag

vor dem Kotten, in dem Sarah wohnte. Frank war da, ein Freund von Sarah, den Uncas nicht besonders mochte. Ein großer Kerl, einer von den Jungs aus der Doberg-Bande, der keinen Hehl daraus machte, dass er damals bei Uncas' Brennnessel-Tortur dabei gewesen war.

Und Lilli war dabei, die eigentlich Hildegard hieß, aber jedem Prügel androhte, der sie so nannte. Und Lillis Erscheinung und ihre Kratzbürstigkeit waren durchaus dazu angetan, ihr zu glauben, dass sie in der Lage war, diese Drohung jederzeit wahr zu machen. Auch Lilli gehörte irgendwie zum Dunstkreis der ehemaligen Doberg-Bande, suchte oft die Nähe zu Sarah, obwohl die ihr auffällig oft die kalte Schulter zeigte. Zu Uncas hatte Sarah einmal gesagt, sie möge Lilli nicht wirklich.

»Die ist falsch, Uncas. Nimm dich vor der in Acht«, hatte sie Uncas gewarnt. Dass sich besser Sarah vor ihr in Acht genommen hätte, konnte Sarah zu diesem Zeitpunkt nicht ahnen.

An diesem Abend im Juni saßen diese vier also vor dem Haus, rauchten, tranken Bier und planten ihren nächsten großen Coup, in dem Uncas die wichtigste und unangenehmste Rolle spielen sollte.

»So machen wir es also!«, sagte Sarah mit Bestimmtheit.

»Guter Plan«, stimmte Frank zu und machte sich noch ein Bier auf.

Er tat das immer mit den Zähnen, was Uncas schon beim Zuschauen schmerzte.

»Hältst du das durch?«, fragte er Uncas.

»Wenn es nicht allzu doll weh tut«, erwiderte Uncas.

»Ach was. Ein Indianer kennt doch keinen Schmerz.«

Sarah lachte und deutete mit einer kleinen Geste an, dass sie durchaus willens war, alsbald wieder ihren Pullover zu heben, wenn ihr Indianerhäuptling denn nur tapfer genug sein würde.

»Ein Indianer kennt keinen Schmerz«, wiederholte Uncas und ahnte schon, dass das nicht wirklich stimmte.

Und dann stiegen sie alle ins Auto und fuhren in die Nacht hinein.

Sie fanden eine geeignete Stelle – natürlich im Doberg. Eine ruhige Ecke, ganz in der Nähe der Brandhorststraße. Sie setzten Uncas auf den hohen Bordstein. Frank hockte sich hinter ihn, hielt ihn mit seinen mächtigen Armen fest. Uncas ließ es geschehen. »Streck dein rechtes Bein raus und mach die Augen zu«, flüsterte ihm Frank von hinten ins Ohr. Sarah drehte das Auto an der nächsten Ecke und kam langsam auf die beiden zu.

Sie lenkte das Auto so nah wie möglich an den Bordstein heran und hielt auf Uncas zu. Sein Unterschenkel brach krachend entzwei, als der Wagen darüberfuhr.

Dann packten sie den schreienden Uncas ins Auto und fuhren ihn ins Bünder Krankenhaus. Vorher ließ Sarah ihre Komplizen aussteigen.

»Alles wie besprochen«, rief sie ihnen nach. »Ich melde mich bei euch.« Uncas stöhnte und wimmerte.

In der Notaufnahme des Krankenhauses diagnostizierten die Ärzte einen komplizierten Splitterbruch des Schien- und Wadenbeins. Und Sarah erzählte die Geschichte vom unglücklichen Sturz auf der Kellertreppe. Das Licht wäre schon länger kaputt gewesen und als Uncas eine Kiste Bier heruntertragen wollte, sei es geschehen. Der Ärmste tue ihr so furchtbar leid, sagte sie immer wieder und tat am Ende so aufgeregt, dass sich der diensthabende Arzt entschied, auch ihr ein Beruhigungsmittel zu geben. Uncas bekam von diesem grandiosen Theaterspiel nichts mehr mit. Er befand sich da schon auf den Weg in den OP.

Bei der Unfallmeldung für die Versicherungen half ihm Sarah, indem sie ihm die Kellertreppen-Geschichte lückenlos in die Feder diktierte. Sie konnte ihr Glück kaum fassen, als sie merkte, wie reibungslos alles lief. Die Versicherungen reagierten schnell und ohne übermäßig viel zu fragen. Sie überwiesen dem Unfallopfer insgesamt 125 000 Euro.

»Oh!«, sagte Uncas.

»Oh ja!«, sagte Sarah.

Bei ihrer kleinen Siegesfeier vor Sarahs Kotten hatten sie Uncas in der Mitte auf einem Stuhl platziert und tanzten um ihn herum. Sarah hatte eine Kiste sündhaft teuren Champagner organisiert und zwei Literflaschen von dem guten Wodka gekauft, den sie sich vorher nie hatten leisten können. Der beste Ghettoblaster, der für Geld zu kriegen war, brüllte in voller Lautstärke Musik in den Hof. Er spielte hintereinander die neuen CDs ab, von denen Sarah zur Sicherheit gleich mehr als 30 gekauft hatte. Geld spielte keine Rolle. Sie waren jetzt reich und ließen Frank und Lilli an ihrem Reichtum teilhaben. Uncas saß in der Mitte und strahlte, den Schmerz durch Alkohol betäubt, Sarah an. Die hatte schon mehrfach angedeutet, ihren neuen, schwarzen Kaschmirpullover später am Abend für ihren kleinen, tapferen Indianer heben zu wollen. Mehr brauchte Uncas nicht zum Glücklichsein. Zumal er die Verantwortung für das viele Geld gleich an Sarah weitergegeben hatte. Schließlich hatte sie ihm einleuchtend erklärt, dass das viele Geld bei ihr viel besser aufgehoben sei, ganz einfach, weil sie damit besser umgehen könnte.

Wie gut sie damit umgehen konnte, bewies sie Uncas eindrücklich in den folgenden Wochen. Dass sie einen Alfa Romeo Spider kaufte, fand Uncas richtig gut, weil er es liebte, wenn der Wind durch Sarahs Haare wehte, während er ihr vom Beifahrersitz aus zuschauen durfte, wie sie fuhr. Dabei trug sie seit kurzem eine große, goldene Gliederkette um den Hals, die Uncas schon oft bei echten Rappern in Musikvideos gesehen hatte. Die fand er cool. Am tollsten aber fand er die zwei Lederjacken, die Sarah gekauft hatte. Eine für sich, eine für ihn. Partnerlook mit seiner Sarah – das höchste Glück auf Erden, vom zeitweiligen Heben ihres Kaschmir-Pullovers einmal abgesehen.

Uncas' glücklichste Zeit seines Lebens dauerte genau sechs Wochen. Was dann folgte, war ein Alptraum, ein ewig währender Alptraum.

»Es ist aus!« Sarah schaute ernst.

Uncas rutschte das Herz in die Hose. Aus mit uns, schoss ihm durch den Kopf, schoss ihm in dem Magen, schoss ihm wie ein Blitz durchs Gehirn.

»Oh nein!«

»Oh ja!«, erwiderte Sarah mit ernster Miene. »Alles alle!«

»Alle?«

»Na, das Geld halt. Weg, ausgegeben. So viel war es ja nun auch wieder nicht!«

Sarah hielt kurz inne und schaute Uncas ins Gesicht. Der hatte sich offenbar wieder beruhigt. Alles halb so wild also. Nichts mit Sarah. Und wenn es nur ums Geld ging, na ja. Geht doch auch ohne, dachte er.

»Ohne geht es aber nicht!«, sagte Sarah, als ob sie Uncas' Gedanken erraten hätte.

»Wir müssen es nochmal tun«, sinnierte Sarah.

»Aber diesmal richtig.«

***

Er kommt nur mühsam voran. Auf zwei Krücken gestützt nähert sich die traurige Gestalt dem Foyer des Landgerichts. Zweimal auf dem Weg zum Saal 26 hält der Mann an, um sich auszuruhen. Er atmet tief, aus Erschöpfung und weil er ahnt, was ihn erwartet. Vor dem Saal 26 lauert die Meute. Kamerateams, Fotografen, Reporter – bestimmt ein Dutzend. Alle heiß auf die Sensationsstory und auf ihn, den Hauptdarsteller. Aber er wird nicht mit ihnen reden. Sollen sie doch schreiben, was sie wollen. Oder sollen sie doch mit ihr reden. Sie hatte doch sowieso immer das Sagen.

Uncas Kronshage geht die letzten Meter bis zum Eingang des Gerichtssaals. Im Blitzlichtgewitter, das jetzt beginnt, schließt er die Augen und denkt an Sarah, die Hexe. Und sein Herz beginnt, ganz schnell zu schlagen. Nicht nur aus Wut. Über zwei Jahre sind vergangen, nach dem verhängnisvollen »Aber diesmal richtig« von Sarah.

»Sie heißen wirklich Uncas mit Vornamen?«

»Ja, Euer Ehren.«

»Das ist kein Spitzname oder Pseudonym?«

»Nein, Euer Ehren.«

»Gut, Herr Kronshage. Fangen wir an, und bitte: Sprechen Sie mich nicht mit Euer Ehren an.«

Der vorsitzende Richter am Landgericht, Gernot Bresser, beginnt routinemäßig die Vernehmung der Angeklagten mit Fragen zur Person.

Die Angeklagte Sarah Reker grinst verächtlich, als Uncas vom Richter belehrt wird. Sie sitzt auf der gleichen langen Anklagebank wie Uncas. Zwischen den beiden sitzt Sarahs sehr elegant aussehender Rechtsanwalt. Der Pflichtverteidiger von Uncas sitzt an seiner rechten Seite.

Auf der Anklagebank dahinter: Frank und Lilli. Noch einmal alle zusammen, denkt Uncas. Nach all den Jahren.

»Erzählen Sie, Herr Kronshage!« Richter Bresser nickt Uncas aufmunternd zu. Sein Pflichtverteidiger drückt auf den kleinen Knopf der Mikrofonanlage, die vor seinem Mandanten steht, damit alle gut verstehen, was Uncas zu erzählen hat. Und Uncas erzählt. Von Sarah und davon, wie glücklich er mit ihr war. Und von dem ersten fingierten Unfall, der ja eigentlich halb so schlimm gewesen war. Und von dem Geld, das Sarah so glücklich gemacht hatte. Bis es dann aufgebraucht war.

»Und dann?«

»Wir sind an die gleiche Stelle gefahren wie beim ersten Mal. Aber diesmal sollte ich mich so auf den Bordstein legen, das meine gesamte linke Körperhälfte auf die Straße ragte.«

Im Gerichtssaal ist es jetzt ganz still.

»Wussten Sie, was passieren würde?«, fragt der Richter.

»Irgendwie schon. Aber ich wusste halt nicht, wie schlimm es werden würde.«

»Erzählen Sie weiter!«

»Frank sagte mir, wie ich mich hinlegen sollte und dann hielt er meine rechte Seite fest. Sarah kam mit dem Auto an, von hinten. Ich konnte sie nicht sehen, nur hören. Und dann ist sie ganz nah am Bordstein lang gefahren.«

»War sie schnell oder langsam unterwegs?«

»Eher langsam. So langsam, dass ich noch ganz genau mitbekommen habe, wie der Vorderreifen über meinen linken Arm gerollt ist. Und dann über mein linkes Bein. Fast in dem Moment, in dem dann der Hinterreifen über meinen Arm …«

»Brauchen Sie eine Pause?«

»Nein, geht schon.«

»Der Hinterreifen hat ja dann auch nochmal Ihr Bein erwischt.«

»Ja, aber davon hab ich nichts mehr mitgekriegt. Da war ich wohl schon bewusstlos.«

Richter Bresser verliest das Untersuchungsprotokoll des behandelnden Arztes aus der Notaufnahme des Bünder Krankenhauses, in die Uncas nach dem vermeintlichen Unfall von seinen vermeintlichen Freunden gebracht wurde. Fraktur von Ober- und Unterarm. Luxation des linken Schultergelenks. Bänderruptur. Ebenso Frakturen von Ober- und Unterschenkel des linken Beines einschließlich des Kniegelenks.

Das medizinische Gutachten, das im Auftrag der Unfallversicherung erstellt wurde, schiebt er gleich nach.

Es bestätigt das, was alle gesehen hatten, als

sich Uncas zum Gerichtssaal quälte: die Schäden sind irreparabel. Uncas Kronshage, einst stolzer Mohikaner, wird Zeit seines Lebens ein Krüppel bleiben.

»Wie haben Sie Ihre schweren Verletzungen den Versicherungen plausibel gemacht?«, will der Richter wissen.

»Sarah hat sich wieder 'ne gute Geschichte ausgedacht. Wir haben versucht, den großen, alten Kleiderschrank, den sie von ihrer Großmutter geerbt hat, zu ihr hoch ins Schlafzimmer zu tragen. Steile Treppe, ich war unten. Die oben verlieren den Schrank aus den Händen, ich kann das Gewicht nicht halten und falle die gesamte Treppe runter. Und der Schrank zu allem Übel auf mich drauf.«

»Und die Versicherungen?«

»Die haben's geglaubt. Und so schwer, wie ich verletzt war, wär ja sowieso niemand auf die Idee gekommen, dass wir uns da was ausgedacht hätten.«

»Wie hoch war die Versicherungssumme?«

»675 000 Euro«, antwortet Uncas.

Raunen im Saal.

»30 Minuten Pause«, verkündet der Richter.

* * *

Käptn und Gromo sind eigentlich jeden Tag im Gericht. Rentner der eine, Frührentner der andere. Sie haben es sich zum Hobby gemacht, bei interessanten Verhandlungen zuzuhören. Da ist eigentlich jeden Tag etwas Spannendes dabei. Und mittags in die Gerichtskantine. Gut und preiswert.

Wie die beiden eigentlich heißen, weiß im Landgericht keiner so genau. Käptn nennen sie Käptn, weil er jeden Tag einen völlig abgegriffenen Deckel auf dem Kopf hat, der vielleicht in besseren Tagen mal eine blaue Prinz-Heinrich-Mütze war. Und Gromo heißt Gromo, weil er sich so ziemlich an jeder Ecke stößt, die die Gerichtssäle zu bieten haben. Obwohl er sie doch nach all den Jahren im Zuschauerraum kennen sollte. Also nennen sie ihn einen unverbesserlichen Grobmotoriker, einen Gromo halt.

»675 000 Euro is' 'ne Menge Holz«, sinniert Käptn in der Verhandlungspause.

»Kann man so sagen«, stimmt ihm Gromo zu.

Die beiden sind im Innenhof des Gerichtsgebäudes. Käptn raucht seine Selbstgedrehten unter dem großen Sonnenschirm, den ein Raucherfreund unter den Gerichtsbediensteten im Innenhof aufgestellt hat.

»Irgendwie hat er sich die Kohle aber auch verdient«, meint Käptn.

Gromo guckt ihn fragend an.

»Darf er die denn behalten?«

»Die Frage ist doch eher: Hat er denn überhaupt Geld gekriegt?«, meint Käptn und nimmt einen letzten Zug von seiner Selbstgedrehten.

»Der Indianer sieht jedenfalls nicht aus wie ein reicher Mann, eher wie 'ne gerupfte Rothaut.«

»Tja, bei der Squaw. Was für eine eiskalte Braut.«

»Na ja. Aber irgendwie sind sie der eiskalten Squaw und ihrem armen Uncas ja doch auf die Schliche gekommen. Wie eigentlich?«

»Wir werden es erfahren«, sagt Käptn und drückt seine Zigarette aus. »Es geht weiter.«

* * *

Auf Anraten ihres Verteidigers zieht es die Squaw vor, während der Verhandlung zu schweigen. Sarah hat ihren Namen zu Protokoll gegeben und weiter nichts. Schon bei ihrer ersten Vernehmung durch die Polizei war das ihre Strategie gewesen. Und so ist es wieder an Uncas, dem Gericht zu schildern, wie es mit ihm und Sarah, mit Frank und Lilli und dem vielen Geld von den Versicherungen weiterging.

»»Bei so viel Geld muss man aufpassen wie ein Luchs. Da versuchen die Versicherungen immer alle möglichen Tricks, um nicht alles auszahlen zu müssen.‹ Das hat Sarah mir noch im Krankenhaus erklärt. Sie war damals total nett zu mir. Hat mich jeden Tag im Krankenhaus besucht. Hat mir gesagt, wie leid es ihr täte, dass meine Verletzungen so schwer waren. Aber dass ich es auch mal von der positiven Seite aus sehen sollte. Über 600 000 Euro. Das wäre doch toll. Wir müssten uns jetzt nur einen Anwalt nehmen, damit die Abwicklung der Versicherungssummen auch mit rechten Dingen zugehe. Ich hab ihr dann so eine Art Vollmacht unterschrieben. Dann hab ich sie ganz lange nicht mehr gesehen. Nicht mehr im Krankenhaus und auch nicht, als ich in der Rehaklinik war.«

Während Uncas seine Geschichte erzählt, versucht er immer wieder, einen Blick auf Sarah zu werfen. Vielleicht so etwas wie eine Regung in ihrem Gesicht zu erkennen. Reue, Mitleid oder gar noch ein wenig Zuneigung. Aber nichts dergleichen. Sarahs Miene verzieht sich höchstens mal zu einem spöttischen Grinsen. Und dann irgendwann wird es sogar Uncas klar: Selbst wenn Sarah früher möglicherweise etwas für ihn empfunden haben sollte, jetzt war da nur noch kalte Verachtung.

»Erzählen Sie weiter«, fordert der Richter Uncas auf.

»Na ja, irgendwann kam dann dieser Rechtsanwalt zu mir. Der, den Sarah angeheuert hatte, um unser Geld von der Versicherung einzutreiben. Ich dachte, der wüsste deshalb, wie alles so gelaufen ist, mit dem Unfall und so. Und dem hab ich dann …«

»Du hirnverbrannter Idiot, du bist so unglaublich dämlich!« Sarah war von der Anklagebank aufgesprungen. Ihr Verteidiger versucht vergeblich, sie zu beruhigen. Der Justizbeamte, der zur Sicherheit hinter den Angeklagten Platz genommen hatte, beeilt sich, direkt hinter die wütende Sarah zu kommen.

»Beruhigen Sie sich«, ruft der Richter. »Setzen Sie sich sofort wieder hin.«

Sarah bleibt stehen. »Wie kann man nur so dämlich sein?«, ruft sie mit unverminderter Lautstärke in den Saal.

»Jetzt wird's spannend«, murmelt Gromo Käptn im Zuschauerraum zu. »Ja, ich liebe diese Momente der Wahrheit«, grinst Käptn.

»Setzen Sie sich auf der Stelle wieder hin, Frau Reker!«, fährt Richter Bresser die Angeklagte an.

»Sie dürfen gerne weiterreden, wenn Ihnen danach ist. Aber lassen Sie die Beleidigungen und die Schimpfwörter weg. Sonst gibt es eine Ordnungsstrafe. Bitte, Frau Reker, wir hören zu!«

»Dieser Rechtsanwalt, dieser blöde Kerl,

der ist doch an allem schuld.« Sarah hat ihre Schweigestrategie in die Mülltonne geworfen, ihr Geduldsfaden ist gerissen. Gut für die Verhandlung, gut für die neugierigen Zuschauer. Käptn und Gromo reiben sich die Hände.

»Wenn dieser Mistkerl …«

»Frau Reker, reißen Sie sich zusammen. Erzählen Sie, aber hören Sie auf mit dem Schimpfen«, geht Richter Bresser dazwischen.

»Aber dieser Rechtsanwalt, der das Geld eintreiben sollte, der ist doch, der hat doch, der wollte mich doch über's Ohr hauen. Der wickelt die ganze Sache mit den Versicherungen ab und dann, dann verlangt dieses … «

»Vorsicht, Frau Reker!«

»Ja, ja. Schon gut. Also der Typ verlangt von mir 20 Prozent der Versicherungssumme als Honorar. 20 Prozent! Wissen Sie, wie viel Geld das ist? ›Ne‹, hab ich ihm gesagt, ›kommt gar nicht in Frage.‹ ›Zahlen Sie besser‹, sagt der noch zu mir. Und ich zu ihm: ›Nie im Leben – ich verklage Sie. Das ist doch Wucher.‹ Und der Typ? Der grinst nur und sagt, dass ich das ja eh nicht machen würde. Und jetzt weiß ich auch warum der so ruhig geblieben ist und so viel Geld verlangt hat. Weil dieser dämliche Möchtegern-Indianer ihm vorher alles erzählt hat. Oh Mensch, Uncas, wie kann man nur so … «

»Frau Reker, es reicht!«, geht der Richter dazwischen.

Gromo und Käptn stehen im Innenhof des Landgerichts. Richter Gernot Bresser hat die Sitzung für eine Viertelstunde unterbrochen – zur allgemeinen Beruhigung aller Teilnehmenden.

Vorher hat er aber noch ein Schriftstück verlesen, die Urteilsbegründung in einem anderen, vor einigen Monaten zu Ende gegangenen Prozess am Amtsgericht Herford. Angeklagt war dabei ein Rechtsanwalt aus Osnabrück, wegen Gebührenwucher. Klägerin: Eine Frau Sarah Reker, wohnhaft in Südlengern-Dorf. Sarah hatte ihre Drohung wahr gemacht und den Rechtsanwalt vor den Kadi gezogen. Dass der Rechtsanwalt schuldig gesprochen und zu einer saftigen Geldbuße verurteilt wurde, geriet damals schnell zur Nebensache. Viel interessanter war für alle Beteiligten, einschließlich der Staatsanwaltschaft, dass der Rechtsanwalt, sauer wie er über die Anklage war, genügend Andeutungen darüber machte, dass es sich doch bei dem Unfall des Uncas K. durchaus um Versicherungsbetrug handeln könnte. Er wüsste natürlich nichts Genaues, aber man sollte der Sache doch mal nachgehen. Und genau das tat dann die Staatsanwaltschaft auch – mit großer Freude und mit großem Erfolg. Dem Verhör beim ermittelnden Staatsanwalt hielt Uncas Kronshage damals nur ein paar Minuten stand. Dann gestand er alles.

Käptn dreht sich eine weitere Zigarette. »Soll das etwa heißen, dass das Ganze aufgeflogen ist, nur weil diese Sarah ihren Rechtsanwalt verklagt hat?« »So hab ich es verstanden. Das Geld von der Versicherung war doch schon angewiesen. Die standen kurz davor, richtig abzukassieren. 675 000 Euro!«

»Und weil der Rechtsanwalt ein paar Euro zu viel Gebühren haben wollte …«

»Denk besser nicht drüber nach.«

»Dreh mir mal ’ne Zigarette.«

»Du rauchst doch nicht mehr.«

»Heute schon.«

***

Das Landgericht Bielefeld verurteilte Sarah Reker zu acht Jahren Gefängnis. Ihre Tat sei von Rücksichtslosigkeit und Gefühlskälte geprägt gewesen, so schreibt es der Vorsitzende Richter in seiner Urteilsbegründung. Und das in einem kaum vorstellbaren Maß.

Frank Vinke, der Mann, der Uncas zweimal festgehalten hatte, damit Sarah ihn überfahren konnte, wurde wegen tätiger Beihilfe zu drei Jahren und zwei Monaten Haft verurteilt.

Hildegard, genannt Lilli, Marquard bekam zwei Jahre auf Bewährung. Wegen Mitwisserschaft beim Versicherungsbetrug und weil sie, wie im späteren Prozessverlauf bekannt wurde, ihre Freundin Sarah mehrfach mit ihrem Detailwissen über den Betrug erpresst hatte.

Uncas Kronshage wurde von Richter Gernot Bresser zu zwei Jahren Haft verurteilt. Die Strafe wurde zur Bewährung ausgesetzt. Uncas Kronshage, so sah es Richter Bresser, sei nun wirklich genug bestraft – durch seine schweren Verletzungen, die nie ganz verheilen sollten.

***

Und so schlich er sich denn davon, der allerletzte Mohikaner, als die Verhandlung vorüber war. Nicht ohne sich noch einmal umzuschauen zu Sarah, die direkt vom Gerichtssaal in eine Zelle geführt wurde. Sarah. Was für eine wilde Squaw. »Das denkt der doch nicht wirklich, oder?«
    »Doch. Guck mal, wie der ihr hinterherguckt!«
    »Haste noch 'ne Zigarette, Käptn?«
    »Klar, Gromo.«

Thorsten Knape

Freilicht-Mord

»Skip, wir müssen los.«
»Was ist passiert?«
»Leichenfund an der Freilichtbühne Hermanns-lust. Wahrscheinlich weiblich.«
»Wieso wahrscheinlich? So alt?«
»Nein. So verbrannt.«
»Oh, mein Gott.«

Erster Tag

Kriminalhauptkommissar Georg Jonas, den sie alle nur Skip nannten, weil er mal zur See gefahren ist, war hundemüde. Der Nachtdienst war anstrengend gewesen. Eine Messerstecherei und ein Fall von häuslicher Gewalt. Die Schichten, die man beim Kriminaldauerdienst abzuleisten hatte, begannen immer um 17 Uhr und endeten um acht Uhr am nächsten Morgen. Gegen sieben Uhr war er in seinem Dienstzimmer im Polizeipräsidium Bielefeld kurz eingenickt, als sein Kollege Tim Dubak die Tür aufriss und ihm von dem neuen Fall berichtete. Jetzt saßen die beiden im Dienstwagen in Richtung Norden. Die Freilichtbühne Hermannslust lag eine knappe Stunde Fahrtzeit von Bielefeld entfernt. Dubak fuhr und Skip Jonas hoffte, dass der junge Kollege fitter war als er.

»Ein Mitarbeiter der Freilichtbühne hat sie auf dem Weg zur Arbeit entdeckt. Er sah etwas brennen, dachte wohl zunächst an einen Laubhaufen.« Dubak fasste die wenigen Informationen zusammen, die sie bisher von den Kollegen vor Ort bekommen hatten.

»Spurensicherung ist bereits dort. Sie sagen, es sieht schlimm aus.«

»Wann hat der Mann die Polizei alarmiert?«

»Der Anruf kam über 110 rein, um 6:45 Uhr.«

»Was um alles in der Welt macht man um kurz vor sieben auf einer Freilichtbühne?«

»Weiß nicht, Skip. Das werden wir ihn wohl fragen müssen. Wir sind gleich da.«

Die Morgensonne tat sich schwer an diesem Tag Anfang Juni. Es war noch diesig, als sie auf dem Parkplatz unterhalb der Freilichtbühne ankamen.

»›Das Böse unter der Sonne‹, wie passend!«, sagte Skip Jonas, als sie ausstiegen. Sie standen vor einem Plakat, das die bevorstehende Spielzeit der Freilichtbühne ankündigte. Sie würden den Klassiker von Agatha Christie spielen: »Das

Böse unter der Sonne« mit dem Meisterdetektiv Hercule Poirot.

»Morgen, Karl. Was habt ihr?«, begrüßte Skip Jonas den Leiter der Spurensicherung, seinen alten Freund Karl Franke, der am Waldrand auf sie wartete.

»Böse, Georg, böse. Eine junge Frau, ich schätze Mitte, Ende 20. Schwer zu sagen bei dem Zustand der Leiche. Mit Benzin übergossen und angezündet. Mit hoher Wahrscheinlichkeit war sie da aber bereits tot. Eigentliche Todesursache kann ich dir noch nicht sagen. Keine Hinweise auf ihre Identität. Schaut euch den Fundort der Leiche jetzt gleich an, damit ich sie wegbringen lassen kann. Umso eher kann die Obduktion beginnen.«

»Danke, Karl.«

»Keine Ursache, Georg. Hast du das Plakat am Parkplatz gesehen?«

»›Das Böse unter der Sonne‹?«

»Genau. Das hier, Georg, das ist böse.«

»Wie meinst du das?«

»Töten, wegschmeißen, anzünden. Und das hier, genau hier. Das kann doch kein Zufall sein.«

»Daran hab ich auch schon gedacht. Aber dafür ist es noch zu früh.«

»Ich weiß, Georg.«

Nachdem sie sich vom Leiter der Spurensicherung verabschiedet hatten, gingen Skip Jonas und Tim Dubak ein kurzes Stück den Fußweg hinauf, der vom Parkplatz zur Freilichtbühne führt.

»Was hat Franke damit gemeint? Genau hier und alles kein Zufall?«, wollte Tim Dubak von seinem Chef wissen.

»Später, alles der Reihe nach«, erwiderte Skip Jonas und ging auf eine Schranke zu. Die sollte offenbar dafür sorgen, dass hier keine Autos hochkamen. Auf einem Schild stand ›Durchfahrt nur für Mitarbeiter‹. Keine drei Meter hinter der Schranke lag die Leiche. Es roch süßlich, nach verbranntem Menschenfleisch. Ekelhaft. Der Oberkörper war nicht mehr zu erkennen. Die Beine dagegen waren kaum verbrannt. Die Frau trug eine enge blaue Röhrenjeans und auffällig geringelte Socken.

Skip Jonas sah sich den Leichnam genau an, während sich Tim Dubak immer wieder wegdrehen musste.

»Konzentrier dich, Tim. Was fällt dir auf?«

»Was meinst du, Skip?«

»Sie hat keine Schuhe an. Sie hat verdammt noch mal keine Schuhe an!«, sagte Skip Jonas, drehte sich weg und ging weiter den Weg hinauf.

»Komm mit, Tim. Ich muss dir was zeigen«,

rief er seinem jungen Kollegen zu. Sie gingen rund 100 Meter weiter auf dem Weg und bogen dann nach rechts auf eine kleine Waldlichtung ab. Die Sonne hatte mittlerweile den Frühnebel vertrieben und stand klar am Himmel.

Skip Jonas blieb stehen.

»Genau hier, Tim, haben wir schon einmal eine Frauenleiche gefunden. 19 Jahre ist das jetzt her. Ich war damals ganz frisch bei der Mordkommission. War so alt wie du jetzt. War der erste große Fall, an dem ich mitgearbeitet habe. Ein 17-jähriges Mädchen, missbraucht, totgeschlagen. Als wir sie fanden, war sie vollständig bekleidet. Nur ihre Schuhe fehlten.«

»Wer war der Täter?«, fragte Tim.

»Das haben wir nie herausgefunden. Einfach nicht herausgefunden. Bis heute nicht, verdammt noch mal.«

Zurück auf dem Parkplatz suchten sie nach dem Zeugen, der die brennende Leiche am frühen Morgen gefunden hatte.

»Der wartet oben auf euch«, informierte sie einer der Streifenpolizisten, der an der Absperrung wartete. »Im Büro der Freilichtbühne.«

Im Büro warteten gleich zwei Männer auf sie. Der ältere von beiden kam auf sie zu. »Mein Name ist Theo Petersen, ich leite die Bühne. Das ist Thomas Carstens, unser Bühnentechniker.

Schrecklich, was da unten passiert ist. Wissen Sie denn schon Genaueres? Also, wenn ich irgendwie helfen kann, Sie müssen es nur sagen.«

»Wie könnten Sie uns denn helfen?«, fragte Skip Jonas den aufdringlichen Mann. »Haben Sie denn etwas mitbekommen?«

»Nein, nein. Natürlich nicht. Ich meine, natürlich habe ich mitbekommen, dass da was passiert ist. Aber ich habe natürlich nicht mitbekommen, wie oder so, verstehen Sie?«

»Nein«, antwortete Skip Jonas. »Das macht aber im Moment auch nichts.«

Er wendete sich dem jüngeren Mann zu.

Carstens, ein sportlicher Typ Mitte 40, saß auf einem der Stühle und machte einen mitgenommenen Eindruck. Kein Wunder, dachte Jonas, bei dem was er gesehen hatte.

»Herr Carstens, wie war das heute Morgen?«

»Wenn es das Wetter zulässt, fahr ich immer mit dem Mountainbike zur Freilichtbühne hoch. Das hält fit. Heute morgen sah ich schon von Weitem, dass da etwas brannte, also eher qualmte. Flammen habe ich keine gesehen. Dachte, da hätte jemand Laub angezündet. Ein Dummer-Jungen-Streich vielleicht. Bin dann abgestiegen, hingegangen und, mein Gott, was war das schrecklich.«

»Wann genau war das denn?«

»Ziemlich genau um halb sieben.«

»Was wollten Sie denn so früh hier oben?«

»Wir haben morgen Generalprobe für das neue Stück. Und da ist immer viel zu tun. Da komm ich immer vor meiner Arbeit im Elektro-großhandel hier hin. Morgens schafft man immer am meisten, da ist hier ja noch keiner, der einem im Wege rumsteht. Meistens jedenfalls.«

»Sie haben vom Büro aus die Polizei angerufen?«

»Ja, ich bin dann sofort hoch, weil der Handy-empfang hier so miserabel ist. Glücklicherweise war Herr Petersen schon hier, der hat mich erst mal beruhigt und dann haben wir von hier die Polizei angerufen.«

Jonas wandte sich dem Leiter der Freilicht-bühne zu. Er schien irgendwie aufgekratzt, neugierig, als ob das Ganze eine spannende In-szenierung auf seiner Bühne wäre.

»Herr Petersen, seit wann sind Sie denn hier oben? Sind Sie vor oder nach Herrn Carstens ge-kommen?«

»Ich war gar nicht weg. Ich hab heute Nacht hier oben geschlafen«, sagte er und wies auf ein Sofa in der Ecke seines Büros. Eine Decke und ein Kissen lagen darauf.

»Ich mach das öfter, wenn ich viel Papierkrieg zu erledigen haben. Die Steuererklärung muss fertig werden, verstehen Sie? Da bleib ich dann hier und arbeite, bis ich müde werde. So wie heute Nacht.«

»Sie haben aber nichts gehört oder gesehen heute Nacht? Kein Auto, keine Schreie oder so?«

»Nein, nichts. Dafür ist der Parkplatz ja viel zu weit weg.«

»Okay, gut soweit«, sagte Jonas und war im Begriff, das Gespräch mit den beiden Männern zu beenden. Der Leiter der Freilichtbühne aber hielt ihn auf.

»Sagen Sie, Herr Kommissar. Aber es ist doch Mord, nicht wahr?«

»Warum fragen Sie?«

»Stellen Sie sich das vor, Herr Kommissar. Mord an unserer Freilichtbühne. Und wir spielen ab Samstag ›Das Böse unter der Sonne‹. Unglaublich, wie das passt. Das wird einschlagen wie eine Bombe.«

Ohne etwas zu erwidern verließen Skip Jonas und Tim Dubak das Büro.

»Das erlebt man auch nicht alle Tage, dass sich jemand freut, wenn vor seiner Haustür ein Mord geschieht«, sagte Dubak mit einem Kopfschütteln.

»Ekelhaft!«, erwiderte Skip Jonas. »Aber schon eigenartig, dass der sich ausgerechnet in der Nacht hier herumtreibt, in der unten eine Frau umgebracht wird. Müssen wir uns drum kümmern.«

Den gesamten ersten Tag, nachdem die Frauenleiche an der Freilichtbühne gefunden worden war, konzentrierten sich die Ermittler allerdings auf die beiden Kernfragen des Falles: Wer war die Tote und wie war sie zu Tode gekommen?

»Die Spurensicherung hat am Fundort der Leiche nichts Brauchbares gefunden. Jede Menge Reifenspuren auf dem Parkplatz, einige davon auch sicher frisch. Aber was heißt das schon auf einem Parkplatz, der tagsüber von vielen Autofahrern auch als Rastplatz benutzt wird. Das kommt übrigens erschwerend hinzu. Der Parkplatz liegt an der Bundesstraße, wir haben es also nicht nur mit ortsansässigen Autofahrern zu tun. Täter und Opfer können aus dem ganzen Umland, sogar aus ganz Deutschland kommen.«

»Die können sogar aus ganz Europa kommen, soviel wie auf der Bundesstraße los ist«, unterbrach Skip Jonas seinen Kollegen Dubak, der in seiner gewohnt ruhigen Art den Stand der Ermittlungen vortrug.

»Sorry, mach weiter, Tim«, nickte Jonas Dubak zu.

»Also, die Hundestaffel war den ganzen Nachmittag über unterwegs. Bis jetzt haben sie aber nichts gefunden außer einem Portemonnaie mit

Papieren. Lag schon länger da. Hat also mit unserem Fall nichts zu tun.«

»Keine Spur von den Schuhen?«, fragte Skip Jonas dazwischen.

»Nein, nichts. Wir haben die Vermisstenanzeigen abgeglichen. Nichts dabei, was auf unsere Leiche passen würde. Wir haben ein Foto von den auffälligen Stricksocken an die Medien gegeben. Der WDR wird es heute Abend in den Nachrichten zeigen, die beiden Zeitungen bringen es morgen früh.«

Skip Jonas schaute auf seine Uhr. Es war kurz vor 18 Uhr. Elf Stunden nach dem Leichenfund und keinen Schritt weiter. Mehr als unbefriedigend.

Die Tür zum Besprechungsraum im Bielefelder Polizeipräsidium wurde aufgestoßen. Spusi-Leiter Karl Franke hielt eine Akte in den Händen. »Die Ergebnisse der Obduktion«, rief er. »Die Kollegen waren richtig schnell.«

»Super, leg los, Karl!« Skip Jonas' Miene wurde etwas heller.

»Also, die unbekannte Tote ist zwischen 20 und 30 Jahre alt. Sie war bereits tot, als man sie mit Benzin übergoss. Sie wurde erwürgt oder erdrosselt. Das lässt sich aufgrund des Zustands der Toten noch nicht zweifelsfrei sagen. Todeszeitpunkt: zwischen fünf und sieben Uhr heute

Morgen. Das Opfer wies keine Verletzungen auf, die auf ein Sexualdelikt schließen lassen. Allerdings haben der oder die Täter dem Opfer Laub in den Mund gesteckt. Postmortal, so wie es aussieht.«

»Danke, Karl. Sonst noch etwas, was uns bei der Identifizierung helfen könnte?«, wollte Skip Jonas vom Spusi-Leiter wissen.

»Nichts äußerlich Auffälliges. Allerdings wies die Getötete eine recht seltene körperliche Anomalie auf: Sie besaß einen doppelten Uterus.«

»Was bedeutet das?«

»Zwei Gebärmütter, Skip. Ist nicht so selten, wie man meint. Eine von 200 Frauen hat statistisch gesehen eine solche Anomalie.«

»Trotzdem, ein Ansatz. Ich will, dass wir alle hiesigen Gynäkologen kontaktieren. Vielleicht bringt uns das weiter.«

»Gut, ist notiert«, antwortete Tim Dubak. »Ich setze mich morgen früh als erstes dran.«

»Wieso morgen früh? Jetzt, Tim. Wir müssen wissen, wer die Frau ist.«

»Skip, es ist 19 Uhr durch. Die Praxen sind alle geschlossen«, erwiderte Tim.

»Umso besser, dann erreichst du sie alle Zuhause.«

Während Tim Dubak seine Sachen zusammenpackte und den Raum ohne ein weiteres

Wort verließ, wendete sich Skip Jonas an die verbliebenen Kollegen im Raum. Die Mordkommission »Freilichtbühne« war im Laufe des Tages auf 14 Polizistinnen und Polizisten angewachsen.

»Jan und Frauke, geht und helft Tim bei den Anrufen. Wen ihr heute nicht erreicht, ruft ihr sofort morgen früh in den Praxen an.«

Dann wandte er sich an den Leiter der Spusi: »Karl, ich möchte, dass morgen früh wieder die Spürhunde zum Einsatz kommen. Erweitert den Radius. Bitte kümmere dich darum. Und ich möchte Abdrücke von allen Reifenspuren, die auf dem Parkplatz zu finden sind.«

»Weißt du, wie viele das sind, Georg?« erwiderte Karl Franke und stand auf, ohne auf eine Antwort zu warten. Bevor er den Raum verließ, drehte er sich noch einmal um.

»Und die alte Geschichte, Georg?«

»Ich kümmere mich drum. Ich kümmere mich. Alles zu seiner Zeit.«

Skip Jonas hatte sich bereits alle Unterlagen zu dem Fall der toten Frau von vor knapp 20 Jahren heraussuchen lassen. Sie lagen schon auf seinem Schreibtisch. Er wollte sie heute Abend noch durcharbeiten, egal wie spät es würde.

»Eine Sache müssen wir noch organisieren. Ich will eine Verkehrskontrolle morgen früh auf der Höhe des Parkplatzes. In der Zeit zwischen halb fünf und halb acht. Ich gehe davon aus, dass ganz viele Autofahrer diese Strecke auf ihrem Weg zur Arbeit regelmäßig jeden Morgen fahren. Findet die, die heute Morgen dort am Parkplatz vorbeigekommen sind. Sprecht mit ihnen, fragt sie, ob ihnen etwas aufgefallen ist. Ein Auto, das vom Parkplatz fuhr, Menschen, die da herumliefen, was auch immer. Und ich brauche bis morgen Mittag eine Auswertung aller Blitzer und Verkehrsüberwachungskameras im Umkreis der Freilichtbühne. Vielleicht ist da was drauf.«

Zwei Kollegen standen vom Tisch auf. »Wir kümmern uns, Skip. Aber ...«

»Ich weiß, nehmt euch so viele Beamte, wie ihr kriegen könnt. Der Kriminaldauerdienst soll auch mit ran. Beschwerden direkt an mich.«

Langsam wurde es leerer im Besprechungsraum.

»Ich brauche alle Informationen über den Mann, der die Leiche gefunden hat, und über den Leiter der Freilichtbühne. Patrick, Toni, das ist was für euch. Hört euch in deren Umfeld um. Klärt, ob der Bühnentechniker tatsächlich häufiger vor seiner eigentlichen Arbeit auf die Freilichtbühne fährt. Und findet heraus, ob der Leiter der Bühne wirklich von Zeit zu Zeit da oben Nachtschichten einlegt.«

Skip Jonas stand auf und goss sich noch eine

Tasse Kaffee ein. Es würde sicher nicht die letzte sein an diesem Abend.

»Ich brauche Vergleichsfälle. Einen Menschen töten, dann ablegen und anzünden. Sich nicht die Mühe machen, den Leichnam zu verstecken. An einem öffentlich zugänglichen Platz. Laub oder ähnliches in den Mund des Opfers stecken, Kleidungsstücke des Opfers mitnehmen. Was haben wir im Computer? Ich brauche die erledigten und die unerledigten Fälle, und zwar aus ganz Deutschland und aus den Nachbarländern.«

Er schaute in die müden Gesichter in der Runde. Die letzten beiden verbliebenen Kollegen nickten. Sie würden sich um die Akten kümmern.

»So, das war es für den Moment. Danke euch. Morgen 11:30 Uhr Dienstbesprechung hier im Präsidium.«

Skip Jonas zog sich in sein Büro im dritten Stock des Polizeipräsidiums zurück. Ein karges Dienstzimmer, in dem nichts auf seinen Benutzer hinwies. Keine Blumen am Fenster, nicht einmal ein Kalender an der Wand. Ein einziges Bild hing an der Wand neben dem Fenster. Ein Foto von der alten Kaimauer im Hafen von Horta auf den Azoren. Dort, wo alle Atlantiksegler Station machen und ein kleines Bild auf den verwitterten Steinwall malen, von ihrem Schiff und ihrer Route. Bei genauerem Hinsehen würde man einen kleinen blauen Schriftzug entdeckt haben. SY Jojo – St. Lucia-Gibraltar 1986. Skip Jonas schaute kurz auf das Bild und lächelte müde. Dann setzte er sich an seinen Schreibtisch. Irgendjemand hatte ihm ein Prospekt der Freilichtbühne auf den Tisch gelegt. *Saisoneröffnung: Das Böse unter der Sonne. Nach Agatha Christie. Premiere 15. Juni.* Das Böse unter der Sonne. Das Böse. Wie oft hatte er das Böse schon gesehen? Wenn es denn das Böse überhaupt gab? Oder gab es nur böse Menschen? Oder Menschen, die etwas Böses tun?

Jonas zog den blauen, abgegriffenen Aktendeckel zu sich herüber. Die Ermittlungsakte Marion Merz war über 120 Seiten dick und ein trauriges Zeugnis des Misserfolges. Auch seines Misserfolges, dachte Skip Jonas. Ein 17-jähriges Mädchen, missbraucht, getötet und weggeworfen im Wald. Und sie waren nicht in der Lage gewesen, ihren Mörder zu finden. Es gibt nichts Schlimmeres für einen Ermittler als die Vorstellung, dass da draußen jemand herumlief, der einen Menschen getötet hatte und damit durchgekommen war. Weil sie ihn nicht gefunden hatten. Bis heute nicht. Hatte der Täter wieder zugeschlagen?

Es klopfte an der Tür und Skip Jonas wurde aus seinen Gedanken gerissen. Tim Dubak schaute vorsichtig mit dem Kopf herein.

»Darf ich kurz, Skip?«

»Klar, komm rein. Wie sieht es mit den Frauenärzten aus. Irgendeine Spur?«

»Bisher nicht. Wir haben zwölf Ärzte heute Abend noch erreicht. Ohne Ergebnis. Morgen früh machen wir weiter mit Anrufen in den Praxen.«

»Gut, Tim. Es ist ja auch nur eine Idee. Wir müssen halt alles tun, um die Tote zu identifizieren.«

»Zusammenhänge?«, fragte Tim Dubak und zeigte auf den alten Aktendeckel.

»Schwer zu sagen. Der Fundort der beiden Leichen ist nur 300 Meter voneinander entfernt. Außerdem die fehlenden Schuhe. Kaum zu glauben, dass das Zufall sein soll. Andererseits liegen zwischen den beiden Fällen fast 20 Jahre. Damals ein Sexualdelikt, heute keinerlei Hinweis auf Missbrauch. Damals mit Laub zugedeckt, heute angezündet.«

Skip Jonas schüttelte den Kopf. »Ich weiß nicht. Ich weiß es einfach nicht. Aber eines weiß ich ganz genau. Ich will den oder die, die das heute Morgen getan haben. Ich will nicht wieder scheitern.«

»Versteh ich, Skip. Wir kriegen den.«

»Ab nach Hause, Tim. Es war ein langer Tag.«

»Und du, Skip?«

»Ich muss noch kurz was heraussuchen«, antwortete Jonas und wies auf die alte Akte.

Als Tim Dubak gegangen war, blätterte er durch die Akte. Erst wahllos, um seine Erinnerungen aufzufrischen. Dann plötzlich sehr zielgerichtet auf der Suche nach einem ganz bestimmten Namen. Den Namen des damaligen Leiters der Freilichtbühne, der wie alle anderen als möglicher Zeuge vernommen worden war. Schließlich fand er ihn: Theo Petersen. Damals wie heute Leiter der Freilichtbühne. Wie viele Zufälle kann es eigentlich geben, fragte sich Skip Jonas und machte kurz die Augen zu.

Zweiter Tag

Am nächsten Morgen fand Tim Dubak seinen Chef im Schreibtischstuhl sitzend, den Kopf im Nacken und geräuschvoll schnarchend.

»Kaffee, Skip?«, fragte er mitfühlend, nachdem er ihn so vorsichtig wie möglich geweckt hatte.

»Kaffee wäre gut. Danke, Tim. Wie spät ist es?«

»Kurz nach acht.«

»Sind die Kollegen von der Verkehrskontrolle schon wieder im Haus?«

»Kommen gerade rein.«

»Dann los.«

»Dein Kaffee, Skip.«

»Später, Tim.«

»Wir haben tatsächlich fast 30 Autofahrer gefunden, die den Weg jeden Morgen nehmen. Hätte ich nicht gedacht. Gute Idee, Chef.«

Die zwei Mitarbeiter der Mordkommission, die den Einsatz am frühen Morgen geleitet hatten, saßen Skip Jonas und Tim Dubak gegenüber. Sie hatten Kaffeetassen in der Hand und Skip Jonas bedauerte, den Kaffee von Tim abgelehnt zu haben. Neidisch schaute er auf ihre Tassen und sog den Duft des heißen Kaffees in sich ein.

»Das ist ja nicht mit anzusehen«, sagte Tim und stand auf, um seinem Chef endlich auch eine Tasse zu besorgen.

»Weiter, Leute. Wie viele haben was gesehen?«

»Also wir haben zwei, die sich an Autos an der Zufahrt zum Parkplatz erinnern können. Ein Autofahrer erzählte, er habe kurz bremsen müssen, weil ein schwarzer Mercedes vor ihm in den Parkplatz einbiegen wollte. Das muss so gegen

6:10 Uhr gewesen sein. Und ein anderer Autofahrer erinnert sich an einen blauen Twingo, der den Parkplatz verlassen wollte. Der kam wohl recht flott herangerollt und der Fahrer hatte Bedenken, dass der Twingo ihm die Vorfahrt nehmen könnte und einfach so auf die Straße fahren würde. Der ist dann aber doch stehengeblieben und hat den Zeugen passieren lassen. Das ist später passiert, circa 6:20 Uhr, meint der Zeuge.«

»Personenbeschreibungen?«, fragte Skip, der mittlerweile dankbar eine Tasse frischen Kaffee in seiner Hand hielt.

»Nicht wirklich brauchbare. Zeuge eins hat den Mercedes ja nur von hinten gesehen. Zeuge zwei meint, in dem Twingo hätten zwei junge Leute gesessen. Ein Mann am Steuer, neben ihm eine Frau, glaubt er.«

»Danke für eure Mühe, gebt die Zeugenaussagen zu den Akten«, sagte Skip Jonas und hatte Mühe, seine Enttäuschung zu verbergen. Er hatte sich mehr erhofft.

»Immer noch keine Vermisstenanzeige, die passen könnte?«, fragte er Tim Dubak, als sie wieder alleine waren.

»Nein, nichts. Auch im Europol-Computer findet sich nichts. Und nach der Berichterstattung gestern Abend im WDR, beziehungsweise heute Morgen in den Zeitungen, hat sich auch niemand gemeldet. Genauso Fehlanzeige die Idee mit den Gynäkologen. Keiner hat eine Patientin, auf die die Beschreibung passen würde.«

»Nichts, wir haben nichts, verdammt.« Für einen kurzen Moment schien es Tim Dubak so, als würde sein Chef die Beherrschung verlieren. Es wäre das erste Mal gewesen. Aber Skip Jonas riss sich zusammen. Und Tim Dubak hatte ihm zumindest noch zwei interessante Informationen zu geben.

»Die Kollegen Herbst und Froloff haben sich heute morgen im Umfeld des Zeugen Thomas Carstens umgehört. Das scheint alles soweit zu passen. Der fährt wohl wirklich oft morgens vor der Arbeit zur Freilichtbühne. Macht der eigentlich vor jeder Premiere regelmäßig. Auch sonst völlig unverdächtig, der Typ. Anders sieht das bei dem Direktor der Bühne aus, diesem Theo Petersen. Mit dem stimmt was nicht. Und dann hab ich hier noch dieses Foto.«

Skip Jonas war plötzlich hellwach.

Knapp zwei Stunden später saßen Skip Jonas und Tim Dubak im Büro der Freilichtbühne Hermannslust. Ihnen gegenüber saß Theo Petersen, der immer noch aufgekratzt wirkte und unbedingt Neues zum Fall der toten Frau wissen wollte.

»Ich habe schon Interviews gegeben«, berichtete er ungefragt. »Der Zeitung und einem Kamerateam. Alle wollen von mir hören, wie es war, als wir die Leiche gefunden haben. Carstens will nicht, aber ich habe alles erzählt. Was für eine Geschichte und die Freilichtbühne in aller Munde.«

»Sie scheinen diese Art von Publicity ja richtig zu genießen«, erwiderte Jonas. »Aber die Bühne kann ja auch jede Art von Reklame gebrauchen.«

»Wie meinen Sie das, Herr Kommissar?«

»Na ja, wir haben mal ein bisschen in Ihren Bilanzen geblättert. Rosig sieht anders aus. Da wundert es uns schon, dass Sie viel Geld für eine neue Zuschauerüberdachung ausgeben können.«

»Na hören Sie, das Angebot war viel zu gut, um es ablehnen zu können. Davon habe ich auch den Förderverein und die Gemeinde überzeugen können«, erklärte Petersen, dem es sichtlich unangenehm war, dass das Gespräch jetzt auf Baukosten kam, statt bei dem Leichenfund zu bleiben.

»Sie haben mit dem Bauunternehmer, der Ihnen so ein prima Angebot gemacht hat, schon öfter zu tun gehabt?«, hakte Skip Jonas nach.

»Na ja, man kennt sich natürlich. Herr Kanstein war bei der Renovierung des Bühnenhauses schon mit im Boot. Support your local business nennt man das heute, wissen sie.«

»Kommt immer auf den Support an, denk ich. Es gibt Leute, die sagen, bei dem Bauvorhaben mit dem Zuschauerdach geht nicht alles mit rechten Dingen zu. Stimmt es, dass Sie sich vom Kansteiner ihr Privathaus haben renovieren lassen?«

»Ach, was die Leute immer reden. Das ist alles korrekt abgerechnet worden.«

»Wir sind nicht vom Wirtschaftskommissariat, Herr Petersen. Aber in einem Mordfall möchte ich schon gerne wissen, ob die, mit denen ich es zu tun habe, in irgendetwas verwickelt sind, was nicht astrein ist. Wie schnell wird man erpressbar, Herr Petersen, wenn man was zu verheimlichen hat? Und wie schnell werden Mitwisser unangenehm und müssten eigentlich aus dem Weg geräumt werden?«

»Hören Sie auf, Herr Kommissar. Glauben Sie wirklich, ich hätte was mit der toten Frau zu tun?«

»Kommen wir auf den Abend vor dem Leichenfund zu sprechen. Sie waren also die ganze Nacht hier oben im Büro?«

»Die leidige Steuererklärung. Und dann war es mir zu spät zum Heimfahren. Das habe ich Ihnen doch bereits erzählt«, erwiderte Petersen beinahe patzig.

»Warum lügen Sie uns an, Herr Petersen?«

»Ich lüge Sie nicht an. Ich war hier. Die ganze Nacht.«

Skip Jonas ließ sich von Tim Dubak einen kleinen Aktendeckel geben. Er nahm das Foto einer Blitzerkamera heraus und zeigte es Petersen.

»97 bei erlaubten 80, Herr Petersen. Gemessen und fotografiert mit traffipax 900 am 4. Juni um 1:54 Uhr in der Früh. Der aufmerksame Kollege traffipax ist übrigens an der B 61 installiert. Sechs Kilometer entfernt von der Freilichtbühne.«

Petersen sackte merklich in sich zusammen.

Skip Jonas setzte nach: »Tja, dumm gelaufen, Herr Petersen. Wir haben alle Kameras im Umkreis ausgewertet auf der Suche nach verdächtigen Fahrzeugen. Und da stolpern wir über dieses interessante Exemplar.«

Jonas' Stimme war jetzt kälter, klarer: »Wo kamen Sie her, wo wollten Sie hin, Herr Petersen?«

»Ich war, also ich war, beim Kansteiner war ich, in drei Gottes Namen. So, jetzt wissen Sie's!«

»Bei dem Bauunternehmer? Mitten in der Nacht?«

»Wir haben uns schon ein paar Mal nachts bei ihm getroffen. Fällt nicht so auf, gibt's kein Gerede.«

»Und was bespricht man dann so, um ein Uhr in der Nacht?«

»Das geht Sie gar nichts an!« Petersen bekam

seine Nervosität nicht mehr in den Griff, seine Stimme zitterte bei seinem vielleicht letzten Versuch, die Wahrheit für sich zu behalten.

»Herr Petersen, Sie waren kurz vor dem Mord und direkt nach dem Mord am Fundort der Leiche. Sie haben für den Tatzeitraum kein Alibi. Sie sagen uns jetzt besser alles, was wir wissen wollen.«

Petersen überlegte eine Weile, bevor er antwortete, als wäge er im Kopf ab, was jetzt für ihn besser sei. Die unangenehme Wahrheit zu präsentieren oder Hauptverdächtiger in einem Mordfall zu sein.

»Um sicherzustellen, dass Kanstein die Ausschreibung für die neue Zuschauerüberdachung gewinnt, musste er das günstigste Angebot abgeben. Ich hab ihm also die Unterlagen der anderen Bewerber gebracht und wir haben sein Angebot entsprechend geändert. Und dann musste ich ins Büro zurück, um seine neuen Unterlagen zu den anderen zu packen. Zurück nach Hause wollte ich dann nicht mehr, damit es nicht auffällt, dass ich mitten in der Nacht nochmal im Büro war. So, jetzt wissen Sie's. Und ja, bevor Sie fragen, dafür hat er mir mein Haus renoviert, das war unser Deal. Noch was?«

»Wir prüfen das nach. Sie hören von uns«, sagte Jonas im Aufstehen.

Sie fuhren auf direktem Wege zum Bauunternehmer Kanstein, der nach einigem Herumlavieren die Geschichte des Leiters der Freilichtbühne bestätigte.

Auf der Autofahrt zurück ins Bielefelder Präsidium sprachen die beiden Ermittler zunächst einmal kein Wort. Jeder versuchte das Gehörte einzuschätzen. Tim Dubak richtete schließlich das Wort an seinen Chef.

»Ist Petersen damit raus, Skip? Ich meine, er wird ja wohl kaum auf dem Weg von Kanstein in sein Büro zufällig auf unser Opfer getroffen sein, um es kurze Zeit später quasi direkt vor seiner Bürotür zu töten und in Brand zu stecken.«

»Unwahrscheinlich, aber natürlich nicht unmöglich«, antwortete der Leiter der Mordkommission. »Vielleicht hat er die Frau ja auch beim Bauunternehmer getroffen und von da mitgenommen. Und dann lief die Situation aus dem Ruder. Was weiß ich? Auf jeden Fall bestellen wir uns beide für morgen ins Präsidium. Setzen sie nochmal ordentlich unter Druck. Wer weiß, was dabei noch so alles ans Licht kommt.«

Skip Jonas machte eine lange Pause. »Wir müssen die Tote identifizieren. Das ist das Wichtigste. Warum vermisst die niemand? Wer ist diese Frau?«

Dritter Tag

»Skip, da ist eine Frau Kallmeyer unten auf der Wache. Sie sagt, sie möchte mit jemandem über das Mädchen von der Freilichtbühne sprechen.«

Tim Dubaks Hinweis elektrisierte Skip Jonas. Er sprang von seinem Bürostuhl auf und rannte die drei Treppen von seinem Büro zur Polizeiwache im Erdgeschoss des Polizeipräsidiums herunter. Er hatte die Nacht zu Hause verbracht und war am Morgen um neun Uhr im Präsidium erschienen. Sie hatten eine kurze Dienstbesprechung in seinem Büro gehabt, mit dem niederschmetternden Ergebnis, dass es bislang keine weiteren Hinweise auf die Identität des Opfers gegeben hatte. Und jetzt das.

»Guten Morgen, mein Name ist Georg Jonas. Ich leite die Ermittlungen. Was kann ich für Sie tun?«

»Die Strümpfe. Die bunten Strümpfe. Auf dem Bild in der Zeitung. Die habe ich gestrickt.«

Dann begann die Frau zu weinen. Skip Jonas fasste sie behutsam am Arm und führte sie zum Fahrstuhl. In seinem Büro angekommen stellte er ihr ein Glas Wasser auf den Tisch und wartete, bis sich die Frau etwas beruhigt hatte.

»Für wen haben Sie denn die Strümpfe gestrickt?«

»Für meine Tochter, die Annemarie, natürlich.«

»Und wo ist ihre Tochter im Moment?«

»Das weiß ich doch nicht. Die Annemarie sagt mir ja nicht alles. Sie hat zwar immer noch ihr Zimmer bei mir. Aber dann ist sie auch mal lange weg. Mit Freunden und so. Dann sagt sie immer: ›Mach Dir keine Sorgen, Mama. Ich melde mich irgendwann.‹«

»Wie alt ist Ihre Tochter denn?« Skip Jonas spürte, dass er kurz vor der Identifizierung des Opfers stand und dass gleichzeitig die Frau ihm gegenüber wohl vor der härtesten Wahrheit ihres Lebens stand.

»Annemarie wird im Juli 29.«

»Und wann haben Sie sie zum letzten Mal gesehen?«

»Fast eine Woche ist das her.«

Das Alter passte und der Zeitraum, die Strümpfe waren ein ernstzunehmender Hinweis. Skip Jonas war sich jetzt sehr sicher, allerdings wollte er der Frau unbedingt eine direkte Identifizierung der Leiche ersparen. Vielleicht hätte die Mutter ihre Tochter erkannt. Aber der Anblick wäre zu grausam gewesen. Ein DNA-Abgleich würde Sicherheit bringen.

»Wir würden gerne jemanden zu Ihnen nach Hause schicken. Wir bräuchten die Zahnbürste und vielleicht einen Kamm Ihrer Tochter. Ist das möglich?«

Die Frau begann wieder zu weinen, gab Jonas aber ohne zu zögern einen Wohnungsschlüssel. »Eickum, Dorfstraße 5. Erstes Obergeschoss. Das Zimmer meiner Tochter ist gleich links.«

»Danke, Frau Kallmeyer.« Skip Jonas gab den Schlüssel an Tim Dubak weiter. Der nickte nur kurz und verließ den Raum.

»Ist sie tot?«, fragte die Frau leise.

»Es ist noch zu früh, das zu sagen. Erzählen Sie mir von Ihrer Tochter. War sie in ärztlicher Behandlung, kennen Sie ihren Frauenarzt?«

»Frau Dr. Thaler aus Herford. Da waren wir beide. Aber die hat ja Mitte vergangenen Jahres ihre Praxis aufgegeben. Ob Annemarie danach bei jemand anderem war, weiß ich nicht.«

Tim Dubak, der gerade wieder ins Büro zurückgekehrt war, nachdem er organisiert hatte, dass zwei Kollegen die DNA-Proben sicherstellen, nickte wieder nur kurz. Die Gynäkologen hatten sie ja abtelefoniert, aber natürlich nur die, die aktuell praktizierten.

Skip Jonas setzte das Gespräch mit der niedergeschlagenen Frau fort.

»Warum melden Sie sich erst heute bei uns. Das Foto von den Strümpfen war doch schon gestern Morgen in den Zeitungen?«

»Ach, wissen Sie, ich lese schon lange keine Zeitung mehr. Da steht ja immer nur noch Mord und Totschlag drin. Und Krieg und Politik. Das ist nichts für mich. Nein, der Ulli kam heute morgen und hat mir das Bild gezeigt und gefragt, ob ich was von der Polizei gehört hätte.«

»Wer ist dieser Ulli denn?«

»Ein Freund von Annemarie. Einer von denen, mit denen die Anni in der letzten Zeit viel unterwegs war. Ich glaub, sie mag ihn. Ein schicker Typ, hat sie mal zu mir gesagt.« Sie hielt kurz inne und ein Lächeln huschte über ihr Gesicht. Eine Erinnerung an eines der letzten Gespräche mit ihrer Tochter. »Ja, ich glaub, den mag sie.«

»Und dieser Ulli, der kam heute Morgen zu Ihnen und fragte nach Annemarie?«

»Ja, natürlich. Ich meine, nein, er fragte natürlich nicht direkt nach Annemarie, weil er ja wusste ... Nein, er wusste ja nichts. Aber er hatte doch die Zeitung in der Hand. Mit dem Foto von den Strümpfen. Die kannte er offenbar auch. Und dann hat er mich gefragt, ob die Polizei schon da war und was die so von mir wissen wollten.«

»Er hat Sie ganz ausdrücklich nach der Polizei gefragt?«

»Ja, das hat er. Und als ich ihm sagte, dass niemand von der Polizei bei mir gewesen sei und warum auch, hat er gesagt, er müsse jetzt leider schnell wieder weg. Und da war ich dann ganz verunsichert und dann bin ich zu Ihnen gefahren.«

Tim Dubak öffnete die Bürotür. »Chef, kommst du mal kurz raus, bitte.«

»Einen kurzen Augenblick, Frau Kallmeyer. Ich bin gleich wieder da.«

Draußen auf dem Flur sah er Tim Dubak fragend an.

»Wir haben die Gynäkologin erreicht, Skip. Sie bestätigt, dass ihre ehemalige Patientin Annemarie Kallmeyer einen doppelten Uterus besaß.«

Skip Jonas atmete tief ein, bevor er die Tür zu seinem Büro öffnete und zu Annemaries Mutter zurückging.

Vierter Tag

Kurz vor Mittag hatte er ihn vor sich sitzen, diesen Ulli. Ulrich Brehmer, 41 Jahre alt, Elektroinstallateur aus Vlotho. Nach seinem eigenartigen Auftritt bei der Mutter der Toten war er von Skip Jonas sofort als möglicher Tatverdächtiger klassifiziert worden. Durch eine intensive Suche im privaten Umfeld der Toten, an der sich alle Mitarbeiter der Mordkommission beteiligt hatten, waren sie noch gestern Abend auf die Spur des Mannes gekommen. Sie observierten seine Wohnung und beobachteten, wie er später am Abend Besuch von einer Frau bekam, die über Nacht bei ihm in der Wohnung blieb. Heute Morgen klingelten sie die beiden aus dem Bett und nahmen sie mit aufs Polizeipräsidium.

Jetzt saß Ulrich Brehmer im Vernehmungsraum Nummer eins, während sein Damenbesuch der vergangenen Nacht direkt nebenan im zweiten Vernehmungsraum unter Aufsicht einer Polizistin auf ihre Vernehmung wartete.

»Wer hat Annemarie Kallmeyer getötet?«, begann Skip Jonas das Verhör.

»Ich nicht«, antwortete Ulrich Brehmer.

»Sie sind in den letzten vier Wochen quasi täglich mit Frau Kallmeyer gesehen worden. Sie waren ein Paar, das wissen wir. Aber Sie sind seit fast zehn Jahren auch mit einer Frau Bärbel Oetting liiert. Frau Oetting wartet nebenan. Wir können sie jederzeit dazu befragen.«

»Ja und? Anni und ich hatten was miteinander. Bärbel war das egal: Die ist froh, dass sie mich hat. Die hat sich nicht zu beschweren, wenn ich was Anderes am Laufen habe.«

Verdächtige nach ihrem Äußeren zu beurteilen oder nach ihrer Art und Weise, wie sie sich im Verhör benehmen, ist für Polizisten ein höchst unprofessionelles Verhalten. Skip Jonas hütete sich immer davor, eine Antipathie gegenüber möglichen Tätern aufkommen zu lassen. Heute aber hatte er Schwierigkeiten damit. Der Mann ihm gegenüber wirkte durch und durch unsympathisch. Über 1,90 groß und von wuchtiger Gestalt war er sich seiner einschüchternden Körperlichkeit durchaus bewusst. Seine Körpersprache war eine permanente Drohgebärde, selbst jetzt in der Vernehmungssituation. Verächtlich schaute er auf Skip Jonas herab, der fast zwei Köpfe kleiner war. Und wenn er sprach, schwang eben diese Verachtung in jedem Satz mit, den er sagte. Skip Jonas hatte das sichere Gefühl, dass er diese Verachtung allen gegenüber an den Tag legte, mit denen er zu tun hatte. Dieser Mann hatte offenbar ein so übersteigertes Überlegenheitsgefühl in sich, dass allein daraus schon Gewalttaten resultieren konnten. Er war jemand, der Böses tun konnte. Als sich Skip Jonas bei diesem Gedanken ertappte, schüttelte er kurz den Kopf. Lass das! Konzentrier dich! Weise es ihm nach und hör auf, nach dem Bösen zu suchen!, sagte er sich und setzte das Verhör fort.

»Wo waren Sie in der Nacht von Montag auf Dienstag? Wann haben Sie Frau Kallmeyer das letzte Mal gesehen?«

Während Brehmer anfing davon zu erzählen, dass er eigentlich schon mit der Annemarie

Schluss gemacht hatte und die letzten Tage wieder ausschließlich mit der Bärbel verbracht hatte, die ihm auch für die Tatzeit ein Alibi geben könnte, reifte in Skip Jonas eine Idee heran, auf die er später nicht besonders stolz sein sollte. Aber er wollte diesen Kerl überführen und er wollte es schnell. Er wollte verhindern, dass dieser Mann am Abend das Polizeipräsidium wieder verlassen konnte.

»Lassen Sie es gut sein«, unterbrach Skip Jonas die Aussage des Mannes ihm gegenüber. »Wir sprechen jetzt erst einmal mit Frau Oetting, stellen Ihre Wohnung auf den Kopf, untersuchen Ihre Kleidung und nehmen Ihr Auto unter die Lupe. Wir haben Augenzeugen, wir haben Reifenspuren. Wir kriegen Sie dran, Herr Brehmer.« Skip Jonas stand auf und verließ den Vernehmungsraum. Tim Dubak wartete vor der Tür.

»Wie läuft es, Skip?«

»Schlecht. Ich hab mich nicht im Griff. Der Typ geht mir fürchterlich quer. Aber er war's. Das ist so sicher wie das Amen in der Kirche. Und deshalb müssen wir jetzt ein bisschen tricksen. Was wissen wir über sein Auto?«

»Ein dunkelblauer Golf. Und damit keins von den Autos, die die Zeugen an dem Morgen gesehen haben.«

»Der Abgleich mit den Reifenspuren auf dem Parkplatz?«

»Hat nichts ergeben. Das heißt ja nicht, dass er nicht da war. Aber die Spuren sind zu schlecht, um eine davon dem Golf zuzuordnen.

»Was ist mit den Faserspuren an der Kleidung der Toten? Passt das zu seinen Klamotten?«

»Skip, du weißt, wie lange das dauert!«

»Wir reden jetzt mit ihr«, entschied Jonas und öffnete die Tür zum zweiten Vernehmungsraum.

»Warum geben Sie ihm ein Alibi? Das macht keinen Sinn mehr. Er hat bereits alles zugegeben.«

»Ulli hat alles zugegeben? Wirklich? Hat er wirklich gesagt, er war's?«

»Wundert Sie das?«

»Das freut mich!«

»Wie bitte?«

»Das heißt doch nichts anderes, als dass er mich liebt. Wirklich liebt.«

Über eine halbe Stunde hörten Skip Jonas und Tim Dubak der Frau zu. Und konnten zunächst nicht so recht glauben, was sie da hörten. Aber so bizarr, wie die Geschichte auch war, die Bärbel Oetting ihnen zu erzählen hatte, in sich war sie durchaus stimmig.

»Ich fasse es nicht. Hättest du das gedacht?« Tim Dubak schaute Skip Jonas ratlos an. »Ist das zu glauben?«

»Fällt schwer. Wir machen folgendes: Bringt mir die beiden, in getrennten Autos natürlich, zum Parkplatz der Freilichtbühne. Mal sehen, was dabei herauskommt, wenn wir die Geschichte nachstellen.«

Skip Jonas stand im leichten Nieselregen auf dem Parkplatz der Freilichtbühne neben dem Auto, in dem Ulrich Brehmer saß. Er bat ihn auszusteigen.

»Hier ungefähr?«

»Was soll das heißen?«, fragte Brehmer zurück.

»War es ungefähr hier, wo Sie mit Annemarie Kallmeyer standen?«

»Sie wissen gar nichts. Vermutungen. Nichts als Vermutungen.«

»Haben Sie ihr hier gesagt, dass Sie nichts mehr mit ihr zu tun haben wollten?«

»Wenn Sie meinen. Sie haben nichts gegen mich in der Hand.«

»Kommen Sie doch mal mit, Herr Brehmer.«

Skip Jonas ging mit dem Verdächtigen um das Auto herum, mit dem sie gekommen waren, und blieb am Kofferraum stehen.

»Und? Haben Sie mir jetzt was zu sagen?«

Ulrich Brehmer wurde merklich nervöser, blieb aber stumm. Skip Jonas öffnete den Kofferraumdeckel. Drinnen lag Brehmers Lebensgefährtin

Bärbel Oetting und schaute mit einer Mischung aus Unsicherheit und Zuneigung auf ihren Freund. Skip Jonas half ihr beim Herausklettern.

»Du musst nicht alle Schuld auf dich nehmen, Ulli. Schließlich wollten wir es beide.«

Brehmer verdrehte die Augen und holte aus, um seiner Freundin ins Gesicht zu schlagen. Aber Tim Dubak stand direkt hinter ihm, reagierte schnell und fasste seinen Arm.

»Die tragen Sie mal besser. Und gewöhnen Sie sich dran«, sagte er und legte dem Mann Handschellen an.

»Sie waren hier, mit Annemarie Kallmeyer. Ihr Opfer hatte keine Ahnung, wohin die Reise ging. Was haben Sie ihr erzählt? Vielleicht eine romantische Fahrt in den Sonnenaufgang? Ist ja auch egal. Sie war völlig arglos. Und sie hatte keine Ahnung, dass sich im Kofferraum ihre Lebensgefährtin versteckt hielt.«

Skip Jonas hielt kurz inne und schaute auf die Frau, die jetzt leise weinend neben ihm stand.

»Sie haben ihr eingeredet, dass es nur einen Weg gibt, Annemarie Kallmeyer loszuwerden. Und sie hat Ihnen geglaubt. Während Sie mit Annemarie von Ihrem Auto weggingen, ist sie aus dem Kofferraum gestiegen und hat Annemarie von hinten überwältigt. Hat ihr die Kehle zugedrückt, bis sie starb.«

»Genau. Sie war es. Sie hat sie umgebracht!«, schrie Brehmer beim Versuch, die Schuld von sich zu weisen.

»Und Sie haben die Tote in den Wald getragen, haben sie mit Benzin übergossen und angezündet.« Skip Jonas gab Tim Dubak ein Zeichen.

»Ulrich Brehmer, Frau Oetting, ich verhafte Sie wegen gemeinschaftlich begangenen Mordes an Annemarie Kallmeyer.«

Dann machte er eine kurze Pause. »Tim, bring sie schnell weg von hier.«

Tim Dubak führte die beiden zu einem der Polizeiwagen und übergab sie in die Obhut zweier Streifenbeamten. Dann kam er zurück zu seinem Chef, der mittlerweile weitergegangen war bis zu der Stelle, an der die verkohlte Leiche vor drei Tagen gefunden worden war. Die Premierenankündigung der Freilichtbühne war von hier aus gut zu sehen.

»Das Böse unter der Sonne«, zitierte Jonas das Plakat.

»Haben wir das Böse gesehen, Skip?«

»Wie böse ist es, jemanden umzubringen, weil man seiner überdrüssig geworden ist? Warum hat er sie nicht einfach weggeschickt? Warum hat sie ihm geholfen? Ich weiß nicht, was das Böse ist. Aber das hier, Tim, das war so niederträchtig, so unnötig, so …« Skip Jonas fehlten die Worte.

»… böse!«, ergänzte Tim Dubak, bevor sie zu ihrem Wagen zurückgingen.

Ulrich Brehmer und Bärbel Oetting wurden vom Landgericht Bielefeld wegen gemeinschaftlich begangenen Mordes zu lebenslangen Gefängnisstrafen verurteilt. Der mittlerweile über 20 Jahre zurückliegende Mord an der damals 17-jährigen Schülerin wurde bis heute nicht aufgeklärt.

Oliver Köhler

Tea Time mit einem Mörder

Eine leichte Brise wehte herüber. Thomas und ich hatten einen der letzten Tische auf der Holzterrasse ergattert. Die Sonne sollte sich gleich verabschieden. Doch ihre Strahlen zauberten mir und vermutlich auch den anderen Anwesenden noch einmal ein zufriedenes Lächeln aufs Gesicht. Es herrschte eine absolut entspannte und gelöste Atmosphäre. Irgendwie fühlte es sich sogar wie Urlaub an. Auch wenn dieser Trip vermutlich nicht als Freizeitvergnügen zu verbuchen sein würde. Egal. Ich genoss den Moment.

»Was für ein Panorama, Wahnsinn!«

Thomas nickte: »Stimmt. Guck dir mal die Segeljachten an. Der Hammer! Aber so ein Jetski ist auch nicht ohne.« Thomas war nicht nur freier Kameramann, sondern auch begeisterter Wassersportler. Hier schien es ihm genauso wie mir zu gefallen. »Wenn wir morgen nicht dieses Interview machen müssten, würde ich mich glatt da hinten am Strand vergnügen«, ergänzte er. »Dieser weiße Sand! Das sieht ja aus der Entfernung aus, wie in der Karibik. Echt einladend.« Er hatte recht.

Hier in der Bucht von Cardiff konnte man es aushalten.

Cardiff, Hauptstadt von Wales. Mitten in Großbritannien.

Damit konnte doch keiner rechnen. Naja, ich hatte damit zumindest nicht gerechnet. Aber was wusste ich vorher schon von Cardiff?

Nicht viel. Außer, dass ein paar Größen der Popmusik wie Leona Lewis oder Andy Bell von hier stammten. Richtig, der Andy Bell von Erasure. Die Band, die in den 80ern ihre große Zeit hatte, mit Hits wie »Sometimes« oder »Oh L'amour«. Lange ist es her.

Genau so lange, wie das, weswegen wir heute hier waren.

Ein Verbrechen, begangen vor drei Jahrzehnten von einem gewissen Taylor Smith.

Ein Mann, der bei uns in Ostwestfalen-Lippe in der Vergangenheit immer wieder für Schlagzeilen gesorgt hatte. Jetzt lebte Taylor Smith wieder hier in seiner Heimat.

Ich war froh, dass Thomas Zeit hatte, mich zu begleiten. Er war erst wieder übernächste Woche für einen Dreh fest gebucht. So konnte er spontan sein Kameraequipment zusammenpacken und direkt zum Flughafen kommen. Wir arbeiten schon seit Jahren zusammen. Er macht die Bilder, ich die Recherchen. Auf ihn kann ich mich immer verlassen, auch bei schwierigen Drehs. Und dieser hier dürfte nicht ganz unkompliziert werden. Ich hatte so ein Gefühl. Die Story war nicht ohne. Nicht ohne Zündstoff, nicht ohne mögliche Überraschungen, vielleicht auch nicht ohne Risiko.

Schließlich hatten wir eine Verabredung mit einem Mörder. Korrekterweise muss ich sagen: mit einem mutmaßlichen Mörder.

Er war verurteilt und doch wieder nicht.

Aber jetzt saßen wir ja erst einmal hier. In einer der vielen Bars am Mermaid Quay, mit diesem tollen Ausblick auf den Servern, der hier in die Bucht von Cardiff mündet.

»Möchtest du auch ein Bier?«, fragte Thomas.

»Klar. A pint of lager, please«, antwortete ich.

»Klugscheißer! Glaubst wohl, ich weiß nicht, was ein pint ist, was?«

»Doch, doch! Oder meinst du ich hätte vergessen, dass du in einem deiner früheren Leben selbst mal Kneipier warst? Quizfrage: Wie viel ist ein pint?«

»Würde mal sagen ein guter halber Liter.«

»Gar nicht so schlecht, mein Lieber. Exakt 568 Milliliter. So 'ne britische Eigenart.«

»Klugscheißer! Sag ich doch. Aber so seid ihr halt, ihr ›Autoren‹. Ich bin ja nur Kameramann.

Ihr kümmert euch um die Inhalte, wir uns um die wirklich wichtigen Dinge im Leben«, grinste Thomas. »Aber ich sag dir was, das mit dem Inhalt nehme ich dir jetzt mal ab. Ich habe nämlich Durst.«

Und schon war er unterwegs zur Theke.

Das Bier haben wir uns wirklich verdient, dachte ich. Fast fünf Stunden hatten wir mit dem Mietwagen von London bis hierher gebraucht. Das Budget für den Dreh war wie immer knapp. Deshalb reichte es nur für einen Billigflug nach London-Stansted. Ein Linienflug nach Cardiff hätte alles gesprengt.

Es war viel Verkehr unterwegs, auch ohne Rushhour. Was wohl erst rund um London los ist, wenn Feierabend ist, fragte ich mich. Die Antwort darauf wollte ich aber besser nicht hören. Mir reichte es jedenfalls.

Der Linksverkehr war echt anstrengend. Komisch, auf einer dreispurigen Autobahn unterwegs zu sein, ganz links zu fahren, also gefühlt auf der Überholspur, aber trotzdem der langsamste zu sein. Und alle überholen rechts. Mit einem Affentempo. Mich hatte das fertiggemacht. Versunken in meinen Gedanken, holte mich der Schlag der Glocke plötzlich zurück ins Jetzt. Der Barkeeper hatte sie geläutet. Happy Hour. Alles stürmte zur Theke. Auch eine Art Rushhour.

Ich schaute auf. Nicht, dass Thomas unter die Räder kam.

Er war längst im Gewühl verschwunden.

Vorgestern hatte ich endlich Kontakt zu ihm bekommen. Zu Taylor Smith, dem verurteilten Mörder. Wochenlang hatte ich ihn gesucht. Und dann ging doch alles ganz schnell. Er wollte mich treffen. Noch in dieser Woche.

Die Recherchen hatten sich schwierig gestaltet. Es ließ sich nämlich niemand finden, der reden wollte. So ein brutales Verbrechen hatte es bis dato ja auch in Lübbecke noch nicht gegeben. Offensichtlich hatten einige immer noch daran zu knabbern. Ein 18-jähriges Mädchen war brutal vergewaltigt worden. Nachts auf dem Schulhof einer Grundschule. Der Täter hatte die junge Frau anschließend erwürgt und einfach im Dreck liegen gelassen. 30 Jahre ist das her.

Und heute? Niemand will sich offenbar erinnern. Also Strich drunter? Das Ganze vergessen? Nein. Das kann einfach nicht sein. Immer wieder hatte ich mir selbst Mut eingeredet, wenn die Recherchen mal wieder drohten, in einer Sackgasse zu landen.

Streng genommen ist der Fall noch immer nicht aufgeklärt. Klar, dieser Taylor Smith hatte dafür gebüßt. Aber war er wirklich der Täter?

Wenn er es nicht gewesen ist, läuft der Mörder immer noch frei herum und bleibt womöglich sein Leben lang unbestraft. Warum will niemand in Lübbecke über den Fall sprechen? Gibt es dort im Wiehengebirge ein seit Jahrzehnten gut gehütetes Geheimnis?

Mit der Mutter des Opfers hatte ich zweimal gesprochen. Vor der Kamera mochte sie kein Interview geben. »Damals, als es passierte, wollte ich wissen, wer meiner Nicole das angetan hat«, hatte sie zu mir gesagt. »Als sie diesen Smith ins Gefängnis steckten, glaubte ich noch an Gerechtigkeit. Als sie ihn aber nach so langer Zeit laufen ließen und sagten, er war es vielleicht gar nicht, sondern möglicherweise ein ganz anderer, da habe ich den Glauben an die Justiz verloren. Heute will ich nichts mehr damit zu tun haben.«

Ich konnte die Frau gut verstehen. Für sie musste es die Hölle sein.

Wie für alle Eltern, die ein ähnliches Schicksal teilten und nicht wussten, wer für den gewaltsamen Tod des eigenen Kindes verantwortlich ist.

Solche Geschichten hatten es der freien Produktionsfirma angetan.

Die ließen sich gut verkaufen. Private und

auch öffentlich-rechtliche Sender waren gleichermaßen dankbare Abnehmer.

Es gab genügend Sendungen, die immer auf der Suche nach spektakulären Fällen waren. Spannend erzählt machte das Quote. Das erhofften sich die Verantwortlichen. Aber im Ernst, dieser Fall hatte wirklich Potenzial. Deshalb sollte ich einen Film daraus machen.

Was war jetzt also mit Taylor Smith? Um das herauszufinden, musste ich ihn sprechen. Nicht nur telefonieren, im besten Fall treffen. Aber wie kam man an einen Kerl, den entweder niemand kannte oder den niemand mehr kennen wollte? Und wenn der dann auch noch vor Jahren zurück in seine Heimat Großbritannien gezogen war, machte es die Sache nicht leichter. Auch sein Name hatte ja wahrlich kein Alleinstellungsmerkmal: Smith …

Am Ende half doch tatsächlich eines dieser »sozialen« Netzwerke. Über unzählige Ecken gelangte ich an eine Frau aus Newport in der Nähe von Cardiff. Und was soll ich sagen? Ja, sie kannte einen Taylor Smith. Sie schlug vor, ihn zu kontaktieren. Falls er Interesse habe, könne er sich ja dann bei mir melden. So war sie nicht in der Verlegenheit mir seine persönlichen Daten zu geben und sich hinterher vielleicht einen riesigen Ärger einzuhandeln.

Zwei Stunden später hatte ich jedenfalls eine Mail in meinem Postfach. Von Taylor Smith. Ja, er wolle mich treffen. Auf der Insel, in Cardiff. Er habe viel zu erzählen. Die Wahrheit.

»Ich hab dann mal gleich zwei für jeden mitgebracht«, Thomas stellte das Tablett mit den Bieren vor uns auf den Tisch. »So eine Happy Hour ist schon was Feines. Cheers!«

»Cheers. Was bekommst du?«

»Lass mal stecken, bist eingeladen. Kleines Dankeschön. Weil ich hier sein darf. Aber jetzt verrat doch erst einmal, warum alles so schnell gehen musste.« Thomas nahm einen großen Schluck aus seinem ersten Glas, lehnte sich bequem zurück.

»Dieser Smith will auswandern. Schon nächste Woche. Hat angeblich einen neuen Job in Argentinien. Ob das stimmt, weiß ich nicht. Ist mir ehrlich gesagt auch egal. Hauptsache wir bekommen das Interview.«

Thomas guckte skeptisch: »Klingt für mich nicht wirklich glaubhaft. Was ist das denn für ein Typ?«

»Wenn du mich fragst, irgendwie schon zwielichtig. Bis zu seiner Verurteilung war er Soldat bei der britischen Armee. Jetzt verdient er sein Geld hier als LKW-Fahrer.«

»Na, du hast ja Vorurteile. Es gibt tausende LKW-Fahrer. Alles ehrbare Menschen.«

»Das meine ich doch gar nicht! Lass mich doch ausreden.«

»Bitte, dann leg mal los!«

»1985 war er noch in Lübbecke stationiert. Da gab es eine kleine Kaserne mit einer Logistik-einheit. Ist aber alles längst platt gemacht. Dieser Smith war damals schon Fahrer. Viel unterwegs in der Gegend. Und offensichtlich immer auf Brautschau. Da gab es mal so einen Vorfall auf dem Blasheimer Markt im Jahr zuvor.«

»Du meinst dieses große Volksfest in Lüb-becke.«

»Genau. Jedenfalls soll es da mal eine Schläge-rei gegeben haben, weil dieser Smith sich an eine Deutsche rangemacht hat. Deren Mann fand das gar nicht lustig.«

»Und da gab es dann halt was auf die Fresse, verstehe. Aber so was kommt doch immer wie-der vor. Auch auf jedem Schützenfest und hat nichts mit der Nationalität der Schürzenjäger zu tun. Oder?« Thomas gönnte sich einen weiteren Schluck.

»Nein, mit der Nationalität natürlich nicht. Aber der Vorfall passt für mich irgendwie ins

Bild. Denn ein gutes halbes Jahr später soll Smith versucht haben, eine andere junge Frau zu vergewaltigen.«

»Woher weißt du das denn?«

»Kontakte halt. Ich sage nur Mordkommission Bielefeld.«

»Nee, hat Norbert wieder geplaudert?« Thomas war vergnügt. »Seit der Herr Hauptkommissar in Pension ist, hat der echt Langeweile. Früher war der nie so redselig.«

Da hatte ich andere Erfahrungen gemacht. Aber das sollte zwischen Norbert und mir bleiben, deshalb sagte ich gar nichts zu der Bemerkung von Thomas.

»Norbert und ich telefonieren halt ab und zu. Er konnte mir zwar nicht helfen, Smith aufzutreiben, aber er wusste trotzdem so ein bisschen was. Zum Beispiel das von dieser versuchten Vergewaltigung. Und jetzt kommt es: Zwei Monate später wird in Lübbecke tatsächlich eine Frau vergewaltigt. Und diesmal ist das Opfer hinterher tot. Und wer ist wieder verdächtig?«

»Taylor Smith?«

»Genau der!«

»Wow! Wirklich ein zwielichtiger Typ.«

»Norberts Kollegen, der Oberstaatsanwalt und die Richter waren sich von Anfang an sicher, dass Smith der Täter ist!«

»Klingt für mich aber auch plausibel«, urteilte Thomas.

Ich gab Thomas eine Kurzzusammenfassung von dem, was das Landgericht Bielefeld damals in dem Prozess 1986 feststellte.

Demnach habe Taylor Smith am 6. Juni 1985 die 18-jährige Nicole S. in ein Gebüsch gezerrt und sich sexuell an ihr vergangen. Anschließend habe er sie mit bloßen Händen erwürgt. Zeugen hätten ihn und Nicole S. vorher zusammen in einer Disco in Lübbecke gesehen. Den ganzen Abend hätten beide öffentlich Zärtlichkeiten ausgetauscht, sich geküsst und gestreichelt. Das Paar habe die Disco in der Nacht gemeinsam verlassen. Hinweise auf einen anderen Täter hätten sich nicht ergeben. Auch die versuchte Vergewaltigung einer anderen Frau zwei Monate zuvor würde ins Gesamtbild passen.

Taylor Smith hatte das Verbrechen immer abgestritten. Er habe einen Filmriss gehabt. Er und Nicole hätten viel getrunken und sich auch geküsst. Aber zu mehr sei er aufgrund seines Alkoholpegels gar nicht in der Lage gewesen.

Alles half nichts. Das Urteil lautete: 14 Jahre Haft wegen Mordes in Tateinheit mit Vergewaltigung. Taylor Smith fuhr ein.

In Bielefeld-Brackwede saß er exakt 3183 Tage.

Fast neun Jahre. Dann aber kam die überraschende Wende.

Es war echt gemütlich am Mermaid Quay. In dieser Bar konnte man den Tag entspannt ausklingen lassen. Ich nahm mein Handy und wählte die Nummer von Taylor Smith. Er saß noch am Steuer seines LKW. Ein ungünstiger Moment. Das Gespräch war deshalb auch ziemlich kurz. Aber das Wichtigste konnte ich klären. Wir verabredeten uns für den nächsten Tag.

Wir sollten Richtung Pontypool fahren. Hinter dem vierten Kreisverkehr sei ein kleiner Pub. Auf dem Parkplatz würde er uns gegen 17 Uhr abholen. Dann hätte er Feierabend.

»So, das wäre dann geklärt. Morgen Nachmittag, um fünf.«

Thomas horchte auf: »Na, da bin ich aber gespannt. Ist ja noch ein wenig Zeit bis dahin. Da können wir ja morgen noch die Gegend erkunden. Jetzt hab ich erst einmal Hunger. Komm trink aus. Dahinten scheint ein nettes Restaurant zu sein.«

***

Jetzt warteten wir schon eine knappe halbe Stunde. Langsam wurde mein Kameramann unruhig.

»Bist du sicher, dass der noch kommt? Nicht, dass das hier 'ne Luftnummer wird.«

»Warte es ab. Er will reden. Er will seine Geschichte erzählen. Also wird er auch kommen – und guck da, wenn man vom Teufel spricht.«

Ein grüner Ford Focus raste durch den Kreisverkehr.

Der Fahrer hatte es augenscheinlich eilig. Und tatsächlich, er bog ab.

Hielt neben uns auf dem Parkplatz.

»Sorry. Es war viel Verkehr«, sagte ein hagerer, schnauzbärtiger, etwa 1,90 Meter großer Mann, während er ausstieg und auf uns zukam.

»Ich bin übrigens Taylor!«

»Und ich bin Thomas.« Thomas streckte ihm seine Hand entgegen und lächelte. Offenbar froh darüber, dass sich die Geschichte tatsächlich nicht zu einer Luftnummer entwickelte. Smith drehte sich zu mir: »Dann haben wir bestimmt telefoniert. Sie müssen der Reporter sein.«

»Genau. Und Thomas ist mein Kameramann. Schön, dass es geklappt hat.«

»Natürlich. Sie wollen doch eine gute Story, oder?« Smith lächelte.

Ich nickte. »Ja, deshalb sind wir hier.«

»Sie sprechen sehr gut deutsch«, stellte Thomas fest.

»Ich war viele Jahre in Deutschland. Fünf Jahre

freiwillig beim britischen Militär und dann noch einige Jahre unfreiwillig im deutschen Knast. Von 1979 bis 81 war ich in Munsterlager in Niedersachsen stationiert und dann noch einmal von Oktober 1982 bis 85 in Lübbecke.« Smith holte Luft. Sein Gesichtsausdruck änderte sich. Das Lächeln war schlagartig verschwunden. Als hätte ihn seine Vergangenheit plötzlich eingeholt. Und als ob er etwas Unheilbringendes ausgesprochen hatte: Lübbecke. Der Ort, an dem er wohl am liebsten nie in seinem Leben gewesen wäre. Seine Stirn lag in Falten.

Er kniff die Augen zusammen: »Ja, mein Deutsch ist gar nicht so schlecht. Ich war gezwungen, es mir selbst beizubringen.« Taylor Smith klang verbittert. »Ich war neun Jahre im Knast. Glauben Sie nicht, dass die da mit mir Englisch gesprochen hätten ...«

Mit ›die da‹ meinte er wohl alle, die sein Schicksal für viele Jahre besiegelt hatten. Polizisten, Staatsanwälte, Richter, Vollzugsbeamte, die Knackis.

Die da. Er sagte das so abfällig, dass Thomas und mir sofort klar war, wie viel Wut und Frust dieser Mann immer noch in sich trug.

Zwei Worte, die, so ausgesprochen, ein ganzes Leben beschrieben.

Sein Leben.

Ich schaute Smith ins Gesicht. Der Mann wollte kein Mitleid. Er wollte Gerechtigkeit. Von mir? Nein, das konnte ich nicht leisten. Mein Job war es ihm zuzuhören, ihn erzählen zu lassen. Seine Geschichte. Seine Wahrheit. Wahrheit?

»Lassen Sie uns woanders weitersprechen.«

»Sie haben recht. Dieser Parkplatz ist vielleicht nicht der richtige Ort.« Smith schlug vor, zu ihm nach Hause zu fahren. Dort könnten wir ungestört reden.

»Was für ein Typ …«, sagte Thomas, als wir wieder in unserem Auto saßen und Smith folgten. »Der ist ja vielleicht geladen.«

»Das wundert dich hoffentlich nicht. Wie würdest du dich verhalten, wenn du die beste Zeit deines Lebens hinter Gittern verbringen musstest? Unschuldig.«

»Unschuldig? Wird sich zeigen. Bin gespannt, was er zu sagen hat.«

Thomas hatte recht, ich sollte keine voreiligen Schlüsse ziehen. Nach dem Interview könnte ich mir eine eigene Meinung bilden.

Nach etwa 20 Minuten waren wir angekommen. Taylor Smith bog in eine Siedlung. Einen Kreisverkehr später stoppte er seinen Wagen vor einem kleinen Reihenhaus. Ich hielt direkt hinter ihm. Der Vorgarten sah nicht gerade einladend aus und sollte einen Vorgeschmack auf das Innere des Hauses geben.

Bis auf Unkraut wuchs hier nicht viel zwischen den abgestellten blauen Müllsäcken. Die warteten augenscheinlich schon länger darauf abgeholt zu werden. Egal. Wir waren ja nicht auf einer botanischen Rundreise durch Cornwall. Wir waren hier, um mit einem Mörder zu ›plaudern‹.

Taylor Smith ging voran, öffnete das kniehohe Tor vom Gartenzaun: »Treten Sie ein. Sie sind die ersten Deutschen, die dieses Grundstück und mein Haus betreten. Betreten dürfen.« Thomas schaute zu mir hinüber. Ihm schien die Sache in diesem Moment wie mir auch etwas unheimlich zu werden.

Krude Gedanken schossen durch meinen Kopf: Was, wenn Smith gar nicht reden wollte, sondern endlich ein Ventil gefunden hatte, um seinen Zorn mit einem Schlag loszuwerden? Zwei blöde Deutsche, die ihm, getrieben von ihrer Sensationsgier, blindlings folgten? Wo verdammt noch einmal waren wir überhaupt? Ich wusste noch nicht einmal die Adresse. Wir waren ihm einfach nachgefahren. Niemand würde uns finden. Aber spielte das dann überhaupt noch eine Rolle, wenn es wirklich so weit käme? Hatte uns hier jemand gesehen? Irgendwer, der uns im Ernstfall helfen konnte?

Meine Fantasie schien mit mir durchzugehen. Smith schloss die Haustür auf.

»Ich wohne hier zusammen mit meinem Vater. Seine Rente ist mickrig und ich verdiene bei der Spedition auch nicht das meiste. Jeder zahlt die Hälfte.« Smith's Stimmung hatte sich wieder gebessert. Er grinste: »Reich war ich übrigens nie. Auch nicht, als ich aus dem Gefängnis entlassen wurde. Die Haftentschädigung reichte gerade einmal, um richtig einen drauf zu machen, mir ein paar neue Möbel zu kaufen und alte Schulden zu begleichen.«

Sechs Euro hatte er für jeden Tag im Knast bekommen.

Unterm Strich rund 11 000 Euro, für einen Freispruch nach neun Jahren.

Kein Reichtum, nur ein finanzieller Ausgleich, um ein neues Leben zu starten. In seine Wohnungseinrichtung konnte Smith jedenfalls nicht viel von dem Geld gesteckt haben. Ein Cordsofa, ein Sessel, ein Couchtisch und eine Anrichte im Wohnzimmer. Das war's.

Dann wird es wohl eine Riesensause nach seiner Haftentlassung gewesen sein, dachte ich. Oder waren die alten Schulden, von denen er kurz sprach, doch etwas höher? Ich fragte nicht nach, behielt die Gedanken besser für mich. Darum ging es ja auch nicht.

Obwohl das Wohnzimmer optisch nicht viel hergab, beschlossen Thomas und ich das Interview hier aufzuzeichnen. Wir holten unsere Ausrüstung aus dem Auto: Kamera, Licht und das kleine funkgesteuerte Ansteckmikrofon. Dieses Mikro nehmen wir immer, wenn ein längeres Interview in ruhiger Atmosphäre aufgenommen werden soll. Das funktioniert aber nur, wenn es keine störenden Geräusche oder irgendeinen anderen Lärm aus dem Hintergrund gibt. Das kann das Ansteckmikro nicht herausfiltern. Aber hier war es absolut still. Und es gibt einen weiteren Vorteil. Das Ansteckmikro kann dem Interviewten bequem ans Hemd – wie der Name schon sagt – gesteckt werden. Niemand muss dem Befragten ewig lang die Handknolle, also das normale Mikro, vor die Nase halten. Das kann nämlich auf Dauer ganz schön anstrengend werden. Die Handknolle macht zwar einen perfekten Ton, auch in einem akustisch schwierigen Umfeld, aber sie stört immer im Bild.

Da kann sich der Kameramann noch so viel Mühe geben und einen tollen Bildausschnitt einstellen und auch noch den perfekten Hintergrund wählen, die Knolle macht alles wieder kaputt. Optisch zumindest. So hat halt alles wie immer im Leben Vor- und Nachteile. Hier sollte Taylor Smith also das Ansteckmikro verpasst bekommen.

Thomas hatte den Sessel passend gedreht, sein Licht aufgebaut und die Kamera aufs Stativ gestellt, als Smith aus der Küche ins Wohnzimmer kam.

»Ich habe hier einen Earl Grey, der schmeckt hervorragend.

Meine Herren, it's tea time.«

Natürlich tranken wir nicht nur Tee. Das Interview dauerte eine gute Stunde.

Es kam viel Material zusammen. Spannender, als ich es erwartet hatte.

Ich würde fast sagen, das Material war recht brisant.

Manche Aussagen ließen die Mordkommission Bielefeld nicht unbedingt in einem gut Licht dastehen. Und zu meiner großen Überraschung sollte Norbert eine nicht unerhebliche Rolle spielen. Richtig, Norbert, der pensionierte Hauptkommissar. Der Mann, zu dem ich in den vergangenen Jahren ein gewisses Vertrauensverhältnis aufgebaut hatte. Nachdem wir öfter miteinander zu tun hatten, merkte Norbert, dass er mir vertrauen konnte. So kam es vor, dass er mir Dinge erzählte, die nicht im offiziellen Polizei-

bericht auftauchten. Als »Hintergrundinforma-
tion«, wie er immer sagte. Eigentlich verfolgte er
aber eigene Zwecke damit. Er konnte sicher sein,
dass ich diese »Hintergrundinformationen« für
eigene Recherchen nutzte. Und so kam in den
ein oder anderen scheinbar festgefahrenen Fall
vielleicht wieder ein wenig Bewegung, so seine
Hoffnung. Denn anders als Polizisten brauchten
wir Journalisten uns bei unseren »Ermittlungen«
ja nicht unbedingt an den Dienstweg zu halten.
Das machte es einfacher, wenn man Sachen auf
den Grund gehen wollte. Norbert jedenfalls
konnte sich immer sicher sein, dass seine Infos
bei mir gut aufgehoben waren. Er drohte auch
nicht aufzufliegen. Ich würde nämlich niemals
meine Quelle preisgeben. Schließlich profitier-
te ich selbst davon. Außerdem gehörte das zum
Ehrenkodex und natürlich zum Informanten-
schutz.

Norbert vertraute mir also. Umgekehrt war es
genauso.

Warum also hatte er mich diesmal im Dun-
keln tappen lassen? Wir hatten telefoniert, ich
bat ihn um Hilfe bei der Recherche in Sachen
Smith. Warum verschwieg er seine eigene Rolle
in diesem Fall? Aus gutem Grund? Taylor Smith
war jedenfalls gar nicht gut auf den Hauptkommissar zu sprechen. Und ich fühlte mich mo-

mentan auch ein wenig verschaukelt. Norbert würde es mir erklären müssen.

Smith war es offenbar wichtig, seine ganze Lebensgeschichte loszuwerden.

Seine Mutter starb, als er noch klein war.

Sein Vater habe es nicht leicht gehabt, ihn, seinen älteren Bruder und seine ältere Schwester großzuziehen. Kaum Geld, wechselnde Frauengeschichten und eigentlich immer öfter im Pub als zuhause.

Die Schule habe er mit Ach und Krach hinter sich gebracht.

Danach sei er direkt zum britischen Militär gegangen.

»Die haben Typen wie mich gesucht«, sagte der Waliser stolz. »Kerle, die ohne zu murren anpacken und Befehle ausführen. Immerhin durfte ich einen LKW-Führerschein machen. Wenn ich den nicht hätte, sähe es heute für mich schlecht aus. Beruflich meine ich.«

Ich hörte geduldig zu, obwohl mich die Vorgeschichte mit ihren vielen Details nicht so wahnsinnig interessierte. Aber sollte ich ihn unterbrechen? Nein, ich ließ ihn erzählen. So konnte er sich warmplaudern. Wenn wir dann zur eigentlichen Story kommen, redet er sicher frei weg von der Seele. Hoffte ich. Also laufen lassen, wir zeichnen das Interview ja schließlich auf einer Festplatte auf. Die Festplatte stört es nicht, wenn Unwichtiges in die Länge gezogen wird. Es ist genügend Speicherplatz vorhanden.

»Als ich mit meinem Wehrdienst fertig war, fragte mich der Spieß, ob ich mich nicht länger beim Militär verpflichten wolle«, fuhr Smith fort.

»Und? Haben Sie?«

»Klar! Für mich war das perfekt. Ich fand's okay bei der Army, und hier auf der Insel gab es ja sowieso nicht genügend Jobs. Na ja, zumindest für Leute wie mich, mit solchen Schulnoten.« Er grinste. »Also unterschrieb ich einen Vertrag beim Militär und durfte der Queen weiter dienen. Es dauerte nicht lange und sie versetzen mich nach Deutschland. Auch das war gut für mich.«

»Warum?«

»Wissen Sie, im Ausland bekommen Sie als Soldat ungefähr das Doppelte an Geld. Kein schlechter Deal, wie ich finde. Das ist übrigens auch der Grund, warum damals so viele freiwillig gekommen sind. Mich schickten sie zu einer Logistikeinheit. Ich sollte LKW fahren. Das war okay.«

Smith schüttelte den Kopf. »Ich hatte gehofft nach Mönchengladbach zu kommen. In unsere Zentrale nach Rheindahlen. Daraus wurde nichts.

Ich war erst in Niedersachsen, dann wurde ich nach Nordrhein-Westfalen versetzt. Aber wieder nicht nach Rheindahlen. Ich durfte noch nicht mal nach Herford, geschweige denn nach Biele-feld ... Nein, Lübbecke. Am Anfang wusste ich noch nicht einmal, wo dieses Kaff ist.«

Smith nahm einen Schluck von seinem Tee und ich hakte nach.

»Wenn ich Sie vorhin auf dem Parkplatz rich-tig verstanden habe, war das im Oktober 1982?«

»Richtig.«

»Haben Sie da auch schon Nicole kennenge-lernt?«

»Nicole? Nein, wir trafen uns erst drei Jahre später. Zufällig. Einmal ...«

Smith holte tief Luft. »Ein beschissener Tag. Sorry, ich kann das wirklich nicht anders sagen.«

Es schien, als würde in diesem Moment alles wieder in ihm hochkommen. Präsent wie vor drei Jahrzehnten. Smith ballte seine rechte Faust und hämmerte sie auf die Lehne seines Sessels: »Ich habe Nicole nicht umgebracht!«

Er sprach es so aus, als wollte er die ganze Welt davon überzeugen.

Er selbst hatte keinen Zweifel, dass dies der Wahrheit entsprach.

Seiner Wahrheit. Es hätten auch die letzten Worte eines Angeklagten vor Gericht sein können. Ein einziger Satz, der die Richter von der Unschuld überzeugen soll. In seinem Fall kam es bekanntlich zunächst anders.

»Herr Smith, was passierte am 5. Juni 1985?«, wollte ich nun endlich wissen.

»Nun, es begann wie immer. Ganz normal. Morgens um fünf Wecken. Dann Laufen. Fünf Kilometer, eine Kasernenrunde. Danach Frühstück.«

Taylor Smith fasste die dienstlichen Ereignisse kurz und knapp zusammen. Sozusagen militärisch präzise.

Am Vormittag war er zu einer Tour nach Gütersloh eingeteilt. Er sollte Ersatzteile zu den Heeresfliegern auf den Flugplatz bringen. Die Fracht in Lübbecke aufladen, nach Gütersloh, abladen und zurück. Am Mittag war er wieder in Lübbecke. Seine Einheit hatte früh Dienstschluss.

»Es war ein Mittwoch. Und es war heiß. Ein paar Kameraden und ich beschlossen ins Freibad zu gehen.«

Smith erzählte, wie sie zu fünft loszogen. Die Stimmung sei gut gewesen. Wohl auch, weil sie drei junge Frauen, wie er sagte, »aus dem Dorf« trafen. Man kannte sich aus. Die jungen Soldaten legten sich zu den deutschen Mädchen auf die Wiese. Man plauderte und flirtete. Irgendwann sei dann Sergeant Miller aufgestanden und habe die erste Runde Dosenbier geholt.

»War Nicole denn auch schon im Freibad dabei?«

»Nein. Die habe ich erst viel später getroffen.«

Waren es drei oder vier Runden Bier im Freibad? Smith wollte sich nicht festlegen. Spielte aber auch keine wesentliche Rolle. Es sei denn, man wollte zusammenrechnen, wie viel Alkohol Smith am Ende dieses Tages insgesamt intus hatte. Es muss reichlich gewesen sein. Vom Freibad zog die Gruppe weiter in eine Kneipe in der Innenstadt. Auch da sei es lustig gewesen. Lustig wohl im Sinne von feuchtfröhlich. Bis etwa 23 Uhr sei man dort gewesen.

»Um fünf war wieder Wecken angesagt in der Kaserne. Sergeant Miller und die anderen wollten sich aufs Ohr hauen. Und die Mädels mussten ja wieder zur Schule am nächsten Morgen. Also verließen wir die Kneipe.«

»Sie nicht?«, wollte ich wissen.

»Doch. Aber ich wollte noch nicht zurück in die Kaserne. Ich hatte noch Durst.«

Unglaublich, dachte ich. Der war doch wahrscheinlich schon voll wie eine Haubitze. »Was haben Sie dann gemacht?«

»Ich bin in meinen Stammladen an der Bahnhofstraße. Ins Sir Henry.«

Das Sir Henry war der Treffpunkt in Lübbecke in den 80er Jahren. Eine Kombination aus
Kneipe und Disco. Da war abends immer was
los. Egal, ob Wochentag oder Wochenende.

»Ich bin gleich an die Theke und habe mir ein
Bier bestellt.«

Nicole stand am anderen Ende der Theke.
Ihm war die junge, blonde Frau sofort aufgefallen. Weil sie so hübsch war? Natürlich. Aber
wohl auch, weil sie sich ebenfalls ein großes Bier
bestellte. Ungewöhnlich, fand Smith.

»Ich glaube Nicole fand mich ganz sympa-
thisch. Ich ging zu ihr.«

Die beiden unterhielten sich. Nicole habe
ihm erzählt, dass sie noch Schülerin sei. Aber
immerhin schon 18. Erst vor drei Wochen geworden. Ihre Mutter sei voll nervig. Wollte alles
bestimmen. Auch jetzt noch, wo sie doch voll-
jährig war.

»Oh man, die hat mich echt vollgequatscht.«

Irgendwann habe Nicole ihn einfach geküsst.

»Weil ich so geduldig zugehört habe. Und weil
ich so süß bin. Hat sie gesagt.«

Smith der Frauenschwarm. Die ein oder andere wird er wohl abgeschleppt haben, dachte ich.
Aber muss man jetzt noch so dick auftragen?

Ich erinnerte mich an das, was Norbert erzählte. Dass man Smith auch eine versuchte Vergewal-

tigung vorgeworfen hatte. Hing das alles irgendwie zusammen? Schoss Smith auch mal übers Ziel hinaus, wenn seine »Eroberungen« nicht mehr so wollten, wie er?

Da saß er nun vor mir. Ich war gespannt, wie seine Geschichte weitergeht. Smith schien sich in seiner Rolle zu gefallen. Er schlürfte an seinem Tee.

»Wenn ich Sie richtig verstehe, Herr Smith, ging die Initiative von Nicole aus, was die Zärtlichkeiten angeht.«

»Absolut! Aber mir war das nicht unrecht. Nicole war hübsch. Und wir beide waren nach den paar Bierchen locker. Nachdem sie den Anfang gemacht hatte, dachte ich: jetzt oder nie. Also, ich fing an sie zu streicheln. Das gefiel ihr. Auch als ich meine Hand langsam unter ihren Pulli schob, küsste sie weiter. Sie mochte das.«

»Mitten in der Kneipe? Vor so vielen Leuten?« Ich konnte mir das einfach nicht verkneifen.

»Uns beiden war das echt egal. Aber heute muss ich sagen, Sie haben recht. Es war wirklich nicht schlau. Ich hätte das besser nicht tun sollen. Das hat mich ins Gefängnis gebracht.«

»Ganz ehrlich: Ich denke, es war nicht die Fummelei, die Sie ins Gefängnis gebracht hat!«

Smith fuhr hoch: »Glauben Sie etwa, dass ich doch der Mörder bin?«

Smith fixierte mich, schaute mir in die Augen. Er zog die Augenbrauen hoch und seine Stirn kräuselte sich. Er war wütend. Ziemlich wütend. Im Raum herrschte Funkstille.

Wow, der kann ja abgehen, wie eine Rakete, ging es mir durch den Kopf.

Das kann einem sogar Angst machen. Wer weiß, ob nicht damals zwischen ihm und Nicole auch die Stimmung plötzlich umgeschlagen war. Vielleicht war es ihr doch zu viel und sie wollte nicht mehr. Und dann der Alkohol …

Mein Kameramann hatte bis hierher keinen Mucks von sich geben. Thomas konzentrierte sich auf seine Aufnahmen.

Jetzt merkte er, dass die Stimmung zu kippen drohte.

Smith hätte das Interview an dieser Stelle abbrechen können. Ja, uns rauswerfen können. Wenn es so wäre, dann hätten wir so gut wie nichts. Jedenfalls nichts, woraus man eine gute Story machen könnte.

Die Stille verhieß nichts Gutes. Das war auch Thomas schlagartig klar.

Seine Erfahrung sagte ihm, dass er eingreifen musste.

Ich hatte mir in der Vergangenheit schon das ein oder andere Mal einen Fehltritt erlaubt und

war bei heiklen Interviews übers Ziel hinausge-
schossen.

Thomas konnte die Situation bisher immer
retten.

»Entschuldigung. Wir müssen unterbrechen.«
Thomas stand auf.

Damit hatte Smith scheinbar überhaupt nicht
gerechnet.

Er erschrak. Als hätte er ganz vergessen, dass
da noch jemand ist.

»Tut mir leid. Ich muss zum Auto.«

»Was ist los?«, fragte ich.

»Der Kameraakku ist leer.«

Thomas verließ das Wohnzimmer und Taylor
Smith schaute ihm ungläubig nach. Mit dieser
Notlüge sorgte Thomas für eine Zwangspause.

Die schien bitter nötig. Auch Smith stand auf.
Ging, glaube ich, in die Küche.

Nach ein paar Minuten kam er zurück und
setzte sich wieder.

»Ich musste mal eben eine rauchen.«

»Kein Problem«, erwiderte ich. »Wo waren wir
stehen geblieben?«

Die Kamera lief wieder. Der Akku war ge-
wechselt.

»Ach ja, Sie wollten erzählen, warum es nicht
so schlau war, mit Nicole in der Öffentlichkeit

Zärtlichkeiten auszutauschen.« Ich formulierte meinen Satz bewusst sachlich, um Smith nicht gleich wieder in Rage zu bringen.

»Na ja, uns haben ja alle mehr oder weniger dabei beobachtet. Und das haben die dann auch schön der Polizei erzählt. Das machte mich gleich verdächtig. Die deutsche Polizei kam jedenfalls gleich am nächsten Morgen in die Kaserne.«

***

Der 6. Juni 1985. Wie schon der Mittwoch, sollte auch der Donnerstag ein sonniger und auch heißer Tag werden.

In Lübbecke zeigte das Thermometer schon um acht Uhr knapp 21 Grad.

Zwei Männer von der Military Police empfingen ihre deutschen Kollegen am Haupttor.

Man kannte sich. Die Polizisten hatten öfter miteinander zu tun.

Die MP war nämlich immer automatisch dabei, wenn gegen britische Soldaten in Deutschland ermittelt wurde. Auch wenn es nur um kleine Verkehrsunfälle ging. So war das geregelt. Diesmal ging es allerdings nicht um Blechschäden, diesmal ging es um Mord.

Taylor Smith wurde von der MP ins Büro des Officers in charge geholt. Das Dienstzimmer des

Wachhabenden war einfach und funktional eingerichtet: Schreibtisch, drei Stühle, Telefon, an der Wand Dienstpläne.

Smith setzte sich. Ihm gegenüber nahm Norbert Wetzel Platz.

Der deutsche Hauptkommissar leitete das Verhör.

»Mr Smith, wo waren Sie heute Nacht zwischen 3:30 Uhr und 4:30 Uhr?«

»I think in my bed. Schlafen.«

»Sie denken?«

»I don't know exactly, Sir. Sorry, my Deutsch ist noch nicht really good. «

»Sie können sich also nicht erinnern?«

»Ich war betrunken. We had a few beers at Sir Henrys.«

»Haben Sie gestern Abend eine junge Frau kennengelernt? Do you know Nicole?«

»Yes. Why?«

»Sie ist tot.« Norbert Wetzel machte eine Pause. »Haben Sie verstanden? She has been murdered!«

Smith hatte verstanden. Aber er begriff nicht.

Der Hauptkommissar setzte nach.

»Es gibt Zeugen, Mr Smith. Witnesses. Die haben gesehen, wie Sie Nicole geküsst haben.«

»We kissed, yes. She is dead?«

»Jetzt ist sie tot, ja. Sie haben die Disco doch zusammen verlassen.«

Smith war sprachlos. Er konnte nicht denken. War es der Restalkohol, der Schlafmangel oder die Nachricht über das Verbrechen? Vermutlich eine Mischung aus allem. Seine Sinne waren wie vernebelt. Nicole war tot.

Das war bei ihm hängengeblieben. Er sollte der Mörder sein?

Sein Schädel brummte fürchterlich.

»Wir müssen Sie jetzt mitnehmen, Herr Smith.«

Hauptkommissar Wetzel gab seinem Kollegen von der MP ein Zeichen.

Taylor Smith wurde abgeführt. Er durfte ein paar Sachen zusammenpacken. Danach brachte ihn der Officer zurück. Die Deutschen nahmen Smith mit.

»Man hat Ihnen keinen Rechtsanwalt vermittelt?«, fragte ich überrascht.

»Nicht sofort«, antwortete Smith. »Die hofften wohl auf ein spontanes Geständnis, wenn sie mich so überrumpeln.«

Ein schwerer Vorwurf. Langsam wurde das Interview mit Taylor Smith wirklich interessant.

»Dieser Hauptkommissar und sein Begleiter fuhren mit mir direkt ins Krankenhaus. Sie wollten eine Blutprobe von mir. Außerdem musste ich mich komplett entkleiden.«

Splitternackt. Smith empfand es als Demütigung. Er beschrieb, wie ein Arzt den Raum betrat und die Blutprobe entnahm. Danach griff sich der Arzt verschiedene Wattestäbchen, strich die über Smiths ganzen Körper.

Mögliche Faserspuren sollten gesichert werden. Blut, fremde Hautpartikel aber auch kleinste Stoffreste. Die Prozedur dauerte eine gute halbe Stunde. Später auf dem Revier stellten sie ihm immer wieder die gleichen Fragen.

Doch Smith konnte sich einfach nicht erinnern, was in der Nacht vom 5. auf den 6. Juni 1985 geschehen war.

***

Am 21. November 1985 begann der Prozess am Landgericht Bielefeld.

Die Indizien sprachen von vornherein gegen Taylor Smith.

Zeugen berichteten übereinstimmend, dass sie Smith und das spätere Opfer zusammen in der Disco gesehen hätten. Beide seien miteinander intim gewesen. So weit man das in der Öffentlichkeit halt sein könne.

Als das Sir Henry gegen 3:30 Uhr zu machte, hätten Smith, Nicole, ihre beste Freundin und ein weiterer Bekannter die Disco verlassen. Der

Bekannte rief ein Taxi, doch Smith wollte die beiden Frauen zu Fuß nach Hause bringen.

Man sei ein Stück die Bahnhofstraße hinaufgelaufen, bis zur Einmündung der Vom-Stein-Straße.

»Da musste ich abbiegen. In die Bohlenstraße«, hatte die Freundin vor Gericht ausgesagt. »Ich habe nicht im Traum daran gedacht, dass der da«, sie zeigte auf Smith, »Nicole etwas antun würde. Der war doch so nett an diesem Abend. Ich werde mir das nie verzeihen, dass wir nicht im Taxi mitgefahren sind.«

Nicoles Mutter machte sich auch schwere Vorwürfe. Vielleicht wäre das Ganze nicht passiert, wenn sie nicht immer so streng zu ihrer Tochter gewesen wäre. Nicole sei nach ihrem 18. Geburtstag aus Trotz nie pünktlich heimgekommen.

Eine Zeitungsbotin hatte die Leiche gegen fünf Uhr an der Grundschule in der Vom-Stein-Straße 1 gefunden. Sie lag im Gebüsch zwischen dem Lehrerparkplatz und dem Schulhof. Direkt neben dem kleinen Trafohäuschen. Der Fundort ist gerade einmal 200 Meter von der Stelle entfernt, an der sich Nicoles Freundin von beiden verabschiedet hatte.

»Das Opfer wurde vergewaltigt und anschließend erwürgt«, berichtete der Rechtsmediziner. »Bei der Obduktion fanden sich Schleimhautdefekte und Unterblutungen in der Scheide. Eindeutige Zeichen für ein gewaltsames Eindringen in die Vagina. In der Scheide und am Rektum konnten wir Spermien sichern.«

Ob die Spermien vom Angeklagten stammten, konnte damals mittels DNA noch nicht festgestellt werden. Aber es gab weitere Spuren, die gegen Smith sprachen. Am Morgen nach seiner Festnahme fanden sich an seinen Unterarmen und beiden Beinen frische Schürfwunden. Der Rechtsmediziner deutete das als Folgen eines Kampfes. Am schwersten fielen aber die Faserspuren ins Gewicht. An der Leiche fanden sich unzählige Fasern, die von Smiths T-Shirt und Unterhose stammten. Umgekehrt hafteten Fasern von Nicoles Bluse an Smiths Oberkörper. Die Richter waren von Taylor Smiths Schuld überzeugt. Am 13. Mai 1986 fällten sie ihr Urteil: 14 Jahre wegen Mordes in Tateinheit mit Vergewaltigung.

»Ich war es nicht!« Taylor Smith blickte direkt in die Kamera: »Ich bin kein Mörder!«

»Aber es sprach damals alles gegen Sie«, wandte ich ein.

»Ja, weil die Polizisten schlampig und einseitig

ermittelt haben. Allen voran dieser Hauptkommissar. Dieser Norbert Wetzel.«

»Wie kommen Sie darauf?«

»Nachdem der erfahren hatte, dass ich zwei Monate vor dem Mord an Nicole schon einmal vor Gericht stand, war die Sache für ihn klar.«

»Sie meinen die Sache mit der versuchten Vergewaltigung?«

»Hey, da war nichts. Keine Vergewaltigung. Ehrlich. Ich kannte diese Frau schon länger. Wir hatten eine Affäre. Sie arbeitete in einer Imbissbude. Da habe ich öfter mal einen Kaffee getrunken, wenn ich eine Tour Richtung Paderborn Sennelager machen musste. Wir haben es miteinander getrieben, ja. Aber immer freiwillig. Mal im LKW, mal draußen, hinterm Imbiss. Einmal erwischte uns ihr Chef. Wir beide waren halbnackt.«

Smith drehte den Kopf zur Seite, vollkommen in Gedanken versunken. Als würde gerade der passende Film vor seinem inneren Auge ablaufen. »Oh Mann, das lief überhaupt nicht gut für mich. Die Frau war verheiratet und behauptete, dass ich über sie hergefallen sei. Ich hatte keine Chance. Sie verstehen? Aussage gegen Aussage.«

Okay, so läuft also der Hase, dachte ich. Ich bekam immer mehr das Gefühl, dass sich Taylor Smith gerne selbst als Opfer darstellt. Zugegeben, er machte das nicht ungeschickt. Erzählte die Geschichten so, als wäre es jedes Mal nur ein dummer Zufall gewesen und er wäre immer zur falschen Zeit am falschen Ort aufgetaucht. Den Eindruck erweckte er, wenn er vom Mord an Nicole berichtete und genauso bei der Geschichte mit der Frau vom Imbiss. Was konnte ich ihm überhaupt glauben und was besser nicht?

Ich wusste einfach viel zu wenig über ihn. Also vorsichtig. Alles was er sagte, muss ich später penibel gegenchecken. Aber wer kennt schon die Wahrheit? Außer denen, die dabei waren. Nicole war lange tot. Und ob ich die Frau vom Imbiss ausfindig machen könnte nach so vielen Jahren? Fraglich.

»Es stand also Aussage gegen Aussage. So viel ich weiß, wurden Sie aber verurteilt.«

»Drei Jahre, sechs Monate, wegen versuchter Vergewaltigung. Natürlich wusste auch die Mordkommission davon. Das Urteil war noch ganz frisch und auch noch nicht rechtskräftig. Aber diesem Hauptkommissar Wetzel reichte das. Der hat nur noch Beweise gegen mich gesammelt. Tja, und dann fuhr ich halt ein. Als verurteilter Mörder.«

Auch nach einigen Jahren wollte niemand in der JVA Bielefeld-Brackwede etwas von seiner angeblichen Unschuld hören. Für die Vollzugsbeamten blieb er ein Mörder. Das Urteil war schließlich längst rechtskräftig geworden.

Immer und immer wieder las Smith in seiner Akte. Er kannte die Aussagen der Zeugen, die Vermerke der Ermittler und die Berichte der Spurensicherer mittlerweile fast auswendig. Doch mit dem, was er da las, wollte er sich einfach nicht abfinden. Es entsprach nicht seiner Wahrheit.

Er schrieb verschiedene prominente Strafverteidiger an. In Bielefeld, München, Frankfurt. Schilderte ausführlich seinen Fall. Doch keiner der Rechtsanwälte übernahm das Mandat. Niemand sah eine Chance, dass das Verfahren je wiederaufgenommen werden könnte.

Smith gab nicht auf. Acht Jahre nach seiner Verurteilung erhielt er einen Tipp. Ein Mitgefangener schwärmte beim Umschluss von seinem Verteidiger.

Ein Anwalt aus Werther. Zwar noch jung, dafür top engagiert. Einer, der sich für ›seine Leute‹ richtig reinhängt. Taylor Smith schrieb auch ihn an.

***

»Smith, Sie haben Besuch«, rief der Vollzugsbeamte.

»Ich? Wer denn?«

»Ihr Rechtsanwalt.«

»Mein Rechtsanwalt? Na, da bin ich ja mal gespannt.«

Smith wurde in das Besucherzimmer geführt. Es wartete schon jemand. Ein junger Mann saß da. Vor ihm, auf dem kleinen, quadratischen Tisch lag eine Kladde. Als Smith zusammen mit dem Beamten den Raum betrat, stand der Mann auf. Er war fast so groß wie Smith. Gut 1,90 Meter.

»Volker Müller. Schön Sie persönlich kennenzulernen, Mr Smith.«

Der Rechtsanwalt streckte seine Hand aus.

»Sie haben mir geschrieben. Wirklich spannend Ihr Fall. Ich denke, dass ich etwas für Sie tun kann. «

Smith war sprachlos. Er konnte gar nicht glauben, was er da gerade gehört hatte. Auf diesen Satz hatte er so viele Jahre gewartet. Sein Mund stand offen.

»Herr Smith?«

»Äh, ja. Entschuldigung. Ich …«

»Sie sind überrascht? Das kann ich verstehen. Ich hätte mich telefonisch ankündigen können, aber ich wollte lieber gleich persönlich vorbeikommen. Setzen wir uns doch erst einmal.«

Smith und Müller saßen sich gegenüber. Der Rechtsanwalt gab dem Vollzugsbeamten zu verstehen, dass er mit seinem Mandanten unter vier Augen sprechen wollte.

»Wir müssen zuerst die Formalitäten erledigen. Noch darf ich Sie ja gar nicht offiziell vertreten. Ich brauche eine Unterschrift von Ihnen.«

Müller griff sich die Kladde. Zog einen Zettel heraus. Eine Vollmacht, die Taylor Smith unterschreiben sollte.

»Wieso haben die Sie ohne diese Vollmacht überhaupt zu mir gelassen?«, fragte Smith verblüfft.

»Ach wissen Sie, ich kenne hier den ein oder anderen. Mit Peter, dem Beamten, der Sie gerade gebracht hat, spiele ich regelmäßig Badminton. Und wenn ich ihm oder den anderen verspreche, dass ich eine Vollmacht habe, dann passt das schon.«

»Aber ich weiß gar nicht, wie ich Sie bezahlen soll.«

»Darüber machen Sie sich mal keine Gedanken. Ich glaube, dass wir uns da schon einigen. Ich habe das Gefühl, dass Ihr Fall für meine Kanzlei ein Glücksfall sein könnte.«

»Wie meinen Sie das?«

»Was Sie mir in dem Brief geschildert haben, bringt mich zu der Überzeugung, dass wir es mit einem Justizskandal zu tun haben. Jetzt, wo ich Ihre Unterschrift habe, werde ich mir sämtliche

Akten besorgen und dann gehen wir der Sache auf den Grund. Sollten wir Erfolg haben, wäre das eine gute Publicity für mich.«

Acht Jahre saß Taylor Smith nun schon hier in Bielefeld-Brackwede. Kein Tag war auch nur annähernd so von Bedeutung wie dieser. Smith war voller Zuversicht. Endlich hatte er jemanden, der an seine Unschuld glaubte. Sein Leben würde sich von nun an doch noch zum Guten wenden! Er war kein Mörder! Das würde sein Rechtsanwalt allen klarmachen! Volker Müller würde ihn rehabilitieren! Davon war er überzeugt.

Die anfängliche Euphorie war nach vier Wochen schon verflogen. Smith ging alles viel zu langsam. Es hatte sich eine gewisse Routine eingestellt. Müller kam zweimal die Woche ins Gefängnis. Der Rechtsanwalt hatte hunderte Fragen. Wollte alles ganz genau wissen. Smith musste tief in seiner Erinnerung wühlen. Jedes noch so kleine Detail vom Tattag sei wichtig und könne von enormer Bedeutung sein, hatte Müller immer wieder gesagt. Er bat um Geduld. Erst wenn er die Akten genau studiert habe und alle Fragen beantwortet seien, würde der entscheidende Schritt folgen.

»Was war denn der entscheidende Schritt?«, wollte ich von Taylor Smith wissen. »Einen Augenblick bitte, bevor Sie antworten«, ich schaute Thomas an. Der nickte und gab mir so zu verstehen, dass mit der Kamera alles okay war; der Akku noch genug Strom hatte. Denn jetzt kamen wir langsam zu den wichtigen Aussagen des Interviews. Ich wollte nicht riskieren, dass die Kamera plötzlich ausgeht.

»Was meinte Ihr Rechtsanwalt also mit dem entscheidenden Schritt?«

»Er wollte die Wiederaufnahme des Verfahrens beantragen. Aber das geht nur, wenn man Fakten hat, die im ersten Prozess nicht berücksichtigt wurden. Fakten, die jetzt zu einem ganz anderen Urteil führen könnten.«

»Wir wissen, dass es diese Fakten gab. Sonst würden wir nicht heute hier mit Ihnen zusammensitzen und das Interview machen können. Aber erzählen Sie uns davon. Welche Fakten sind das? Was ist die Wahrheit?«

Taylor Smith holte tief Luft. Endlich konnte er seine Version loswerden.

Bei den Gesprächen mit seinem Rechtsanwalt seien die Erinnerungen an die Tatnacht immer klarer zurückgekehrt. Vor allem ab dem Zeitpunkt, als sie damals zu viert die Disco Sir Henry verlassen hatten.

»Der Bekannte hatte ja ein Taxi gerufen. Nicole, ihre Freundin und ich wollten aber zu Fuß weiter. An einer Straßenkreuzung verabschiedete sich dann die Freundin, weil sie in eine andere Richtung musste. Nicole und ich gingen die Vom-Stein-Straße entlang. Plötzlich kam uns ein anderer junger Mann entgegen.«

»Bitte was?« Man konnte es meinem Tonfall wahrscheinlich anhören. Ich glaubte ihm nicht. »Da war ein anderer Mann? Was ist das denn für eine Räuberpistole?«

»Mir ist das wirklich erst Jahre später wieder eingefallen«, beteuerte Smith, »der Mann stand da auf einmal vor uns. Keine Ahnung, woher der auftauchte. Vielleicht hat er uns schon im Sir Henry beobachtet. Vielleicht kam er auch von ganz woanders. Ich weiß es nicht. Jedenfalls war er da. Ein Deutscher. Nicole kannte ihn. Sie waren sich gleich vertraut und unterhielten sich. Mich ignorierten sie. Ich fühlte mich wie das fünfte Rad am Wagen. Außerdem konnte ich beide so gut wie gar nicht verstehen. Damals war mein Deutsch noch ziemlich schlecht. Ich bin dann einfach gegangen. Ich war froh bald in der Kaserne zu sein, um in mein Bett zu fallen. Ich war ganz schön besoffen.«

»Und Sie meinen, dass dieser Unbekannte der Mörder ist?«

»Natürlich! Wer sonst? Müller glaubte das übrigens auch. Er beantragte die Wiederaufnahme des Verfahrens. Wir hatten Erfolg damit.«

***

Die Justiz entschied, den Prozess komplett neu aufzurollen.

Rechtsanwalt Volker Müller hatte bei seinen Recherchen vor Ort in Lübbecke einen weiteren Zeugen ausfindig gemacht. Einen älteren Herrn, der damals in der Vom-Stein-Straße wohnte. Direkt gegenüber der Grundschule. Der Mann berichtete, wie er in der Tatnacht gegen vier Uhr wach geworden war. Wegen der Hitze hatte er sein Schlafzimmerfenster offengelassen. Er hörte, wie eine Frau und ein Mann laut miteinander sprachen. Er meinte sogar, dass sie sich am Ende gestritten hätten. Die Unterhaltung sei eindeutig auf Deutsch geführt worden. Inhalte habe er sich nicht gemerkt, auch nicht nachgeschaut, wer da unten auf dem Schulhof stand. Aber die Stimmung sei gereizt gewesen, da war er sich sicher.

Er ergänzte noch, dass sich die Polizei damals während der Ermittlungen seiner Ansicht nach nicht wirklich für seine Aussage interessierte. Die hätten sich doch ziemlich schnell auf diesen Engländer als Täter festgelegt.

Dass der Engländer in Wahrheit ein Waliser ist, war dabei nicht wirklich wichtig. Diese Aussage brachte die Wende in dem Mordfall.

Der Haftbefehl gegen Taylor Smith wurde aufgehoben.

Am 19. September 1994 durfte er das Gefängnis verlassen. Volker Müller hatte ihn morgens persönlich abgeholt. Nicht ohne vorher die Medien zu informieren. Die Bild-Zeitung, der WDR, Fernsehen und Radio und die ortsansässigen Tageszeitungen waren dabei. Müller und Smith gaben bereitwillig Interviews. Nach neun Jahren war die Wiederaufnahme des Verfahrens angeordnet worden. Doch die Unschuld von Taylor Smith war damit noch längst nicht erwiesen. Es dauerte weitere acht Jahre, bis der neue Prozess begann. Irgendwer äußerte in der Zwischenzeit sogar mal den Verdacht, dass die Justiz kein wirkliches Interesse hätte, den Fall aufzuarbeiten. Es bestand ja auch durchaus die Gefahr, dass sich herausstellen könnte, dass im ersten Prozess möglicherweise ganz schön gepfuscht worden war. Und außerdem war der Angeklagte doch auf freiem Fuß. Er durfte sogar in seine Heimat ausreisen. Damit war ihm doch schon genug gedient. Oder? Taylor Smith sah das anders. Er wollte eine reine Weste. Er wollte nicht länger als Mörder gebrandmarkt sein. Statt mit einem Freispruch musste er natürlich auch damit rechnen, erneut verurteilt zu werden. Doch wegen des sogenannten Verschlechterungsverbots hätte er im schlimmsten Fall maximal 14 Jahre bekommen können. Davon hatte er neun abgesessen, die restlichen Jahre hätte man ihm wegen der langen Dauer des Verfahrens sicher erlassen. Das Risiko war für ihn also überschaubar.

Taylor Smith und sein Rechtsanwalt blieben hartnäckig.

Am 9. Januar 2002 war es dann so weit.

Es wurde nicht in Bielefeld, sondern in Münster verhandelt. An einem ›neutralen‹ Ort. Das Landgericht Münster hatte sieben Verhandlungstage angesetzt. Alle Indizien und Beweise aus dem ersten Prozess kamen noch einmal auf den Tisch. Sämtliche Zeugen waren noch einmal geladen.

Die Richter interessierten sich vor allem für die Aussage des älteren Herren, der in der Tatnacht das streitende Paar auf dem Schulhof gehört hatte.

Besondere Bedeutung kam aber den Ausführungen eines neuen Gerichtsmediziners zu. Der hatte das seit dem 6. Juni 1985 konservierte Sperma noch einmal untersucht. 17 Jahre nach der Tat gab es ganz andere Methoden. Die DNA-Analyse war mittlerweile Standard.

Der Gerichtsmediziner machte klar, dass die Spermien zu 100 Prozent nicht von Taylor Smith stammten.

»Das war ein Paukenschlag!« triumphierte Taylor Smith. Wieder schaute er direkt in die Kamera, um seine Botschaft loszuwerden: »Ich war es nicht. Ich bin kein Mörder!«

Doch wer war es dann?, fragte ich mich.

Wahrscheinlich wird man die Wahrheit nie herausfinden.

Zu viele Fragen sind noch immer nicht beantwortet.

Wer hat sich auf dem Schulhof gestritten? Waren es womöglich Personen, die nur zufällig zur ungefähren Tatzeit dort waren?

Gibt es den ominösen Unbekannten wirklich? Oder hat Smith ihn frei erfunden? Weder Nicoles Mutter noch ihre besten Freundinnen wussten etwas von einem Freund. Aber von wem stammt dann das Sperma?

Es blieb mysteriös. Und kam Taylor Smith nicht doch als Täter infrage?

Nicole wurde zuletzt mit ihm gesehen. Von ihm fanden sich zahlreiche Faserspuren an ihr. Woher stammten die frischen Schürfwunden an seinen Armen und Knien, die er am nächsten Morgen hatte? Er konnte es nicht erklären.

Richtig, es war nicht sein Sperma. Aber könnte er nicht ein Kondom benutzt haben? Überlegungen, die auch die elfte große Strafkammer des Landgerichts Münster am Ende des Prozesses anstellte. Die Richter schrieben in ihr Urteil:

Bei einer Gesamtschau aller angesprochenen Gesichtspunkte vermochte sich die Kammer nicht mit einer für die Verurteilung des Angeklagten ausreichenden Sicherheit davon zu überzeugen, dass der Angeklagte das Opfer sexuell missbraucht und getötet hat. Nach dem Grundsatz »im Zweifel für den Angeklagten« war er deshalb freizusprechen.

Es gab also durchaus Dinge, die gegen Taylor Smith sprachen. Trotzdem musste der Freispruch erfolgen. In dubio pro reo eben.

Ich behielt meine Gedanken für mich. Äußerte mich Smith gegenüber nicht dazu. Eine Frage hatte ich dennoch an ihn: »Damit ist der Fall also bis heute nicht aufgeklärt?«

»Richtig. Niemand hat sich weiter darum gekümmert. Nicoles Mörder ist auf freiem Fuß!«

Wie recht er doch hatte.

Das Interview war damit beendet. Wir verstauten die Ausrüstung in unserem Auto.

Wir verabschiedeten uns von Taylor Smith. Wünschten ihm viel Glück in Argentinien und machten uns auf den Weg zurück ins Zentrum von Cardiff.

Es war viel Drehmaterial zusammengekommen. Gutes Material, dachte ich. Jetzt werde ich noch Norbert um ein Interview bitten und Rechtsanwalt Müller natürlich auch. Außerdem müssen wir an den Originalschauplätzen Bilder machen. Das wird dann bestimmt eine spannende Story.

Thomas schwieg eine Zeitlang. So nachdenklich hatte ich ihn schon lange nicht mehr erlebt. Ich selbst musste die vergangenen zwei Stunden auch erst einmal verarbeiten. Aber im Moment musste ich mich auf ganz andere Dinge konzentrieren. Den Weg zu finden war gar nicht so leicht, wenn man keine wirkliche Orientierung hatte. Und dann auch noch dieser verdammte Linksverkehr.

Irgendwann hörte ich, wie Thomas tief Luft holte. Ich befürchtete schon, dass er sich über meinen Fahrstil beklagen wollte. Aber das war es nicht.

»Was denkst du?«

»Wie?«, entgegnete ich, »Was meinst du, was soll ich schon denken? Wie wir hier wieder rausfinden und zum Hotel kommen.«

»Nein, das meine ich nicht. Ich will wissen, was du über die Story denkst? Was Smith so erzählt hat. Was ist denn jetzt mit der Wahrheit?«

»Na ja ...«, setzte ich an. Doch Thomas unterbrach mich gleich wieder.

»Also, mir leuchtet das schon ein, was er gesagt hat. Er will diese Lady nach Hause bringen, da taucht plötzlich dieser Typ auf. Er, Smith, versteht kein Wort. Außerdem kriegt er sowieso nicht mehr so viel mit, weil er stinkbesoffen ist. Daraufhin macht er sich vom Acker. So. Dann hört der Nachbar auch noch einen Streit – übrigens eindeutig auf Deutsch. Wenig später wird Nicole vergewaltigt und ist danach tot. Und das Sperma stammt von wem auch immer. Am wahrscheinlichsten von ihrem Mörder, dem unbekannten Typen. Fazit: Smith kann nicht der Mörder sein. Der Mörder ist also auf freiem Fuß!«

»Lieber Thomas, jetzt mal ganz langsam. Deine Schlussfolgerungen sind ja gar nicht so schlecht. Aber mal angenommen Smith hat den Unbekannten frei erfunden?«

»Geht ja nicht, denn es gibt ja den Ohrenzeugen.«

»Richtig. Aber lass uns das mal ruhig weiterspinnen. Nehmen wir also an, es gibt den ominösen Unbekannten. Und Nicole kannte ihn sogar. Hatte vielleicht sogar Sex mit ihm. Irgendwann bevor Nicole ins Sir Henry ging. Das würde dann sogar die nicht zuzuordnenden Spermien erklären ...« Thomas fiel mir ins Wort: »Und dann?«

Ich holte Luft: »So, jetzt treffen sich die beiden mitten in der Nacht wieder. Der Unbekannte sieht, dass Nicole einen anderen dabeihat. Wird wütend und lässt Dampf ab.«

»Sag ich doch. Der hat sie dann umgebracht!«

»Aber nur vielleicht. Was, wenn Taylor Smith nicht wegging, sondern die beiden sich in seinem Beistand weiter stritten?«

»Meinste? Halte ich für unwahrscheinlich.«

»Nur mal angenommen der Unbekannte beschimpft Nicole, aber merkt, dass ihr das scheißegal ist. Er haut schließlich ab, Nicole und Smith sind wieder allein. Wenig später auf dem Schulhof macht Smith das, was er schon den ganzen Abend vorhatte.«

»Du denkst, er will jetzt auch zu seinem Glück kommen?«

»Genau. Doch Nicole hat keinen Bock mehr. Und wie dieser Taylor Smith abgehen kann, wenn er nicht bekommt, was er will, haben wir vorhin mehrfach erlebt ...«

»Ganz ehrlich, Geschichten ausdenken kannst du ja gut. Wärst sonst wohl nicht Autor geworden. Aber wenn du mich fragst, ich glaube: Der Mörder läuft noch frei rum.«

»Möglich«, erwiderte ich trocken, »vielleicht läuft er aber auch wieder frei rum ...«

Thorsten Knape

Ein Held

*(in tiefstem Respekt vor dem tapferen Mann
und seiner Familie)*

Mein Papa ist ein Held, sagen die Leute. Ich sage, mein Papa ist tot und kommt nie mehr nach Hause. Und deshalb finde ich das doof, dass mein Papa ein Held ist. Aber das darf ich natürlich nicht laut sagen. Vor allem nicht vor Mama.

Ich bin jetzt schon sieben, und an dem Tag, an dem mein Papa nie mehr nach Hause kam, war ich noch sechs. Ich bin jetzt also älter.

»Wenn du älter bist, wirst Du es verstehen«, hat mein Onkel Christoph gesagt, an dem Abend von dem Tag, an dem mein Papa nie mehr nach Hause kam. Warum hat mein Onkel Christoph das zu mir gesagt, wenn es doch gar nicht stimmt?

Onkel Christoph ist Mamas Bruder. Der ist an dem Tag, an dem mein Papa nie mehr nach Hause kam, ganz schnell zu uns gekommen und hat mich ganz lange und ganz fest in den Arm genommen. Er hat mir die Tränen aus dem Gesicht gewischt und mir immer wieder sein Taschentuch vor die Nase gehalten, damit ich ordentlich hinein schniefen konnte. Das war vielleicht nass nachher! Meine Mama habe ich an dem Abend, an dem mein Papa nie mehr nach Hause kam, nicht viel gesehen. Sie kam ganz spät zu mir ins Zimmer, als sie alle ihre Tränen ausgeweint hatte. Ich hatte da noch welche und sie plötzlich auch wieder.

Dann bin ich wohl eingeschlafen bei Mama im Arm. Ganz kurz, bevor ich eingeschlafen bin, habe ich mich nochmal ganz doll gewundert über diesen Tag. Warum hat der so böse aufgehört? Der hat doch ganz normal angefangen. Warum kann man einem Tag nicht ansehen, dass er böse aufhören wird? Das war doch alles gut erst. Mama und ich im Garten. Und dann sind wir reingegangen, als es ein bisschen kälter wurde. Und dann hat plötzlich dieser Mann geklingelt. Ich hab ja erst gedacht, es wäre Papa. »Aber der Papa hat doch 'nen Schlüssel, Philipp«, hat Mama gesagt.

Und dann sind wir zur Tür und haben diesem Mann aufgemacht. Der hat dann gesagt, er möchte mit Mama alleine sprechen. Also bin ich hoch in mein Zimmer gegangen, hab aber meine Tür aufgelassen. Und dann hab ich gehört, wie Mama ganz doll angefangen hat zu weinen. So hat Mama nicht mehr geweint, seit Nils nicht mehr aufgewacht ist. Da wusste ich schon, dass wieder was Schlimmes passiert ist.

***

Ich muss zugeben, ich konnte zunächst nicht viel anfangen mit der Nachricht aus Holland. Offenbar war bei denen irgendein übermüdeter Lastwagenfahrer in einen Supermarkt hineingerast. Ungebremst – direkt am Ortseingang. Die holländischen Kollegen am Telefon sprachen von mindestens drei Toten. Und davon, dass sie das Nummernschild des Unglücks-LKW insoweit entziffern konnten, als dass es ein deutsches war und mit LIP anfing. Darum hatten sie uns angerufen in Detmold. Halterfeststellung, Ermittlung des Fahrers und so weiter. Routinesachen halt. Aber irgendwie waren die Holländer am Telefon aufgeregt. Gar nicht so routiniert. Aufgeregt – als hätte sich in Kerkrade etwas ganz Besonderes ereignet. Dabei sprachen die Fakten doch erst einmal eine ganz klare Sprache. LKW in Wohn- und Geschäftshaus. Ich hatte den Halter des LKW festzustellen – eine Spedition im Lippischen. Das war schnell gemacht. Der Besitzer der Spedition klang am Telefon tief betroffen und sicherte mir seine vollste Zusammenarbeit zu. Er nannte mir den Namen und die Adresse des Fahrers. Er wusste sofort, um wen es ging. Offenbar war es eine eher kleine Spedition. Und ich wusste, dass mir jetzt ein unangenehmer Besuch bevorstand. Der Fahrer des LKW, das konnten die Kollegen mit Sicherheit sagen, war tot. Und an mir war es, die Heimatadresse des Fahrers aufzusuchen und die Nachricht zu überbringen. Das kannst du tausendmal machen, aber es wird dadurch nicht einfacher. Ich bin seit neun Jahren im Verkehrsdezernat der Kreispolizeibehörde Lippe. Ich muss bei schweren Verkehrsunfällen mit Todesfolge rein routinemäßig Ermittlungen einleiten. Dazu gehört in den meisten Fällen leider auch, mit den Hinterbliebenen zu sprechen. Ich setzte mich ins Auto und fuhr in die Uhlandstraße. Es war kurz nach 16 Uhr. Die Familie war sicherlich zu Hause. Vielleicht wartete sie auf den Fernfahrer und es war an mir, ihnen zu sagen, dass der Fernfahrer Karl Franck nicht mehr nach Hause kommen würde. Was für ein Scheiß-Job das manchmal ist.

Es ist dieser Moment, wenn du vor der Tür stehst. Kurz bevor du klingelst. Drinnen geht das Leben seinen normalen Gang. Das mag ein gutes Leben sein. Oder ein schlechtes. Aber in dem Moment, in dem du klingelst und die Tür geht auf, in dem Moment, in dem du sagst, was du sagen musst, in dem Moment zerbricht dieses Leben da drin. In dem Moment bist du es, der das Leben da drin zerstört. Du kannst es sagen, wie du willst. Aber am Ende hast du das ganz normale Leben da drin zerstört.

Als die junge Frau die Tür öffnete, war da als erstes dieser fragende, nichts ahnende Blick. Katja Franck war wohl Anfang 30 und sie hatte einen kleinen Jungen an ihrer Seite. Dessen neugieriger Blick war fast noch erschütternder als der ahnungslose Blick seiner Mutter.

»Guten Tag, Frau Franck. Mein Name ist Manfred Rohlfes von der Kreispolizeibehörde Lippe. Könnte ich Sie wohl einen Moment alleine sprechen?«

Die Ahnungslosigkeit im Blick der Frau wich einer bösen Vorahnung. Sie wurde aschfahl im Gesicht und bedeutete ihrem Sohn, er möge hoch in sein Zimmer gehen. Sie schaute ihn dabei kaum an. Ihr Blick war die ganze Zeit nur auf mich gerichtet. Bohrend, fragend. Aber auch flehend. ›Sagen Sie mir, dass es nichts Schlimmes ist, was Sie mir mitteilen wollen.‹ So etwas lag in ihrem Blick. Und aufkommende Panik, weil sie spürte, dass ich ihren Wunsch wohl nicht erfüllen würde. Ich sah, dass sie hochschwanger war. Auch das noch. Egal, jetzt muss es raus.

»Es hat einen schweren Unfall gegeben. In

Kerkrade, in Holland. Ihr Mann ist darin verwickelt gewesen.«

Nicht allzu viel Worte, aber auch nicht zu wenig. Es muss immer eine Einleitung geben. Ich kann nicht sofort auf jemanden zugehen und ihm eine Todesnachricht so einfach vor den Latz knallen. Mit Einleitung ist es besser, denke ich mir. Besser für die Hinterbliebenen oder besser für mich, frag ich mich manchmal. Man darf es aber auch nicht zu lange herauszögern. Irgendwann muss man sagen, was gesagt werden muss. Sonst baut sich ein nicht auszuhaltender Druck auf. Bei meinem Gegenüber und bei mir.

»Ihr Mann hat den Unfall nicht überlebt. Es tut mir sehr leid.« Wenn es raus ist, wird es nicht besser. Dann bricht das Elend los. Wenn du durch diesen Satz das normale Leben der Menschen zerstört hast, erlebst du eine so gewaltige Welle von Wut, Trauer und Verzweiflung, die dich wegzuspülen droht. Egal, wie oft du das schon erlebt hast. Die Welle ist grausam und groß. Ich habe an mir beobachtet, dass ich mich sogar körperlich auf diese Welle einstelle. Ich beuge mich tatsächlich etwas vor und stelle den linken Fuß leicht nach vorne. So wie man sich gegen den Wind an der Küste stemmt, um nicht umgestoßen zu werden.

Und die Welle kam. Mit ungeheurer Wucht.

Die Frau taumelte und ich fing sie auf, als ihre Beine ihren schweren, schwangeren Körper nicht mehr halten konnten. Ich führte sie zu einem Sessel, sie sank in sich zusammen. Und dann begann sie zu weinen. Laut und verzweifelt.

***

Ich sah die riesige Rauchwolke vom Fenster des Pfarrhauses aus und stieg sofort aufs Rad. Unsere Kirche liegt nicht weit von der Grundschule entfernt. Und von genau dort kam offenbar der Rauch. Ich brauchte vielleicht nur zwei Minuten bis dorthin. Die aber kamen mir wie eine Ewigkeit vor. Ich wusste ja nicht, was passiert war. Vielleicht war ein Feuer in der Schule ausgebrochen. Lieber Gott, betete ich, lass nichts Schlimmes passiert sein. Aber der liebe Gott hatte uns an diesem Tage in Kerkrade wohl im Stich gelassen. Jedenfalls dachte ich so, als ich dort ankam, wo der schwarze Rauch in den Himmel stieg. Später, als wir die ganze Wahrheit erfuhren, schämte ich mich sehr für den Gedanken, dass Gott uns in Kerkrade an diesem Tag verlassen hätte. Gerade ich als Pastor hätte wohl ein wenig mehr Vertrauen in ihn haben können ...

Der Rauch kam nicht von der Grundschule. Er stand hoch über unserem kleinen Kaufmannsladen; besser gesagt stieg der Rauch aus dem, was einmal unser kleiner Koopman gewesen war. Jannis Laden lag direkt dort, wo die Straße, die von der Autobahn kommt, endet und auf unsere Einkaufsstraße trifft. Das nennt man wohl eine T-Kreuzung. Schon immer hatten die Leute im Ort geulkt: Pass bloß auf, Janni. Wenn mal einer nicht bremst, landet er direkt bei dir im Schaufenster ...

Irgendetwas hatte sich mit voller Wucht in den Laden hineingebohrt. Etwas langes, weißes – zuerst begriff ich gar nicht, was ich da sah. Dann wurde mir klar, dass es der Auflieger eines LKW sein musste. Das Führerhaus war komplett im großen Schaufenster des Ladens verschwunden. Was für unglaubliche Kräfte mussten da am Werk gewesen sein.

»Pastor de Wit, pass op! Du stehst mitten auf der Straße. Die Feuerwehrwagen kommen!« Willem Dekker zog mich am Arm, weg von der Herenstraat auf die angrenzende Wiese, die schon zum Gelände unserer Grundschule gehört. Willem Dekker war dort Hausmeister und hatte offensichtlich genau beobachten können, wie die Katastrophe zustande gekommen war.

Während immer mehr Feuerwehrwagen in Richtung Koopman fuhren, schrie er vor lauter

Aufregung, und um den Lärm der anrollenden Rettungsfahrzeuge zu übertönen, unaufhörlich auf mich ein.

»Pastor, es war ganz schlimm. Ich hab hier auf der Wiese Laub gefegt, da sah ich den LKW von oben über den Hügel kommen.« Er zeigte auf den Beginn der Herenstraat, die von oberhalb des Ortes bis zur T-Kreuzung und dem Koopman führt.

»Der hatte bestimmt schon 80 Sachen drauf. Und er wurde mit jedem Meter schneller.«

Die Herenstraat hat hier ein ordentliches Gefälle. Oben steht sogar ein Schild – mit diesem Bergrunter-Symbol und mit Obacht 7%! Auf einer Länge von 200 Metern führt die Straße steil in den Ort hinein. Links neben der Straße steht eine lange Reihe Wohnhäuser. Rechts neben der Straße beginnt die große Wiese, auf der Willem und ich jetzt standen. Die Wiese vor der Grundschule.

»Er hat laut gehupt. Die ganze Zeit. Immer wieder. Und er hatte sein Fenster heruntergekurbelt. Er schrie immer ›Weg! Weg hier!‹ und ›Bremsen kaputt!‹« Willem machte eine kurze Pause, um Luft zu holen. In dem Moment gab es einen unglaublich lauten Knall. Die Erde unter uns vibrierte und wir sahen eine riesige Stichflamme aus dem Kaufmannsladen aufsteigen.

»Die Gasleitung«, sagte Willem und fing an zu weinen. Der alte Haudegen, weit über 60 mittlerweile und als Hausmeister alles andere als ein Sensibelchen, stand da und weinte. Ich nahm ihn in den Arm, und so standen wir da eine Weile. Mitten im Inferno. Sprachlos. Und mit uns, um uns herum: viele, viele andere aus dem Dorf. Verwirrt, gelähmt vor Angst, niedergedrückt von der Kraft der Zerstörung, die um uns herum wütete.

Nachdem sich der Rauch etwas verzogen hatte, sahen wir, dass vom Laden nach der Explosion kaum noch etwas übrig geblieben war. Und wir wussten: wer immer im Laden gewesen war, konnte nicht überlebt haben.

Wie im Krieg, nach einem Bombenangriff, erwachten wir langsam aus dem Schock. Wischten uns den Staub aus den Gesichtern und begannen, uns umzublicken. Wer war da eigentlich noch und – viel wichtiger – wer fehlte?

»Ich sehe Janni nicht«, sagte Willem. »Und Laith auch nicht.«

Johanna Kok, die wir alle nur Janni nannten, war die Besitzerin des Ladens. Und Laith war ein junger Mann, der vor einigen Jahren aus dem Irak zu uns gekommen war, und seitdem in Jannis Koopmans-Laden arbeitete.

Offiziell sollten die beiden noch zwei Tage als

vermisst gelten. Denn die Rettungskräfte konnten in den Trümmern zunächst nicht nach ihren Leichen suchen. Die Zerstörung durch die Explosion war zu groß, eine Suche in dem, was von dem Haus übrig geblieben war, zu gefährlich.

Dass sie nicht überlebt haben konnten, war uns aber sofort klar. Das Gleiche galt natürlich auch für den deutschen Lastwagenfahrer. Es gab außer unserem Hausmeister Willem noch einige andere, die ihn hatten rufen gehört.

»Er hat uns gewarnt. Er hat das Unglück kommen sehen. Armer Kerl.«

So redeten wir, die wir nach wie vor wie angewurzelt vor den Trümmern standen, zusahen, wie die Feuerwehr versuchte, die immer noch brennende Ruine zu löschen und das Nachbarhaus zu retten. Die Verzweiflung stand in ihren Gesichtern geschrieben, weil sie es nicht schafften. Eine Stunde nach der Explosion stürzte auch das Nachbarhaus in sich zusammen. Und das Suchen nach den Leichen der Getöteten verzögerte sich noch mehr.

»Er hat das Unglück kommen sehen und hat es nicht verhindert.«

Wir redeten und redeten, auch um uns das unfassbare Geschehen irgendwie erklären zu können.

»Was hätte er denn tun sollen, wenn seine Bremsen kaputt waren. Links sind doch nur Häuser, dahin hätte er nicht ausweichen können.« »Und rechts? Warum ist er nicht einfach rechts in weitem Bogen in die Wiese gefahren? Das hätte ihn doch gebremst und er wäre nicht frontal in den Koopman gerast. Vielleicht wäre er dann später seitlich an irgendeiner Mauer zum Stehen gekommen. Dann hätte er eine gute Chance gehabt zu überleben. Warum nicht auf die Wiese?«

Wir schwiegen einen Moment, und es war Willem, der Hausmeister, der schließlich die Antwort gab.

»Die Kinder«, flüsterte er. »Die Kinder?« fragten wir.

»Warum bin ich da nicht gleich drauf gekommen. Natürlich die Kinder.«

Willem fing wieder an zu weinen. Ein Schluchzen mehr. Er schloss die Augen und schüttelte den Kopf.

»Die Kinder aus der dritten Klasse. Die waren doch alle vorne auf der Wiese gewesen. Ich hab sie doch noch gesehen, als ich anfing zu fegen. Die wollten Blumen sammeln für ihren Naturkundeunterricht. Einige waren ganz schön dicht an der Straße. Der LKW-Fahrer muss sie gesehen haben. Und dann hat er gewusst: Wenn er nach

rechts auf die Wiese ausweicht, kann es passieren, dass er sie mit dem Laster überfährt.«

Einen kurzen Moment war es plötzlich still –
trotz des Chaos und des Infernos um uns herum
totenstill. In diese Stille hinein bringt Willem
den Gedanken zu Ende: »Er hat sich für die Kinder entschieden. Und damit gegen sein eigenes
Leben.«

»Was für eine Entscheidung.« Gerrit Vos war
zu uns gestoßen, hatte seinen Feuerwehrhelm
abgenommen und wischte sich jetzt den Schweiß
von der Stirn. »Was für ein Kerl.«

»Aber Gerrit, wenn er schon nicht ausweichen
wollte, damit er die Kinder retten konnte, warum ist er denn nicht wenigstens aus dem Führerhaus gesprungen, kurz bevor sein Wagen in das
Haus krachte?«, fragte Hausmeister Willem.

»Ja, habt ihr das denn noch nicht mitbekommen? Er ist ganz zum Schluss noch dem Auto
von Mila und ihrem Sohn Finn ausgewichen.
Das hat er noch gerade so hingekriegt. Danach
war es zu spät für ihn, noch abzuspringen.«

Gerrit Vos setzte seinen Feuerwehrhelm wieder auf. »Ich muss weitermachen«, sagte er und
ließ uns sprachlos zurück.

***

Die Kollegen aus Holland hielten mich per Telefon auf dem Laufenden. Ich war ihr Ansprechpartner auf Seiten der deutschen Polizei, um die Ermittlungen in dem Unglücksfall voranzutreiben. Und es gab Einiges zu tun. Den vermeintlich angenehmeren Teil meines Arbeitstages hatte ich bereits hinter mich gebracht. Um acht Uhr am Morgen war ich bei der Spedition vorstellig geworden. Es gab einiges zu klären, mehr als man am Telefon erledigen konnte. Immerhin hatten die Vernehmungen von Augenzeugen des Unfalls in Holland ergeben, dass der Fahrer wohl keine Bremsen mehr hatte, als er in das Haus gerast war. Der Chef der Spedition empfing mich sehr freundlich, machte wegen des Unfalls allerdings einen sehr mitgenommenen Eindruck. Logisch, schließlich hatte er gerade einen Mitarbeiter verloren, und der hatte auch noch zwei Menschen mit in den Tod gerissen. Später, als ich die ganze Wahrheit herausbekommen hatte, sollte ich mich immer wieder an diese Begegnung mit dem Chef erinnern. Wie hatte ich mich nur so täuschen lassen können?

»Manfred Rohlfes, Kreispolizei Lippe. Wir hatten telefoniert.«

»Kommen Sie herein. Was gibt's Neues?« Ich erzählte ihm, was die holländischen Kollegen bisher ermittelt hatten.

»Wie furchtbar. Also kein Fahrfehler, sondern ein technischer Defekt. Wie tragisch.«

Johann Summerer war Mitte 60 und empfing mich in einem großen, aber spärlich möblierten Büro.

»Unsere Spedition ist klein, aber intakt, sage ich immer. Nur acht Lastwagen, aber wenn alle immer auf Achse sind, rollt der Rubel. Wollen Sie 'nen Kaffee?«

»Danke, nein. Wer ist für den Zustand der Laster verantwortlich?«

»Unser Werkstattmeister, Herr Fiedler. Guter Mann. Ist seit über 30 Jahren bei mir. Wollen Sie ihn sprechen?«

Max Fiedler war im angrenzenden Werkstatt-gebäude. Alles hier wirkte ein bisschen in die Jahre gekommen, einschließlich des Werkstatt-meisters. Sauber und ordentlich, nur eben ein bisschen museal. Typisch 50er und 60er, wie in einer Ausstellung im Historischen Museum Bielefeld, die ich vor Kurzem besucht hatte.

»Schrecklich, schrecklich …«

Max Fiedler saß auf einem dreibeinigen Sche-mel und murmelte vor sich hin.

»Ich kümmere mich persönlich um alle Last-wagen hier. Und ich bin gründlich, glauben Sie mir. Alle Wagen sind tipptopp in Schuss. Was hat denn zum Ausfall der Bremsen geführt? Hydraulikzylinder? Bremsleitungen?«

Er schaute zu mir hoch, bedrückt, niedergeschlagen und sichtlich gespannt auf meine Antwort wartend.

»Schwer zu sagen«, erwiderte ich. »Nach dem Unfall hat es eine Gasexplosion gegeben. Das Feuer war so heiß, dass die Zugmaschine regelrecht verglüht ist. Unmöglich, einzelne Bauteile zu untersuchen und den Fehler zu finden.«

Max Fiedler stand mühsam von seinem Schemel auf und schaute mich entschlossen an: »Es muss ein defektes Ersatzteil gewesen sein. Das darf nicht passieren, aber es passiert. Die Qualität der Ersatzteile ist nicht mehr so wie früher. Wir benutzen schon lange nicht mehr die Original-Ersatzteile der LKW-Hersteller. Viel zu teuer. Aber alles, was wir benutzen, hat natürlich die nötigen Zulassungen. TÜV, CE und so, Sie wissen schon. Nur in der Qualität der Teile stecken wir natürlich auch nicht drin …«

Bevor ich ging, ließ ich mir noch sämtliche Papiere des Unfall-Lasters zeigen. Alles soweit in Ordnung, wie es schien.

»Die nehme ich mit. Kommen zu den Akten. Ich melde mich sicher nochmal bei Ihnen. Machen Sie es gut!«

Ich wäre sicher gerne noch länger in der Werk-

statt geblieben, denn der nächste Termin an diesem Tag würde wieder ein ganz trauriger werden.

***

Der Tag, an dem mein Papa nie mehr nach Hause kam, ist jetzt schon vier Nächte her. Ich habe
nachts immer geschlafen, aber meine Mama
nicht. Die sitzt im Wohnzimmer auf der Couch,
weint immer ein bisschen und telefoniert viel.
Mein Onkel Christoph ist oft da und kümmert
sich um mich. Und ein Mann, den ich nicht so
gut kenne, ist auch oft da. Aber der kümmert
sich eher um Mama. Gerade sind wir mal alleine
und jetzt klingelt es schon wieder an der Tür.
Den Mann kenne ich schon. Der war da und hat
gesagt, dass Papa nie wieder nach Hause kommt.
Mama lässt ihn rein und sie setzen sich aufs Sofa.
Mama hat nichts dagegen, dass ich dableibe, obwohl der Polizist das offenbar gar nicht gut findet. Aber wenn es etwas über Papa zu erzählen
gibt, will ich das auch hören. Es ist doch schließlich mein Papa.

»Wir wissen mittlerweile mehr über den Un-
fallhergang«, sagt der Kommissar. »Ihr Mann hat
keinen Fehler gemacht. Im Gegenteil. Er konnte den Wagen nicht zum Stehen bringen. Die
Bremsen funktionierten wohl nicht mehr.« Der

Kommissar will wohl noch mehr sagen, aber Mama unterbricht ihn.

»Er hat es immer gewusst!«, sagt sie.

»Was hat er gewusst?«, fragt der Kommissar.

»Am Anfang hat er mir gar nichts davon erzählt. Er wollte mich halt nicht beunruhigen. Aber als es immer schlimmer wurde, haben wir darüber gesprochen. Über die Bremsen und so.«

Und dann erzählt Mama dem Kommissar von Papas Chef und der Werkstatt und von dem Mann, der in der Werkstatt arbeitet. Papa und die anderen Fahrer haben wohl immer mit dem Mann aus der Werkstatt geschimpft. Haben ihm erzählt, dass die Lastwagen nicht in Ordnung sind und auch nicht besser sind, wenn der Mann aus der Werkstatt sie repariert hat. Und der Mann aus der Werkstatt hat dann immer gesagt, dass Papas Chef ihm verbieten würde, die Laster ordentlich zu reparieren. Papas Chef hat immer gesagt: Flick das zurecht, verdammt noch mal. Wir können doch nicht immer alles neu kaufen. Und deshalb sind Papa und seine Kollegen oft mit kaputten Lastern unterwegs gewesen.

»Mein Mann hat dann immer gesagt: Wir Fahrer tricksen dann auf der Fahrt immer rum, damit nichts passiert. Mal gucken, wie lange das gut geht.«

»Warum hat Ihr Mann bei dem Spiel mitgemacht?«, will der Kommissar wissen.

»Weil der Chef jeden rausgeschmissen hätte, der bei dem Scheiß-Spiel nicht mitmacht«, sagt Mama.

Der Kommissar hat inzwischen ein kleines, schwarzes Buch aus seiner Tasche geholt und macht sich viele Notizen. Er fragt noch ganz viel nach, und Mama sagt immer, dass es genauso gewesen ist. Dann packt er irgendwann sein Notizbuch wieder weg und schaut plötzlich mich an: »Dein Papa ist ein Held, weißt du das?«

»Mein Papa ist tot«, sage ich.

»Ja, das stimmt. Aber dein Papa, der hat sich ganz, ganz toll verhalten. Dein Papa hat viele, viele Menschenleben gerettet.«

Ich verstehe das nicht und Mama offenbar auch nicht.

»Was meinen Sie damit?«, fragt sie ihn.

»Er hatte die Wahl. Als er merkte, dass seine Bremsen kaputt waren und er den Laster nicht zum Stehen bekommt, hätte er in einem weiten Bogen rechts auf eine Wiese fahren können. Wahrscheinlich wäre er da zur Seite umgekippt oder wäre sogar zum Stehen gekommen. Auf alle Fälle eine gute Chance für ihn zu überleben. Aber auf der Wiese standen mindestens zwei Dutzend Kinder. Einige von ihnen hätte er wohl erwischt, wenn er ausgewichen wäre. Und so entscheidet er sich, nicht auszuweichen, sondern geradeaus zu fahren, direkt in das Haus hinein. Er wusste, was das für ihn bedeutete.« Mama weint wieder, ganz leise diesmal. Und auch nicht lange. Dann guckt sie erst mich an und dann wieder den Kommissar.

»Ich weiß, warum er das getan hat. Er weiß nämlich, wie sich das anfühlt, ein Kind zu verlieren.« Und dann erzählt Mama dem Kommissar die Geschichte mit Nils. Es ist nämlich noch nicht einmal ein Jahr her, da ist mein Bruder Nils gestorben. Der hat ganz lange im Krankenhaus gelegen und da war er auch schon irgendwie wie tot. Meine Mama und mein Papa haben immer gesagt, der Nils, der träumt einen ganz tiefen Traum, aus dem er nicht aufwachen kann. Nils träumt diesen Traum, seit er bei unseren Nachbarn in den Gartenteich gefallen ist. Da ist er ganz lange liegen geblieben mit dem Kopf unter Wasser. Seitdem hat er nicht mehr mit uns sprechen können und wir nicht mehr mit ihm. Aber ins Krankenhaus sind wir immer wieder gefahren. Bis letzten Herbst, da haben Mama und Papa erzählt, dass Nils jetzt im Himmel ist. Mein großer Bruder ist nur elf Jahre alt geworden.

»Wer einmal ein Kind verloren hat, der kennt

den Schmerz. Und diesen Schmerz wollte mein Mann anderen Eltern ersparen«, sagt meine Mama zu dem Kommissar. Und dann fängt sie wieder an zu weinen. Und ich auch. Und der Kommissar geht. Ich gucke ihm dann durchs Küchenfenster hinterher. Als er an seinem Auto angekommen ist, fängt er auch an zu weinen.

***

Ich bin Polizist, ich habe mich im Griff, ich gehe möglichst emotionslos in meinen Ermittlungen vor, bleibe sachlich.

Jetzt fiel es mir schwer. Ich wollte sofort wieder zu der Werkstatt fahren, wollte den Chef und den Werkstattleiter zusammenschreien, wollte die Bude ein für alle Mal schließen und die beiden in den Bau bringen.

Auf der Hälfte des Weges von der Wohnung der unglücklichen Familie, die nach ihrem Sohn jetzt auch noch den Vater verloren hat, zu der Spedition, in der Pfusch und Geldgier drei Menschenleben gefordert haben, fuhr ich rechts ran. Ich wusste, wenn ich jetzt wirklich zu der Spedition fahren würde, machte ich alles kaputt. »Bleib ganz ruhig, Manfred. Du holst sie dir. Aber so wie sich das gehört«, redete ich selber auf mich ein.

»Alles der Reihe nach: Durchsuchungsbeschluss, Spurensicherung, Beweise sicherstellen, Vernehmungen. Die Bande kriege ich dran.«

Ich drehte um und fuhr in mein Büro. Es gab viel vorzubereiten. Aber am nächsten Morgen hatte ich alles zusammen. Unser Trupp machte sich auf Richtung Spedition. Ich hatte Mühe, meine Emotionen im Griff zu behalten, als ich vor dem Chef der Spedition stand.

»Herr Summerer, hier ist ein Durchsuchungsbeschluss für ihre Spedition. Wir werfen Ihnen vor, bei der Instandhaltung Ihrer LKW vorsätzlich manipuliert zu haben.«

»So ein Blödsinn.« Johann Summerer wirkte aalglatt und selbstsicher.

»Ich habe immer dafür gesorgt, dass alles in Ordnung ist. Wenn hier einer Schmuh gemacht haben soll, dann kann das ja nur mein Werkstattleiter gewesen sein.«

»Keine Sorge, Herr Summerer, wir kriegen heraus, was hier abgelaufen ist. Der Betrieb ist bis auf Weiteres stillgelegt, alle LKW beschlagnahmt. Sorgen Sie unverzüglich dafür, dass alle Wagen, die unterwegs sind, zurückkehren. Und jetzt hätte ich gerne alle Wagenpapiere, TÜV-Berichte und Versicherungsbescheinigungen gesehen.«

»Ich kümmere mich. Bis wann soll das alles geschehen?«

»Sofort, Herr Summerer, sofort.«

Ich ließ einen Kollegen bei Herrn Summerer im Büro zurück und machte mich auf die Suche nach dem Werkstattleiter. Zusammen mit den Kollegen der Spurensicherung öffneten wir das große Tor zur Werkstatt. Werkstattleiter Max Fiedler saß wie beim ersten Mal, als ich ihn kennenlernte, auf dem kleinen Schemel mitten in der Halle. Er saß da, den Kopf zwischen seinen Händen und schaute auf den Betonboden.

»Haben Sie mir etwas zu erzählen, Herr Fiedler?« Er schaute zu mir hoch und ich sah, dass er Tränen in den Augen hatte.

»Ich habe gehofft, so etwas würde nie passieren. Ging ja auch lange gut. Aber irgendwann …«

»Irgendwann was?«

»Herrgott, wenn du immer nur rumreparierst, ein bisschen schrauben hier, da ein bisschen schweißen. Hier noch 'nen Draht, da 'ne Schelle. Durfte ja alles nichts kosten. Manche Teile haben wir mit Gewebeband festgemacht. Das muss man sich mal vorstellen …«

»Warum haben Sie die Wagen nicht ordentlich repariert?«

»Der Alte wollte es so. ›Mach das oder wir gehen pleite‹, hat er immer gesagt. Er hat mich gezwungen. Was hätte ich denn sonst machen sollen.«

»Sie hätten verhindern können, dass drei Menschen gestorben sind.«

»Ich hab's doch versucht. Zwei Tage vor dem Unfall war ich mit dem Laster auf dem Bremsenprüfstand. Die Vorderbremsen waren komplett am Ende. Die Leitungen so verrostet, dass bei jedem Bremsen Druckluft entweichen konnte. Ich bin dann sofort zum Chef. ›Der Bock ist nicht mehr zu beherrschen‹, hab ich ihm erklärt. ›Halts Maul, diese Tour macht er noch‹, war alles, was er mir darauf geantwortet hat.«

Jeder von den beiden schob es also auf den anderen. Beweise für den Pfusch würde ich sicher genug finden, nachdem wir den Laden hier auf links gekrempelt hätten. Aber ich war mir plötzlich nicht mehr so sicher, ob ich diesen Fall so zu Ende bringen könnte, dass es vor Gericht zu entsprechenden Urteilen kommen würde. Dieses Gefühl verstärkte noch die Wut in mir.

***

Als Pastor einer kleinen Gemeinde ist man nicht nur Seelsorger. Man ist Ansprechpartner für die großen und die kleinen Sorgen der Menschen. Man hilft, wenn es etwas zu organisieren gibt und man versucht, gute Ratschläge zu geben, wenn das Dorf nicht so recht weiterweiß. In den Tagen und Wochen nach der Katastrophe führte ich viele Gespräche mit den Menschen im Dorf. Ich war oft an der Ruine unseres kleinen Koopmans-Laden, wo die Menschen Blumen niedergelegt hatten, um der Toten zu gedenken. Wir kümmerten uns alle zusammen um die Familie unserer geliebten Johanna, deren Leiche erst Tage nach dem Unfall aus dem Haus geborgen werden konnte. Wir versuchten in Erfahrung zu bringen, ob es nähere Angehörige von Laith gab. Der junge Iraker war aber offenbar ganz allein auf der Welt gewesen. Wir beerdigten ihn neben Johanna auf dem Dorffriedhof. Und immer wieder sprachen wir über den deutschen Lastwagenfahrer.

»Ich habe über seine Familie gelesen«, sagte Willem, der Schulhausmeister. »Mein Gott, was haben die schon alles erleben müssen.«

»Ja, Willem. Schlimm.«

»Wir sollten denen mal sagen, wie dankbar wir hier alle sind. Ich meine, dass der Mann sich so verhalten hat. Das sagen alle hier im Dorf.«

»Ja, Willem, ich weiß. Darüber habe ich auch schon nachgedacht.«

»Kannst du da denn nicht mal anrufen oder so? Oder hinfahren?«

Zwei Tage nach dem Gespräch mit Willem und unzähligen weiteren Gesprächen dieser Art mit den Menschen aus dem Dorf machte ich mich auf den Weg. Mit mir im Auto eine traurige Fracht. Eine Urne, eher symbolisch gefüllt mit der Asche von Karl Franck. Die Polizei hatte den Unglücksort mittlerweile frei gegeben. Einen Leichnam allerdings konnten sie nicht bergen. Die Temperaturen nach der Explosion waren zu hoch gewesen. Trotzdem entschied man sich für eine Art Überführung der Leiche und bat mich als Geistlichen, die Urne der Familie zu übergeben. So würde ich auch die Gelegenheit haben, der Frau des Fahrers unseren Dank und unser Mitgefühl zu übermitteln. Über drei Stunden blieb ich schließlich im Haus der Familie. Am Ende meines Gespräches mit der Witwe war mir klar, dass es mehr brauchte als Dank und Mit-gefühl.

Nach meiner Rückkehr erzählte ich in der Gemeinde von dem, was ich erfahren hatte: »Die Familie leidet große Not. Da ist natürlich der Kummer um den verlorenen Ehemann und Vater. Da ist aber auch eine große Sorge, wie es weitergehen kann. Ihr wisst, die Witwe ist hoch-schwanger. Das Baby kommt in den nächsten vier Wochen. Da ist der kleine Sohn mit seinen sieben Jahren und da ist die traurige Geschichte von dem Sohn, der im vergangenen Jahr gestorben ist. Ein Jahr lang lag er nach einem Badeunfall in einem Wachkoma. Die Pflege dieses Kindes hat alle finanziellen Reserven der Familie aufgebraucht. Eine Lebensversicherung hatte der Fahrer nicht. Und ob und wann eine Entschädigung durch die Spedition kommt, steht in den Sternen. Dass muss ja erst einmal der Strafprozess geführt werden.«

Unsere Spendenaktion begann am Tag nach meiner Rückkehr.

***

Als Leiter der Ermittlungen war ich vor Gericht als Zeuge geladen. Wie es zu erwarten war, belasteten sich die beiden Angeklagten gegenseitig. Werkstattleiter Fiedler erklärte vor Gericht detailliert und vollständig, was er getan hatte, um die LKW am Laufen zu halten. Er blieb seiner Linie treu, die er auch schon in den Vernehmungen mit mir verfolgt hatte. Umfangreiches Geständnis einerseits, deutliche Schuldzuweisung andererseits gegen seinen Chef. Er sei gezwungen worden, so zu handeln.

Das Gericht verurteilte den Werkstattleiter Max Fiedler wegen fahrlässiger Tötung zu neun Monaten Haft auf Bewährung. Gegen dieses Urteil ging Fiedler später vor, am Ende mit Erfolg: der Bundesgerichtshof hob das Urteil auf und das Landgericht Detmold entschied im Revisionsverfahren, das Verfahren gegen den 62-jährigen einzustellen – wegen geringer Schuld. Zudem, so urteilten die Richter, habe der Angeklagte entscheidend zur Aufklärung des Falles beigetragen und leide bis heute an den Folgen der Ereignisse.

Der Chef der Spedition wurde wegen fahrlässiger Tötung zu einer Bewährungsstrafe von einem Jahr und einer Geldstrafe von 20 000 Euro verurteilt. Auch er ging gegen das Urteil vor, allerdings ohne Erfolg.

Darüber hinaus wurde in dem Prozess über die Zuteilung von Schmerzensgeld für die Hinterbliebenen von Karl Franck entschieden. Danach stand der Witwe keinerlei Schmerzensgeld zu; für die Kinder hielt das Gericht eine Summe von 15 000 Euro für angemessen. Für beide Kinder zusammengenommen, wohlgemerkt.

***

Fünf Jahre sind vergangen, seit mein Papa bei dem Unfall gestorben ist. Ich bin jetzt elf. Und ich habe jetzt eine kleine Schwester, die Kira.

Die war ja noch in Mamas Bauch, als der Unfall passierte.

Bei uns auf der Anrichte im Wohnzimmer steht ein Foto von Papa und ein kleines Holzkreuz. Und es brennt immer eine kleine Kerze.

»Wir kommen klar«, sagt Mama immer. Sie hat mir erzählt, dass die Menschen in dem Dorf, in dem Papa gestorben ist, Geld für uns gesammelt haben. Und die Menschen bei uns zu Hause. Weil mein Vater ein Held ist. Ich habe jetzt begriffen, warum die Leute das sagen. Und ich weiß jetzt auch, warum mein Vater gestorben ist. Wenn ich groß bin, will ich in einer Werkstatt arbeiten und Autos reparieren.

Aber ich finde es immer noch doof, dass mein Vater ein Held ist. Denn mein Vater ist tot und kommt nie mehr nach Hause.

Thorsten Knape

Voodoo

Sie zittert – vor Angst und vor Kälte.

Unter dem Vorwand, sie müsse einer Freundin beim Ändern eines Kleides helfen, ist sie aus dem Haus gegangen. Er hat nur kurz hochgeschaut, etwas Unverständliches gemurmelt und sich weiter seiner Zeitung gewidmet. Was er wirklich davon hält, dass seine Frau am späten Nachmittag noch weggeht, würde er ihr später zeigen. Und Charlotte Griem ahnt, dass es wieder sehr wehtun wird.

Aber es muss sein. Sie muss diese Frau heute sprechen. Wie könnte sie weiterleben, wenn sie wüsste, alles bliebe, wie es ist? Sie ist jetzt 42 Jahre alt. Es muss sich etwas ändern. Und zwar sehr bald.

Und ob sich etwas ändern wird, kann doch nur diese Frau wissen. Wer denn sonst?

Gegen kurz nach fünf an diesem kalten Februartag des Jahres 1989 erreicht Charlotte Griem die Adresse in der Falkauer Straße, eine etwas abseits gelegene Wohnstraße in einer Kleinstadt im Paderborner Land.

Vor der Tür zögert sie, bevor sie auf den Klingelknopf drückt. Ihr Herz schlägt schnell. Mit diesem Besuch wird sich also ihr Leben ändern. Sie ahnt nicht, wie recht sie damit haben soll.

Die Frau, die ihr öffnet, ist ungefähr in ihrem Alter und entspricht sofort ihren Erwartungen, viel wichtiger: ihren Hoffnungen. Ludmilla Kara hat schwarze, sich hoch auftürmende Haare und einen dunklen Teint. Ihr feiner schwarzer Kajalstrich um die Augen, ihre gezupften Augenbrauen und die stark getuschten Wimpern umgeben die Frau mit dem, was man von ihr erwartet: der Aura des Geheimnisvollen.

Denn Madame Kara sieht sich mit einigem Stolz im Bunde mit den schwarzen Mächten der Magie und verdient ihr Geld folgerichtig als Wahrsagerin.

»Kommen Sie herein, meine Liebe. Ich freue mich, dass Sie den Weg zu mir gefunden haben. Öffnen Sie mir Ihr Herz. Ich ahne, Sie leiden große Not.«

Aus Charlotte Griem bricht es sofort heraus. Endlich kann sie jemandem erzählen, wie sie leidet. Unter Helmut. Diesem großen kräftigen Mann, acht Jahre älter als sie. Den sie zu Beginn so angehimmelt hatte, weil er ihr Schutz in dieser großen bösen Welt verhieß. Der starke Mann, der sie, klein und zerbrechlich wie sie war, in seine Riesenarme genommen hatte, in denen sie sich am Anfang so behütet fühlte.

Und jetzt fügen ihr diese Riesenarme Schmerzen zu. Immer häufiger, immer mehr, immer schlimmer. Das kann doch nicht so bleiben. Das muss sich doch sicher bald ändern?

»Sagen Sie es mir, Madame Kara. Wann hört es auf? Was sehen Sie? Was wird mir die Zukunft bringen?« Charlotte Griems Fragen reißen nicht ab. Und sie alle drehen sich um das eine Thema: Wann wird ihr Martyrium endlich zu Ende sein?

Und Madame Kara tut das, was man von ihr erwartet.

In ihrem kleinen dunklen Wohnzimmer steht ein runder Holztisch. Mit großer Geste entfernt die Magierin ein schweres Brokattuch, das einen runden Gegenstand bedeckt. Eine Kristallkugel kommt zum Vorschein. Beschwörend hält sie ihre zarten, etwas knöcherigen Hände über die Kugel. Etwas wie ein Schmerz durchzuckt ihr Gesicht. Mit geschlossenen Augen spricht sie aus, was die Frau ihr gegenüber hören will und wofür sie am Ende der Sitzung auch glücklich zahlen wird: »Grämen Sie sich nicht, meine Liebe. Es wird gut. Alles wird gut. Nicht mehr lange und es werden rosige Zeiten für Sie anbrechen. Ich sehe Sie über eine Waldlichtung gehen.«

Madame Kara unterbricht sich und schaut abermals in die Kristallkugel. Ihre Hände umfassen die Kugel jetzt beinahe.

»Nein, es ist mehr ein Schweben. Sie lächeln. Es ist ein glückliches, befreites Lachen. Sie rufen, nein, Sie jubilieren! ›Er ist fort, er ist fort‹, rufen Sie unaufhörlich. Die himmlischen Mächte meinen es gut mit Ihnen.«

Charlotte hält beide Hände vor ihr zartes Gesicht. Sie atmet schnell und heftig. Ein leises Schluchzen ist zu hören. Sonst ist es still im Raum. So still, dass sie glaubt zu hören, wie die Hoffnung durch das Zimmer schwebt. Die Hoffnung auf ein besseres Leben – ohne Helmut. Charlotte braucht etwas Zeit, bis sie sich erheben kann. Sie ordnet ihre Haare, wischt sich mit einem Stofftaschentuch, das sie von Anfang an in ihren Händen hält, die Spuren ihrer Tränen aus dem Gesicht. Ihr zierlicher Körper bebt, als sie Madame Karas Hand in ihre beiden Hände nimmt und sachte schüttelt.

»Ich bin Ihnen so dankbar, ich weiß gar nicht, wie ich es sagen soll. Sie sind meine Rettung. Ich weiß gar nicht ...«

»Schon gut, meine Liebe. Ich bin ja so froh, dass ich Ihnen durch meine bescheidenen Kräfte helfen konnte. Haben sie den Umschlag dabei? Sie wissen schon.«

Mit einer demütigen Verbeugung übergibt Charlotte Griem den Umschlag mit dem Geld. Nie hat sie lieber 300 Mark aus der Hand gegeben.

Als Charlotte Griem an diesem Abend nach Hause geht, fühlt sie seit langer Zeit das erste Mal wieder eine Art Leichtigkeit. Sie hat sich also nicht getäuscht. Es wird alles besser werden.

Die Prügel, die sie in der Nacht von ihrem Mann bekommt, nimmt sie hin. Fast hat sie das Gefühl, sie täten gar nicht so sehr weh wie sonst.

Die Prügel aber halten an. Und sie tun bald wieder genauso weh wie vorher. Die von Madame Kara so sicher versprochene Besserung bleibt aus. Helmut bleibt Helmut. Kaltherzig, brutal. Sein Despotismus nimmt sogar noch zu. Und Helmut macht überhaupt keine Anstalten, aus Charlottes Leben zu verschwinden. Sie hat nach dem Besuch bei Madame Kara nie so recht gewusst, wie deren Prophezeiung in Erfüllung gehen würde. Sie war nur sicher gewesen, dass es passieren würde.

Aber es passiert nicht. Fünf lange Jahre hält Charlotte still, lässt sich schlagen und demütigen, ermahnt sich immer wieder, Geduld zu haben. Aber die Verzweiflung wächst. Und in all den Jahren der Tyrannei fragt sie sich nächtelang immer und immer wieder dasselbe: Warum bleibt sie aus – die von der Wahrsagerin versprochene Erlösung von den Qualen? Alles nur ein Irrtum? Eine falsche Prophezeiung? Eine Laune der schwarzen Mächte? Hat sie selbst vielleicht etwas falsch gemacht?

Ja, das muss es sein! Sie muss selber schuld sein, dass ihre Erlösung auf sich warten lässt. Natürlich! Und mit dieser Erkenntnis muss sie jetzt alles neu überdenken.

Nun ja, fast alles. Denn Charlottes Glauben an die Macht des Übersinnlichen wird durch die Nicht-Lieferung des versprochenen Heils nicht geschmälert. Im Gegenteil. Charlotte Griem greift zum Telefon und wählt die Telefonnummer, die auf der schwarz umrandeten Visitenkarte steht, die sie die ganzen fünf Jahre in ihrer Schublade aufbewahrt hat.

Und so treffen sich im November 1994 Charlotte Griem und Ludmilla Kara zum zweiten Mal. Und an diesem Abend wollen es beide nicht bei zweifelhaften Wahrsagungen aus der Kristallkugel belassen.

Als Madame Kara ihre Tür an diesem Abend öffnet, weiß sie, was auf sie zukommt. Und sie weiß, was von ihr erwartet wird.

»Treten Sie ein, meine Liebe. Haben Sie alles dabei?«

Charlotte nickt stumm und betritt die Wohnung. Sie blickt sich um. Nichts hat sich verändert in den fünf Jahren. Nichts an der Wohnung und nichts an Madame Kara. Der gleiche Duft des Geheimnisvollen umgibt die Frau, der sie vertraut, obwohl sie sie gar nicht so recht kennt. Mit der sie aber eine Verbundenheit fühlt, als wären sie beide seit Langem gute Freundinnen. Oder gar Schwestern.

In dem heimlichen Telefongespräch in der Woche zuvor hat die verzweifelte Charlotte deutlich gemacht, dass es so nicht weitergehen kann. Dass die Prophezeiung nicht in Erfüllung gegangen ist. Und dass sie sich von einem neuerlichen Treffen mehr erhofft, als nur einen weiteren Blick in die Kristallkugel.

Und Madame Kara hat Verständnis gezeigt dafür, dass es weitergehen muss, hat sie eingeladen, ein zweites Mal zu ihr zu kommen. Und sie hat der gequälten Ehefrau in Aussicht gestellt, dass sie Mittel und Wege finden werden – heraus aus der Misere.

Sie sind jetzt wieder im dunklen Wohnzimmer von Madame Kara. So wie vor fünf Jahren. Nur die Kristallkugel, die damals ihr unausgegorenes Wissen preisgegeben hatte, ist verschwunden. An ihrer Stelle auf dem Wohnzimmertisch steht jetzt eine große tönerne Schale.

Madame Karas dunkle, rauchige Stimme erfüllt den Raum: »Götter des magischen Kultes – Großmeister des Voodoo. Hier sind wir und erbitten ein Zeichen eurer allumfassenden Macht.«

Jetzt nickt sie Charlotte auffordernd zu. Die öffnet ihre Handtasche und holt ein wenig unbeholfen und voller Angst ein Foto heraus. Ein grässliches Foto: ein Foto von Helmut, aufgenommen von ihr selber, vor ein paar Jahren. Helmut im Campingstuhl, eine Flasche Bier in der Hand – im Hintergrund ein Wohnwagen. Gemeinsamer Urlaub 1990 am Möhnesee.

Madame Kara nimmt das Foto an sich und gibt es mit der Bildseite nach oben in die Schale.

»Seht, mächtige Meister des Voodoo, was wir euch gebracht haben, und tut, was getan werden muss!«

Mit ihren knochigen Händen fingert sie ein langes Streichholz aus einer hölzernen Schatulle, entzündet es und hält es an das Foto. Nach ein paar Sekunden geht das Bild in Flammen auf, ein beißender Geruch entsteigt der Schale.

Wieder nickt sie Charlotte zu und die zieht ein großes Stück Stoff aus ihrer Handtasche – kariert, Polyester, billig. Ein großes Stück, herausgeschnitten aus einem der Hemden, die Helmut so gerne trägt. Helmut hat zu viele davon, als dass er dieses hier vermissen würde.

Der Stoff entzündet sich rasch an der kleinen Flamme, mit der das Foto vor sich hin glimmt.

»Vergehen möge er – für immer und ewig!« Madame Karas Stimme wird hysterischer.

»Jetzt!«, ruft sie Charlotte zu. Und Charlotte greift ein letztes Mal in ihre Handtasche.

»Das müssen Sie selber tun, Charlotte!«

Und Charlotte nimmt das kleine Haarbüschel, das sie in der Nacht zuvor dem schlafenden Helmut vom Kopf geschnitten hat, schließt die Augen und wirft es zum kokelnden Rest in die Schale.

»Jaaa!«, stöhnt Madame Kara.

»Ja!«, hofft Charlotte.

Und beide schauen zu, wie das schmelzende Fotopapier, das billige Polyester des Herrenhemdes und die Haarsträhne des ahnungslosen Opfers zu einem dunklen, stinkenden Klumpen verkleben.

»Alles wird gut. Jetzt wird alles gut. Nichts ist so mächtig wie der Zauber des Voodoo.«

Darüber, wie lange es dauern wird, bis der

magische Voodoo-Zauber sein düsteres Werk verrichtet, lässt Madame Kara ihre Kundin vorsichtigerweise im Unklaren. Afrika-Importe dauern eben etwas länger, auch wenn sie spiritueller Natur seien. Und die Götter dürfe man nicht drängen.

Charlotte Griem nickt verständig, zahlt und schleicht sich erleichtert zurück nach Hause. Wenn sie dort Prügel empfangen wird, werden es sicher die letzten sein, sagt sie sich auf dem Heimweg. Schließlich ist ihr Mann jetzt dem Tode geweiht. Daran kann es jetzt keinen Zweifel mehr geben ...

Zwei Jahre später wird auf Veranlassung des vorsitzenden Richters am Bielefelder Landgericht ein psychologisches Gutachten über Charlotte Griem angefertigt werden.

Das Gericht will wissen, wieso sich die Angeklagte auf diesen Voodoo-Hokuspokus eingelassen hat. Man wird ihr in dem Gutachten eine leicht unterdurchschnittliche Intelligenz bescheinigen. Sie sei nicht wirklich fähig, die Realität in all ihren Facetten zu erfassen und flüchte sich in Abhängigkeitsverhältnisse. So erklären die Gutachter ihr Verhältnis zum tyrannischen Ehemann, ebenso wie das blinde Vertrauen, das sie der Wahrsagerin entgegenbringt. Das Gericht wird diesen Umstand später bei seiner Urteils-begründung strafmildernd berücksichtigen. Ge-nauso wie die abgrundtiefe Verzweiflung, die Charlotte Griem ob ihrer scheinbar ausweglosen Situation erfasst hatte.

Denn nicht die mangelnde Intelligenz, son-dern die von ihr so empfundene Ausweglosigkeit lässt sie hoffen, dass ihre Hilfe nur von den Göt-tern des Voodoo kommen kann.

Aber die Götter liefern nicht. Trotz der beein-druckenden Voodoo-Zauber-Zeremonie erfreut sich der prügelnde Helmut weiterhin bester Ge-sundheit. Und Charlotte Griems Verzweiflung steigt ins Unermessliche. Was kann sie denn noch tun, damit ihr Martyrium endlich zu Ende geht? Hat sie nicht alles versucht? Diesmal hat sie doch nichts falsch gemacht. Oder doch?

Wer oder was hilft denn noch, wenn selbst die Götter des Voodoo offenbar machtlos sind gegen das absolut Böse auf Erden; machtlos sind gegen Helmut?

Die maßlos enttäuschte Frau stellt sich diese Frage immer und immer wieder. Und findet kei-ne Antwort.

Nur eines scheint doch wohl klar: Mit Hilfe der vermeintlich heilbringenden, aber sündhaft teuren Wahrsagerin Madame Kara scheinen ihre

Probleme nicht aus der Welt zu schaffen zu sein. Man möchte meinen, dass Charlotte Griem das jetzt begriffen hätte. Hat sie aber nicht.

Wenige Wochen nach dem fruchtlosen Voodoo-Zauber wendet sich Charlotte wieder an die vermeintliche Heilsbringerin.

Und in diesem Gespräch, das um den Jahreswechsel herum stattfindet, geht es nur noch um eines. Wenn die Götter nicht helfen, dann muss man sich selbst helfen.

Wer die Idee hat, Helmut Griem eigenhändig umzubringen, ist unklar. Fakt ist, die beiden Frauen bereiten den Mordanschlag gemeinsam vor.

»Gift. Es muss mit Gift geschehen.«

Schlägt das Madame Kara vor? Oder ist es die Idee der verzweifelten Ehefrau? Später will sich niemand mehr genau daran erinnern können.

»Wie macht man so etwas?« Darüber diskutieren sie lange.

Schließlich sind beide keine Expertinnen auf diesem Gebiet.

Gemeinsam brauen sie schließlich einen Giftcocktail für – oder besser gesagt gegen – Helmut. Einen, der es in sich hat. Rattengift ist die Basis. Leicht zu besorgen, hocheffizient und mit dem Ruf behaftet, nicht nur gegen Nager, sondern auch gegen böse Menschen zu helfen.

»Wir sollten noch etwas dazu tun. Medikamente.«

Im Laufe ihrer Leidenszeit hat sich im Arzneischränkchen von Charlotte Griem einiges angesammelt. Einiges hat sie mitgebracht. Und so zerbröseln die beiden in echter Hexenmanier eine ordentliche Portion Valium und Novalgin und geben sie dem Rattengift bei. Doch etwas fehlt.

»Haarspray!«

»Haarspray?«

»Haarspray! Denken Sie doch, wie das in den Augen beißt. Das muss schädlich sein. Das muss mit hinein!«

Die genaue Zusammensetzung des Cocktails ist später im Körper des Opfers nicht mehr festzustellen. Die beiden Giftmischerinnen erinnern sich aber, genau das zusammengebraut zu haben. Obwohl Madame Kara meint, sie hätten auch noch Dynamit hinzugefügt. Da ist sie sich aber nicht mehr so sicher.

Nun geht das Anrühren eines Giftcocktails sicher deutlich über die klassischen Angebote hinaus, die eine Wahrsagerin ihren Kunden normalerweise zu unterbreiten pflegt. Um zu klären, warum Madame Kara in diesem Fall so weit (und später noch weiter) ging, lässt das

Gericht vor der Verhandlung auch von ihr ein psychologisches Gutachten anfertigen. Auch ihr bescheinigt der untersuchende Arzt unterdurchschnittliche Intelligenz. Das allerdings erklärt bei weitem nicht, warum sie sich auf dieses mörderische Spiel eingelassen hat.

Zwei Prozessbeobachter bringen es auf dem Flur vor dem Saal 1 des Bielefelder Landgerichtes auf den Punkt: »Sie ist sicher nicht die hellste Kerze auf der Torte. Aber sie hat ein gutes Gespür dafür, welche Kunden man gut und einfach ausnehmen kann. Und von ihrer Kundin Charlotte hat sie sich ein gutes Geschäft erwartet.«

»Anfangs ja auch zu Recht – allein für den Voodoo-Hokuspokus hat Charlotte ja ordentlich gezahlt. Für den Giftcocktail und alles Weitere ist aber zunächst kein Geld geflossen.«

»Stimmt. Madame Kara hat es sozusagen als eine Investition in die Zukunft gesehen. Sie hat sich ausgerechnet, dass nach dem Tod des Ehegatten auf ihre Kundin eine riesige Erbschaft zukommen würde. Und dann hätte sie die Hand aufgehalten.«

»Blöd nur, dass sie ausgerechnet an dieser Stelle ihre hellseherischen Fähigkeiten verlassen haben.«

»Was meinen Sie damit?«

»Nun, Madame Kara hat sich schlau gemacht

über ihre Kundin. Aber nicht schlau genug. Der Name Griem sagt in Paderborn und Umgebung ja nun wirklich jedem etwas. Riesige Firma. Alter Geldadel. Und unsere gute Hellseherin war felsenfest davon überzeugt, dass ihre Kundin die Frau vom Chef war. War sie aber nicht. Charlotte war eine entfernte Cousine, die in jungen Jahren einmal einen Anteil vom großen Kuchen bekommen hatte. Sie hat also schon ein bisschen was auf der hohen Kante gehabt, aber mit »den Griems«, mit der superreichen Fabrikantenfamilie, hat sie eigentlich nichts zu tun.«

»Passt auch irgendwie zu diesem Fall, oder?«

»Wie die Faust aufs Auge.«

Nicht mit der Faust, sondern mit dem Giftcocktail soll Helmut am Abend des 4. Januars endgültig ins Jenseits befördert werden.

Charlotte ist aufgeregt. Zuhause angekommen findet sie ihren Helmut wie immer am Küchentisch sitzend. Und wie immer hat er schon das erste leere Glas Bier vor sich stehen. Charlotte bringt ihm ein Neues.

Aus seiner Sicht soll es nicht das letzte sein. Aus ihrer Sicht schon.

Vielleicht hat Helmut den bitteren Nachgeschmack bemerkt, vielleicht auch nicht.

Jedenfalls beobachtet Charlotte vom Nebenzimmer aus, wie Helmuts mächtiger Körper nach einer kurzen Weile in sich zusammensackt. Fast sieht es so aus, als sei er nur eingeschlafen. Das hat sie schon unzählige Male so gesehen und ist dann immer froh, dass ihr Leiden für den Tag vorbei ist.

Heute aber ist es anders. Heute ist Helmut nicht eingeschlafen, sondern entschlafen. Das Leiden vorbei, nicht nur für heute, sondern für immer.

Charlotte wartet ab. Vorsichtig nähert sie sich schließlich dem toten Tyrannen. Gedanken darüber, wie und wohin sie den schweren Körper entsorgen kann, hat sie sich dummerweise nicht gemacht. Muss sie jetzt auch nicht mehr, denn die Entscheidung wird ihr abgenommen. Ganz plötzlich macht Helmuts Körper laute Geräusche. Allzu bekannte Geräusche. Helmut schnarcht.

Schwer zu sagen, was in diesem Moment größer ist: der Schock über die plötzliche Wiederauferstehung des vermeintlich Verblichenen oder die Enttäuschung darüber, dass die tödliche Dosis des Giftcocktails wohl zu gering war, um den Hundert-Kilo-Koloss Helmut vom Diesseits ins Jenseits zu befördern. Hätten sie doch nur mehr Haarspray genommen.

So aber schläft Helmut seinen Giftcocktail-Anschlag so aus, wie er sonst seinen Rausch ausschläft – lang und laut. Am nächsten Morgen wacht er auf – mit Kopfschmerzen und einem flauen Gefühl im Magen. Er kann sofort aufs Klo.

»Auch gut«, brummt er.

Helmut erholt sich deutlich schneller von dem viel zu leicht dosierten Giftcocktail als Charlotte von der Tatsache, dass es mal wieder nicht geklappt hat. Sie könnte jetzt aufhören, einfach davonlaufen, ihren Mann sitzen lassen und irgendwo und irgendwie ein neues Leben anfangen. Aber sie ist wie vernagelt. Das einzige mögliche Szenario in ihrem Kopf heißt: Helmut muss jetzt endgültig weg.

Charlotte und die Hellseherin sind jetzt bereits einen solch langen Weg miteinander gegangen, dass es nicht mehr verwundert, dass sie auch den nächsten Schritt gemeinsam tun. Und Madame Kara, die fette Beute witternd, ist dazu bereit.

Gemeinsam fassen sie einen neuen Plan und man muss schon genau mitzählen, um nicht den Überblick zu verlieren. Plan Nummer vier wird am Telefon geschmiedet und basiert auf einer einfachen Lebensweisheit: Wenn man ein hartnäckiges Problem hat, und als solches darf man Helmut jetzt nun wohl endgültig bezeichnen, dann holt man sich einen Fachmann. Ist das Klo verstopft, holt man den Klempner. Hat man Ungeziefer im Haus, sucht man sich einen versierten Kammerjäger. Und hat man Helmut im Haus …

»Wir brauchen einen Profi.«

»Einen Profi in was?«

»Na ja. Einen, der so etwas gut kann. Mit Helmut. Der den wegmachen kann.«

Nun hilft der Blick ins Branchenfernsprechbuch bei der Entsorgung von Ehemännern bekanntlich nicht weiter.

Und deshalb begibt sich Charlotte auf eine bemerkenswerte Reise. Eine Reise, von der sie nie im Leben geglaubt hat, sie einmal anzutreten. Eine Reise in die kriminelle Halb- und Unterwelt des Kreises Paderborn.

Für eine Frau wie sie, schüchtern, ängstlich und mit einem Leben, in dem sie nie mit dem Gesetz in Konflikt gekommen ist, kein leichtes Unterfangen. Wo geht man hin, wenn man einen Profi in Sachen Helmut-Beseitigung finden will? Wo sind sie, die Etablissements der Halbwelt? Und wen fragt man dann und, viel wichtiger, nach wem fragt man dann? Und wie?

»Hallo, ich suche einen Killer für meinen Ehemann?«

Charlotte steht vor dem Spiegel und übt laut.

Nein, so wohl nicht. Aber wie dann?

Und was zieht man eigentlich an, wenn man sich des Nachts in der Stadt herumtreiben muss, um einen Auftragsmörder zu finden?

Charlotte entscheidet sich für eine beige Cordhose, darüber will sie eine leichte Sportjacke mit Reißverschluss tragen. Das wirkt sportlich und entschlossen, hofft sie jedenfalls. Ihre Schuhe sucht sie nach der Höhe der Absätze aus. Möglichst hoch, wo sie sich doch ansonsten schon so klein fühlt. Ihre dunklen Haare, die sie normalerweise in einer langweiligen Form von Pferdeschwanz trägt, lässt sie offen. Das sieht ein bisschen flotter aus. Und wenn ihr die Haare vorne in die Stirn fallen, hat sie etwas, hinter dem sie ihren unsicheren Blick verbergen kann.

Ihren ungewöhnlichen Fischzug startet sie vor dem Paderborner Bahnhof. Da treibt sich doch immer allerlei Gesindel herum. Sagt jedenfalls ihre Nachbarin immer. Arbeitslose und auch jede Menge Ausländer. Ganz ängstlich sei sie immer, wenn sie dort vorbeimüsste, klagt die Nachbarin.

Na, wenn das in diesem Fall keine Empfehlung ist!

Es ist schon spät an diesem Abend. Weit nach 23 Uhr. Helmut liegt, ruhiggestellt mit sechs Halbliterflaschen Paderborner Pilsener, im Bett. Deshalb kann sie weg.

Und in der Tat ist es genauso, wie die Nachbarin gesagt hatte. Rund um den Bahnhofsvorplatz ist einiges los. Charlotte läuft ein Schauer über den Rücken. Was machen die hier bloß alle, fragt sie sich. Und die meisten sehen wirklich furchteinflößend aus.

Charlotte hat sich das so gedacht: Sie geht auf jemanden zu, der so richtig gefährlich aussieht, und fragt, ob er an einer Arbeit interessiert wäre. Gut bezahlt, aber nicht ganz legal. Eigentlich ganz und gar nicht legal. Alles Weitere müsse sich dann halt entwickeln. Das Anheuern eines Killers ist doch am Ende nichts anderes als ein geschäftliches Gespräch – und von denen hat sie als Sekretärin des Prokuristen ja schon genug mit angehört. Angebot, Nachfrage, Kostenvoranschlag, Vertragsabschluss.

Gut eine halbe Stunde lang beobachtet Charlotte die Männer am Bahnhof. Dann nimmt sie all ihren Mut zusammen, atmet tief durch und geht auf einen verwegen aussehenden Mann mit schwarzem Schnäuzer zu. Den hat sie schon eine Zeitlang beobachtet, wie er mit dem ein oder anderen einen kurzen Schwatz hält und dann wieder alleine zurückbleibt. Südländisch sieht er aus. Die sind ja schnell mit dem Messer bei der Hand, hatte die Nachbarin gesagt, nicht ahnend, dass Charlotte dieser überaus kluge Teil von Allgemeinwissen nicht in Angst und Schrecken versetzt, sondern hellhörig gemacht hatte.

»Entschuldigen Sie, sind Sie vielleicht auf der Suche nach einem Job? Ich hab da eine Arbeit, gut bezahlt, aber nicht ganz legal ...«

Der Angesprochene sieht sie fragend an.

»Worum geht?«, fragt er in holprigem Deutsch.

»Erzählen!«

Und Charlotte erzählt. Von Helmut, von den Schlägen und dass nichts hilft.

»Gehen hier!« Der Mann zeigt mit einer Geste in Richtung Grunigerstraße, weg vom Bahnhof.

»Du Hilfe brauchen!«

»Ja, genau«, ruft Charlotte fast ein bisschen zu laut. Eine gute Wahl, der Mann versteht sie und ihr Problem.

»Sie müssen ihn wegmachen. Mit dem Messer vielleicht. Das können Sie doch bestimmt.«

Der Mann brummt etwas Unverständliches und schweigt, solange sie die Gruninger heruntergehen. An der ersten Kreuzung hält er sich links, Charlotte folgt ihm, ihr Herz schlägt ihr bis zum Hals.

Wo will er wohl mit ihr hin? Eine dunkle Ecke zum Verhandeln hätte es doch schon längst gegeben. Und jetzt gehen wir doch nur wieder ins Helle. Zudem ist da vorne auch noch die Polizeistation ...

»Hier Hilfe«, sagt der Mann und zeigt auf den hell erleuchteten Aufgang zur Polizeiwache Riemekestraße.

Beim Wegrennen verflucht Charlotte die Wahl ihrer Schuhe. Ohne die hohen Hacken könnte sie bestimmt schneller laufen. Erst weit hinter dem Westerntor ist sie sich sicher, dass die Polizei sie nicht verfolgt. Wütend, erschrocken und enttäuscht macht sie sich schließlich auf den Weg nach Hause.

Über eine Woche lang macht sich Charlotte Gedanken, wie es weitergehen könnte. Nachdem offenbar auf die Blutrünstigkeit arbeitsloser Ausländer kein Verlass ist, stellt sich ihr die Frage umso dringlicher: Wo nehme ich ihn her, den Killer, den ich brauche?

Fernsehen bildet. Ein Allgemeinplatz, ausnahmsweise nicht von der Nachbarin. Den hatte sie selbst schon oft gehört. Und so schaut Charlotte über Tage jeden Krimi, der im Fernsehen läuft.

Solcherart fortgebildet plant sie ihren nächsten Fischzug. Bei der Wahl der passenden Kleidung verlässt sie sich diesmal auf die im Fernsehen immer von Frauen ihres Alters gegebene femme fatale. Sie sucht das verwegenste Kleid, das sie hat, und die höchsten Schuhe heraus.

Fliehen wie beim letzten Mal kann ich damit aber nicht, denkt sie.

Und wann habe ich mich jemals so auffällig geschminkt?

Egal, im Fernsehen sehen die Frauen auch immer so aus, wenn sie in zwielichtigen Kneipen und Clubs auf Beutezug gehen. Und genau das hat Charlotte vor.

Sie hat Helmut großzügig mit Bier versorgt. Der wundert sich zwar, dass seine Frau ihm so freigiebig nachschenkt, nimmt aber gerne die siebte ihm ans Sofa gebrachte Halbliterflasche und schlummert weg. Die Bahn ist frei für Charlotte, die – aufgebrezelt wie die wildeste femme fatale aus dem letzten Tatort-Film – einen Ausflug in das Paderborner Nachtleben unternimmt. In einer halbseidenen Kneipe unweit des Maspernplatzes platziert sie sich an der Theke. Zwielichtige Typen um sie herum; sie umschwirren sie wie Motten das Licht und schon bald ergibt sich die erste günstige Gelegenheit, ihr schändliches Begehr zu lancieren.

Ihr Gegenüber hört auf den vielversprechenden Namen Meckie. Ein schmieriger Typ, der sich auf ihr »ich hab da einen Job« nicht angewidert abwendet, sondern aufmerksam zuhört.

»Nicht ganz legal allerdings«, fängt Charlotte vorsichtig an.

»Was mag das sein?« Meckie verzieht sein Gesicht zu einem schäbigen Lächeln. Ihm fehlen oben links zwei Schneidezähne. Charlotte wertet das als gutes Zeichen die Eignung des wohl bald 40-jährigen Mannes betreffend.

»Lassen Sie uns draußen weiterreden.« Charlotte hat gelernt. Die Frauen in den Krimis machen das genauso.

Die entscheidende Vertragsverhandlung findet also, ganz wie sich das gehört, in einer dunklen Gasse unweit des Paderborner Doms statt.

»Mein Mann muss weg!«

»Das lässt sich wohl machen.« Meckie scheint in keiner Weise geschockt.

»Ganz weg.«

»Hab ich verstanden. Lässt sich machen, sag ich.«

»Wie viel?«

»20 000 Mark. 10 000 jetzt, der Rest, wenn der Job erledigt ist.«

Dieser Kostenvoranschlag schockt Charlotte nur kurz. Eigentlich hält sie das für ein vernünftiges Angebot. Sie hatte sich bis dahin keine

Gedanken darübergemacht, wie teuer eine Helmut-Entsorgung werden könnte.

Das Treffen am nächsten Abend ist kurz. »Morgen, selbe Stelle, selber Ort, selbe Uhrzeit«, raunt ihr Meckie konspirativ zu, als sie sich trennen.

Und so wechseln die 10 000 DM Anzahlung bereits am nächsten Abend den Besitzer. Charlotte ist erleichtert. Nach den zahlreichen Rückschlägen ist nun ein echter Profi an der Reihe.

Helmut, denkt sie, deine Tage sind gezählt.

Tatsächlich zählt sie die Tage, bis der versprochene und angezahlte Anschlag auf Helmuts Leben über die Bühne geht. Sie zählt bis fünf, dann bis zehn. Und als sie bei vierzehn angelangt ist, macht sie sich auf den Weg in die Kneipe, in der sie Meckie, den Profi, aufgegabelt und instruiert hat. Irgendetwas musste ja dazwischengekommen sein. Meckie würde es ihr erklären.

Nur, Meckie ist nicht zu finden.

»Abgesetzt hat er sich«, raunt der Barmann der hilflos wirkenden Charlotte zu. »Und zwar ohne seinen Deckel hier zu bezahlen. Das ist echt 'ne Riesensauerei.«

Charlotte dreht sich um und will den Laden

so schnell wie möglich verlassen. Ihr ist zum Heulen zumute.

»Und was hatten Sie mit dem Typ am Laufen? Ihr wart ja so geschäftig miteinander«, ruft der Barmann ihr nach.

»Wir hatten einen Vertrag miteinander. Es ging um ein schwieriges Geschäft – und er hat eine Anzahlung bekommen.«

Der Barmann hebt eine Augenbraue, greift zu einer neben ihm stehenden Flasche und gießt ein Glas ein.

»Hier, nehmen Sie den, der geht aufs Haus.«

»Danke.«

Und so trinkt Charlotte den ersten Absinth ihres Lebens.

Unglaublich, denkt Charlotte, als sie über ihr Pech nachdenkt. Von all den Killern, die ihr Problem hätten lösen können, hat sie sich offenbar den einzigen unehrlichen ausgesucht.

Und deshalb trinkt sie kurz drauf den zweiten Absinth ihres Lebens.

Und da Absinth bei allen (außer bei Charlotte) für seine Zunge lösende Wirkung bekannt ist, erfährt der Barmann alles über Helmut und den Helmut-Job, der immer noch nicht getan ist.

»Kommen Sie in zwei Tagen wieder her«, flüstert ihr der Barkeeper zu. »Ich glaube, ich habe da jemanden für Sie.«

Charlotte kann absinthgetrübt ihr neuerliches Glück kaum fassen.

Nach unruhigen zwei Tagen des Wartens schleicht sie sich wieder von Zuhause fort und in die Kneipe.

»Da drüben sitzt jemand, mit dem Sie sprechen sollten«, sagt der Barmann.

Und so macht Charlotte Bekanntschaft mit einem Herren im gesetzten Alter.

»Eduard mein Name, gnädige Frau.« Das Äußere charmant, die Umgangsformen gepflegt. Ja, der Mann kann Charlotte durchaus gefallen.

Eduard entschuldigt sich zunächst einmal, quasi im Namen der gesamten Zunft, für den schäbigen Abgang seines Berufskollegen Meckie.

»Ich habe gehört, was passiert ist. Ein Windbeutel, dieser Kerl. Solchen Halunken sollte man das Handwerk legen.«

Klingt schon irgendwie komisch, findet Charlotte. Zumal aus dem Munde eines Mannes, dessen Metier – so hatte es der Barmann ja angekündigt – durchaus in Helmut-Beseitigungen und ähnlichen Illegalitäten bestehen sollte. Nun ja. Eduard hat bereits weitergeredet und nimmt jetzt mit seinem Charme Charlottes Zweifeln den Raum zu wachsen.

»Verlassen Sie sich auf mich, meine Gnädigste.

Seriosität und die diskrete Erledigung auch der heikelsten Geschäfte sind meine Stärken. Da können Sie jeden fragen.«

Eine Frage wie »Entschuldigen Sie, aber wie ist denn der Eduard so als Killer?« kann sich Charlotte nun allerdings auch nicht so recht vorstellen.

Egal. Das ist sicher nur so eine Redensart unter Auftragskillern.

»Bei mir sind Ihre Sorgen in den besten Händen. Betrachten Sie die Helmut-Problematik als gelöst, Gnä' Frau. 5 000 jetzt, 5 000, wenn die Angelegenheit erledigt ist. Sie haben das Geld nicht zufällig bei sich?«

Tatsächlich hat Charlotte genügend Geld bei sich, um Eduards Vorschuss direkt zu entrichten. Sogar mehr als das. Wie konnte Sie ahnen, dass ein echter Killer wie Eduard sogar billiger sein würde als dieser Halsabschneider von Meckie.

»Verbindlichsten Dank, edle Dame. Darf ich Sie vielleicht zu einem Drink einladen? Ich hörte, Sie bevorzugen Absinth?«

Charlotte lehnt dankend ab.

»Wie schade, wie schade. Der Abend ist doch noch so jung. Gegen einen gewissen zusätzlichen Obolus könnten Sie auch den ganzen Abend und diese herrliche Nacht über mich verfügen.«

Das geht Charlotte nun doch ein bisschen zu

weit. Einen Killer anheuern ist das eine, aber einen Gigolo zu bezahlen, das kommt für eine ehrbare Frau wie Charlotte natürlich nicht in Frage. Wenn Helmut erst einmal nicht mehr ist, würde sie sich schon wieder ans schöne Leben herantrauen. Das schon. Aber erst dann. Und jetzt konnte es ja nun nicht mehr lange dauern.

Nur, dass der schöne Eduard keinen Augenblick daran denkt, für Charlottes Geld auch nur einen Finger krumm zu machen – schon gar nicht am Abzug eines Revolvers.

»Auf in die Sonne!«, ruft er dem Barkeeper zu und freut sich über das Geld, das ihm jetzt endlich das Ticket nach Ibiza ermöglicht. Das miese Paderborner Wetter hatte er schon länger satt und die älteren, alleinstehenden Touristinnen in Spanien sollen ja recht spendabel sein.

»Gut eingefädelt, Jimmy«, lobt er den Barmann und reicht ihm dessen Anteil über die Theke.

»Aber was machst du, wenn die Alte wiederkommt?«

»Mit der komm ich schon klar, keine Bange.«

Zwei Wochen dauert es, bis Charlotte realisiert, dass der schöne Eduard sie reingelegt hat. In der Kneipe, in der sie nach ihm sucht, macht ihr der

Barkeeper unmissverständlich klar, dass sie sich nie mehr dort blicken lassen sollte.

»Was wollen Sie hier? Ich kenne Sie nicht. Und wenn Sie jetzt nicht verschwinden, werde ich ungemütlich. Da ist die Tür!«

Einsam und enttäuscht steht Charlotte im kalten Novemberwind. Was gibt es doch für schlechte Menschen, denkt sie.

Wieso, fragt sie sich, ist es so schwierig, echte, verlässliche Killer zu finden. Natürlich, die Antwort liegt auf der Hand: Es muss an Paderborn liegen. Klar, zu klein, zu provinziell, zu katholisch – ehrliche Verbrecher findet man hier eben nicht.

Und so erweitert sie ihre Suche nach einem Geschäftspartner auf die, in diesem Sinne wohl vielversprechende, Verbrecherszene in der Großstadt Bielefeld. Hier, so erfährt sie schnell, sind die Preise etwas höher als auf dem Land. Dafür macht Antony aber einen wesentlich entschlosseneren und gefährlicheren Eindruck als die Möchtegern-Killer aus dem Paderborner Land.

Sie hat Antony in einer Kneipe in der Nähe des Bielefelder Kesselbrinks kennengelernt. Sie hat ja jetzt schon Übung, was Auftritte in zwielichtigen Spelunken anbelangt, und da ist der Kontakt schnell hergestellt.

Sie glaubt auch, mittlerweile einen besseren Blick bekommen zu haben, für echte Profis. Schließlich hat sie ja mit falschen schon hinlänglich Erfahrung gemacht. Auch die Wahl der Lokalitäten scheint ihr mittlerweile besser zu gelingen. Bei ihrem ersten nächtlichen Ausflug nach Bielefeld versucht sie es in Kneipen mit vielversprechenden Namen wie »Rolandseck« oder »Bei Babsi in der Zündkerze«. Da sind aber nur Möchtegern-Ganoven unterwegs.

Aber hier, im »Vierspänner«, sitzen die, die sie braucht. Verbrecher mit Charakter. Und so einer ist Antony ganz sicher.

»Gib mir die Adresse, Puppe. Ich mach's mit dem Messer.« Ja, das ist doch mal eine Ansage. Die Anzahlung ist happig, aber das seien die in Bielefeld üblichen Preise, versichert ihr Antony.

Vier Tage später kommt Helmut von der Arbeit nicht nach Hause. Schon über eine Stunde ist er überfällig. Nervös läuft Charlotte in der Küche auf und ab. Ja. Ja. Es ist passiert. Ihr Herzschlag dröhnt ihr in den Ohren.

Es klingelt. Das muss die Polizei sein, um ihr die traurige Nachricht zu überbringen. Ja. Ja. Charlotte atmet tief durch, ringt um Fassung für den jetzt folgenden theatralischen Auftritt und öffnet die Tür.

»Wo ist bloß mein dämlicher Schlüssel?«, nuschelt Helmut arg schwankend vor sich hin. Er hatte mal außer Haus gesoffen.

»Hol mir noch 'nen Bier«, befiehlt er seiner völlig niedergeschlagenen Frau.

In dieser Nacht ist Helmut viel zu betrunken, um auf seine Frau einzuprügeln und deshalb hat Charlotte Zeit und Ruhe, um darüber nachzudenken, warum immer alles schiefläuft. Eine Antwort findet sie in dieser Nacht nicht. Und leider auch nicht die Einsicht, diese irrwitzige Killer-Suche endlich sein zu lassen.

Stattdessen folgt auf den vom Erdboden verschluckten Antony ein Mann, der sich Viktor nennt. Wieder geht viel Geld als Anzahlung über den Kneipentisch und wieder ist die Ankündigung großspurig.

»Mann ist weg in zwei Tage! Nazdorovje!«

Wie bitter der Moment, als Charlotte sich irgendwann eingestehen muss: Auch Killer Nummer vier hat sie ausgenommen wie die sprichwörtliche Weihnachtsgans.

»Ganz recht, eine dumme Gans bist du!« Charlotte steht vor dem Spiegel in ihrem Schlafzimmer und schreit ihr Spiegelbild an. Sie hat lange geweint. Jetzt ist sie ganz klar: »Du dumme

Gans. Und immer wieder die gleiche Nummer. Wie kann man immer wieder auf die gleiche Nummer reinfallen?«

Darauf hat das Spiegelbild keine Antwort.

Charlotte lässt sich aufs Bett fallen und zieht Bilanz. Insgesamt hat sie 45 000 Mark in die professionelle Entsorgung von Helmut investiert. In Meckie, in den schönen Eduard, in Antony und Viktor.

So etwas darf man dann wohl mit Fug und Recht als Fehlinvestition bezeichnen.

Die Staatsanwaltschaft hat dafür allerdings ein anderes Wort. In der Anklageschrift findet sich Charlottes Ausflug in die Killerszene später als Anstiftung zum Mord in vier Fällen wieder.

Was Charlotte Griem und Ludmilla Kara bis zu diesem Zeitpunkt getrieben haben, um Helmut Griem zu beseitigen, füllt in der besagten Anklageschrift bereits über 300 Seiten. Schließlich muss jedes einzelne Delikt rechtlich gewürdigt werden. Für die Voodoo-Hexerei findet sich im Strafgesetzbuch zwar kein entsprechender Paragraph, für den Giftcocktail und die wiederholten Bemühungen, einen Killer anzuheuern, allerdings schon.

Hätten die beiden Frauen jetzt aufgehört, hätten sie den Irrsinn beendet, sie wären vor Gericht wahrscheinlich einigermaßen glimpflich davongekommen.

Aber Charlotte Griem und Ludmilla Kara denken gar nicht daran aufzuhören. Im Gegenteil.

Charlotte hat sich nach den Rückschlägen mit den Möchtegern-Killern sofort wieder an die Wahrsagerin gewandt.

Ihre Verzweiflung ist größer denn je. So weit ist sie jetzt schon gegangen – jetzt will sie den Weg auch zu Ende gehen. Und Madame Kara, immer noch in der Hoffnung, an das große Geld zu kommen, wenn Helmut erst einmal aus dem Weg ist, bestätigt sie in ihrem Willen. Und deshalb planen sie den nächsten Schritt, den endgültigen Schritt. Den Schritt, der nicht schiefgehen kann, weil sie es wieder selber in die Hände nehmen werden. Und sie haben gelernt, dass man nicht zimperlich sein darf. Ein Reinfall wie der mit dem selbstgebrauten Giftcocktail darf nicht noch einmal vorkommen. Die nächste Attacke muss radikaler sein.

Und so planen sie ihn minutiös – den letzten großen Angriff auf Helmuts Leben.

»Wir schießen ihn tot!«

»Wie schießen wir ihn tot?«

»Mit einer Pistole!«

»Mit was für einer Pistole?«

»Mit dieser hier!«

Die Waffe, die Madame Kara auf den Tisch legt, auf dem Kristallkugel und Voodoo-Verbrennung so schmachvoll versagt haben, ist eine Pistole, Kaliber 6,35 Browning.

Es ist ein sogenannter Taschenrevolver, ein echtes Schmuckstück. Eine eher kleine Waffe, aber hocheffizient. Zur Zeit des zweiten Weltkriegs war die 6,35 eine sehr beliebte Offizierswaffe. Aber nicht nur das: bis in die 1970er Jahre war sie bei der deutschen Polizei im Einsatz, als Dienstwaffe der weiblichen Kriminalbeamten.

»Wo haben Sie die her, Madame Kara?«, fragt Charlotte, als sie die Pistole vorsichtig vom Tisch nimmt und in ihrer Hand hält.

»Ein Kunde, besorgt um meine Sicherheit, hat sie mir einmal vermacht. Ich habe sie aufbewahrt und jetzt wird sie uns gute Dienste leisten.

»Ich kann das nicht«, sagt Charlotte unter Tränen.

»Aber ich«, erwidert Madame Kara.

Und dann schmieden sie den Plan. Den todsicheren Plan.

Es geschieht an einem Donnerstag.

Helmut sitzt wie jeden Abend am Küchentisch, vor sich sein Bier, vertieft in die Fußballberichterstattung der Lokalzeitung. Charlotte sitzt ihm gegenüber, beobachtet ihn und sorgt dafür, dass er sich nicht vom Tisch wegbewegt. Und für noch etwas hat sie gesorgt: dass die Haustür an diesem Abend offen steht.

Ludmilla Kara schleicht sich in die Wohnung. Ohne ein Geräusch zu machen, nähert sie sich von hinten dem ahnungslosen Helmut. Die Pistole griffbereit in ihrer Manteltasche.

Aufgeregt schnattert Charlotte irgendeinen Unfug, der ihr gerade in ihren verwirrten Kopf kommt. Hauptsache, Helmut ablenken, damit er nicht hört und mitbekommt, was da für ein Ungemach auf ihn zukommt.

Helmut denkt noch, was für eine dummschwätzende Frau er hat. Es ist das Letzte, was er an diesem Abend denken kann.

Madame Kara hat die Pistole jetzt in der Hand. Einen Schritt ist sie noch von Helmut entfernt. Sie bleibt stehen und zielt mit erstaunlich ruhiger Hand auf Helmuts riesigen Stiernacken. Ein nicht zu verfehlendes Ziel. Sie drückt ab. Die Kugel dringt von hinten tief in Helmuts Hals ein.

Helmut bricht zusammen, sein Kopf knallt vornüber auf den Küchentisch. Totenstille. Mit einem stummen Nicken in Richtung Charlotte verlässt die Wahrsagerin die Wohnung. Immer noch Totenstille.

Langsam steht Charlotte vom Küchentisch auf. Jetzt ist sie dran: Sie muss die Polizei anrufen und aufgeregt erzählen, dass ein Einbrecher in die Wohnung eingedrungen ist und ihren geliebten Ehemann zur Strecke gebracht hat. Sie hat diese Geschichte geübt, auch die Trauer und Fassungslosigkeit geprobt, die sie vorspielen soll.

Immer ein Auge auf die massige, unbewegliche Gestalt am Küchentisch gerichtet, macht sie sich auf den Weg Richtung Flur. An der Tür bleibt sie stehen, ist fasziniert von dem Anblick des Blutes, das in einem kleinen Rinnsal von Helmuts Genick hinunter auf sein Hemd tropft. Was für ein hässliches Hemd, denkt sie noch, bevor sie einen spitzen, gellenden Schrei ausstößt.

Ein zuerst kaum hörbares, dann aber immer deutlicher werdendes Stöhnen dringt vom Küchentisch zu ihr herüber. Helmuts Arme bewegen sich. Zunächst der rechte, dann der linke. Und dann drückt Helmut langsam seinen massigen Oberkörper vom Tisch hoch. Er taumelt ein wenig, hält sich aber aufrecht und fasst schließlich mit seiner linken Hand ins Genick.

»Was zum Teufel war das denn? Was ist passiert?« Mit schmerzverzerrtem Gesicht zieht er seine linke Hand zurück und schaut sie sich einen Moment lang benommen an.

Die klebrige Flüssigkeit, die er sich aus dem Genick gewischt hat, ist zweifelsfrei Blut.

Charlotte steht vor ihm. Sie hat aufgehört zu schreien, ihr Entsetzen aber ist geblieben und wird von Sekunde zu Sekunde größer. Und trotzdem funktioniert ihr Gehirn in diesem Moment einwandfrei. Und das signalisiert ihr: Erzähl jetzt einfach die Geschichte, die du der Polizei erzählen wolltest. Nur lass besser die Sache mit der Pistole weg. Komm schon, das hast du geübt, also los jetzt!

Und Charlotte erzählt: »Da war plötzlich ein Mann in der Küche. Plötzlich da, mitten im Türrahmen. Mit einem Tuch vorm Mund und in der Hand einen riesigen Knüppel. Ich hab geschrien und er hat dir sofort von hinten einen über den Kopf gegeben. Ich hab immer weitergeschrien und da ist er weggelaufen. Der wollte wahrscheinlich meinen Schmuck. So ein Schuft.«

Benommen steht Helmut auf. Der 100-Kilo-Koloss wankt, schüttelt mit schmerzverzerrtem Gesicht den Kopf und muss sich mit einer Hand gut an der Spüle festhalten, um sich mit der anderen das Blut aus seinem Nacken zu waschen.

»Das ist doch Scheiße«, brummt er und nimmt einen großen Schluck Bier.

»Du musst morgen unbedingt die Polizei anrufen. Kann doch nicht jeder hier reinspazieren und mir einen auf den Detz geben.«

»Natürlich, mach ich. Jetzt leg dich hin und ruh dich aus.«

Helmut brummt irgendetwas Unverständliches, trinkt das Bier in einem Zug leer und geht ins Bett.

Charlotte ist fassungslos, dass sich Helmut nicht mal von einem Schuss ins Genick unterkriegen lässt. Was ist das für ein Mensch, den nichts auf der Welt umbringen kann? Das muss doch der Teufel persönlich sein.

Glücklicherweise ist dieser Teufel aber so dumm und arglos, dass er ihr wenigstens die Nummer mit dem Einbrecher abnimmt. Ein schwacher Trost.

Helmut schläft in dieser Nacht tief und fest. Am nächsten Morgen aber klagt er über arge Kopfschmerzen.

Charlotte meint, das würde schon irgendwie wieder vorbeigehen, aber Helmut entscheidet sich für einen Besuch beim Arzt.

Charlotte ist sich sicher, dass jetzt alles auffliegen wird. Sie wählt die ihr so vertraut gewordene Nummer. »Sie glauben's nicht. Sie glauben's nicht. Er lebt!«, schreit sie fast in den Hörer.

»Wer lebt?« Madame Karas Stimme klingt gereizt.

»Na Helmut!«

»Blödsinn, ich hab ihn doch selber erschossen.«

»Er lebt, er lebt. Und jetzt ist er beim Arzt. Alles kommt raus.«

Dann ein Klicken in der Leitung. Madame Kara hat aufgelegt. Charlotte packt dann ein kleines Köfferchen mit dem Nötigsten. Was man so braucht, wenn die Polizei einen holt und ins Gefängnis steckt. Und so sitzt sie fast eine Stunde lang am Küchentisch. Ein kleines Häufchen Elend, das schluchzend auf seine Strafe wartet.

Doch nicht die Polizei kommt, sondern Helmut. Zurück vom Arzt. Der hat die Wunde, die die Patrone in Helmuts Nacken hinterlassen hat, gesäubert und mit einem Pflaster versehen.

Groß sei sie ja nicht, hatte der Arzt gesagt. Das könne schon mal vorkommen, wenn man von einem Stock oder Knüppel getroffen worden sei.

Der Arzt schreibt ihn nicht einmal krank. Das würde schon wieder. Gegen den Kopfschmerz empfiehlt er Aspirin – dreimal täglich.

Charlotte empfängt ihn zu Hause und versteht die Welt nicht mehr.

Wenn Helmut drei Tage später nochmal zum Arzt geht, hat das schon etwas zu bedeuten. Die

Kopfschmerzen wollen und wollen einfach nicht verschwinden. Die Dosis Aspirin hat er schon erhöht, auch die abendliche Ration Bier – allein: Geholfen hat es nicht. Der Arzt untersucht und säubert nochmals die Wunde. »Alles ganz gut verheilt so weit. Prima. Sie werden sehen.«

Der Arzt versucht es mit aufmunternden Worten, wo es ihm offensichtlich an Sachkenntnis fehlt.

»In ein paar Tagen sind auch die Kopfschmerzen weg. Sie stecken das schon weg. Sie sind doch ein kräftiger Kerl.«

Der kräftige Kerl brummt und geht heim. Und kommt zwei Tage später wieder.

»Machen Sie was, Doktor. Die Schmerzen werden mehr statt weniger. Der Kopf brummt, vor allem aber habe ich auch überall im Gesicht Schmerzen. Und der Mund brennt ganz fürchterlich. Und meine Zunge ist taub und schwer.«

Das Stichwort Mund gibt dem über die Maßen inkompetenten Arzt schließlich die Inspiration, die es braucht, um die wahre Ursache für Helmuts Schmerzen zu finden.

»Dann machen Sie mal den Mund weit auf«, fordert der Arzt.

»Aah!«, macht Helmut.

»Ooh!«, macht der Arzt.

Etwas in Helmuts mittlerweile dick angeschwollener Zunge hat seine Aufmerksamkeit erregt.

Der Mediziner nimmt eine kleine Zange und greift beherzt zu. Helmut stöhnt zweimal kurz auf. Das erste Mal, als der Doktor etwas aus seiner Zunge herauszieht. Das zweite Mal, als der Doktor ihm das Fundstück zeigt: eine Patrone, Kaliber 6,35 Browning.

Helmut starrt sekundenlang auf das kleine blutige Ding, das der Arzt mit seiner Pinzette hochhält.

»Wie kann? Wer hat? Wieso? Hä?« Helmut kann keinen Satz zu Ende bringen. Er ist, wie man im Westfälischen so schön sagt, verdattert.

Der Arzt legt die Patrone in eine kleine Schale.

»Das kann ich Ihnen natürlich auch nicht erklären, Herr Griem. Aber wir rufen jetzt besser mal die Polizei an.«

Denn die Frage, wie eine Pistolenkugel in die Zunge eines Menschen kommen kann und warum, klärt glücklicherweise weder der schwerfällige Helmut noch der schludrige Doktor. Wenn Schussverletzungen entdeckt werden, nimmt sich automatisch die Kriminalpolizei der Sache an.

Zwei Polizeibeamte holen Helmut deshalb aus der Praxis des Arztes ab und fahren ihn direkt ins Polizeipräsidium. Ein Gerichtsmediziner wird zu Rate gezogen, der eine solche Untersuchung, zumal an einem lebenden Patienten, auch noch nicht so häufig gemacht haben dürfte.

Nach eingehender Betrachtung von Helmuts Zunge, seinem Rachen und seinem Genick wendet er sich an die beiden wartenden Kriminalbeamten – mit einem Lächeln auf dem Gesicht: »Das Projektil Kaliber 6,35 ist rechts neben der Halswirbelsäule in den Nacken des Opfers eingedrungen. Die Nackenmuskulatur des Opfers ist allerdings sehr ausgeprägt. Zwar hatte die Patrone noch genug Kraft, um den Gaumen zu durchschlagen. Danach aber verlor sie bedeutend an Schwung, so dass sie in der Zunge steckenbleiben konnte.«

Bei der Beantwortung der Frage, wieso so etwas weder Opfer noch behandelndem Arzt aufgefallen sei, wird das Lächeln auf dem Gesicht des Gerichtsmediziners noch etwas breiter. Er hält ein Beutelchen mit dem corpus delicti in die Höhe.

»Ein Projektil des Kalibers 6,35 ist 2,2 Zentimeter lang und etwas mehr als 3 Gramm schwer. Kein Riesending also. Die Einschusswunde war tatsächlich nicht sehr groß. Trotzdem kann ich nicht sagen, dass der behandelnde Arzt ein herausragender Vertreter unserer Zunft ist. Eigentlich hätte er es erkennen müssen.«

Die Polizisten schütteln ungläubig den Kopf.

»Und das Opfer? Ich meine, ich merke doch, wenn mir jemand von hinten ins Genick schießt!«

»Na ja – und wenn man so kräftig gebaut ist wie Herr Griem, dann kann man den Einschuss schon als Schlag empfinden. Wie man allerdings über eine Woche mit einer Patrone in der Zunge herumlaufen kann, ist mir auch ein Rätsel. Ich tippe auf viel Aspirin und noch mehr Bier. Davon wird die Zunge ja ohnehin schwer, nicht wahr?«

»Wir sollten mal mit der Frau des Opfers sprechen. Herr Griem hat uns erzählt, seine Frau hätte von einem Einbrecher gesprochen. Der sei allerdings mit einem Knüppel auf ihn losgegangen – von einer Waffe war bei ihr nie die Rede.«

Schon beim ersten Gespräch der Beamten mit Charlotte Griem bricht diese unter Tränen zusammen. Und sie erzählt. Und erzählt. Wie sie unter Helmut gelitten hat. Dass sie Hilfe gesucht und in Madame Kara gefunden habe. Was sie alles schon versucht haben. Dass aber irgendwie nichts geholfen hätte. Und dass dann alles schiefgegangen wäre. Und dann nimmt sie ihr Köfferchen, das sie ein paar Tage zuvor ja bereits gepackt hatte, und folgt den sprachlosen Beamten ins Polizeipräsidium.

Madame Kara ist zunächst ein härterer Brocken. Ja, ihre Zauberkraft habe sie wohl in den Dienst ihrer bemitleidenswerten Kundin gestellt, aber selbst Hand angelegt am Giftcocktail oder gar an der Pistole? Nein, auf keinen Fall. Und Voodoo alleine sei ja nun mal nicht strafbar.

»Voodoo nicht, aber versuchter Mord«, entgegnen die Beamten.

Denn die Kollegen von der Spurensicherung, obwohl nicht mit hellseherischen Fähigkeiten gesegnet, haben längst die Browning gefunden – in einer Schublade in Madame Karas Wohnung. Direkt daneben eine mittelgroße Kristallkugel und den verschmort riechenden Klumpen von dem, was einmal Hemd, Haar und Foto vom offenbar unbesiegbaren Helmut Griem aus Paderborn war.

Das Landgericht Bielefeld verurteilte Charlotte Griem und Ludmilla Kara am 23. Februar 1996 wegen versuchtem Mord und Anstiftung zum Mord in vier Fällen zu jeweils sechs Jahren Haft.

Strafmildernd wirkte sich laut Urteilsbegründung die unterdurchschnittliche Intelligenz der beiden Angeklagten aus.

Besonders aber ihr unglaublicher Dilettantismus.

Oliver Köhler

Die Tiefkühlleiche

Schon morgen muss er das Urteil verkünden. Sein Urteil.

War es wirklich Mord? Er war sich einfach nicht sicher. Es drohte ein Desaster.

Der Verteidiger hatte bereits angekündigt, das Urteil anzufechten.

Noch bevor es überhaupt gesprochen war.

Er werde vor den Bundesgerichtshof ziehen, wenn es nicht so ausfalle, wie er es sich vorstellt.

Sascha Klein ließ sich natürlich nicht drohen. Aber ein wenig nervös war er schon.

Sascha Klein ist Richter am Landgericht Bielefeld. Er ist Vorsitzender der 3. großen Strafkammer. Ein absolut erfahrener Mann. 54 Jahre alt, verheiratet. Seit mehr als 25 Jahren Jurist.

Warum also die Nervosität?

Nun, es ging nicht nur um ihn und seine Karriere, diesmal ging es um das Ansehen der Bielefelder Justiz insgesamt. Sollte Kleins Urteil wie vom Verteidiger angedroht vom BGH überprüft und tatsächlich aufgehoben werden, wäre es schon die zweite »Pleite« in diesem spektakulären Fall. Auch wenn er mit der ersten Pleite nichts zu tun hatte, es wäre äußerst peinlich. Die Medien würden es sicher genüsslich auskosten. Zumindest da war sich Sascha Klein sicher.

Zeitungen, Radio und Fernsehen hatten sich schon länger auf das Landgericht eingeschossen. Es schien, als würden die Journalisten regelrecht auf weitere Fehler warten, nachdem kürzlich ein Mörder fast auf freien Fuß gekommen wäre. Das Landgericht Bielefeld hatte eine wichtige Frist verschlafen. Der Angeklagte saß bereits seit einem halben Jahr in U-Haft. Eigentlich muss in diesen sechs Monaten der Prozess beginnen. Andernfalls folgt die Haftentlassung.

Dass es anders kam, kann man wohl nur als Glück bezeichnen.

Das Oberlandesgericht Hamm ordnete nach langer Prüfung ausnahmsweise die Fortdauer der U-Haft in diesem Fall an. Mit der Auflage, dass der Prozess jetzt zügig beginnen müsse.

Spätestens seitdem stand das Landgericht Bielefeld also unter Beobachtung.

Noch einen gravierenden Fehler dürfe man sich einfach nicht erlauben, hatte der Präsident des Landgerichts neulich bei der montäglichen Kaffeerunde allen Richtern zu verstehen gegeben. Sascha Klein hatte verstanden. Aber er tat sich schwer.

Welches Urteil sollte er fällen?

Die Faktenlage war nicht eindeutig. Es gab belastende Indizien, ja. Aber wirkliche Beweise fehlten. Und dann war da noch die persönliche Komponente in diesem Prozess.

Nein, es ging nicht um den Angeklagten. Sascha Klein »mochte« dessen Verteidiger einfach nicht. Na ja, ehrlich gesagt konnte er ihm nicht aufs Fell gucken. Diesem »Staranwalt« von Bielefeld.

Die Abneigung beruhte aber wahrscheinlich auf Gegenseitigkeit.

Klein konnte sich gar nicht mehr richtig erinnern, wann er dieses Gefühl zum ersten Mal hatte. Auch den konkreten Anlass hatte er nicht mehr richtig auf dem Schirm. Aber wahrscheinlich hatte es mit der, aus Kleins Sicht, übermäßigen Fernsehpräsenz dieses Typen zu tun. Der Mann ließ einfach keine Gelegenheit aus, sich vor den Kameras darzustellen und sich in Interviews allwissend zu geben.

Klein wünschte sich von Juristen mehr Zurückhaltung. Das hatte er dem Rechtsanwalt vor etlichen Jahren auch mal gesagt. Wohl zu deutlich. Irgendwie war ihr Verhältnis fortan angespannt.

In letzter Zeit trieben es die beiden Kontrahenten mehr und mehr auf die Spitze. Im Gerichtssaal kam es immer öfter zu heftigen verbalen Auseinandersetzungen. Auch im aktuellen Fall.

Es ging um Schleuser, Nutten, Sex, Eifersucht. Und natürlich um viel Geld.

Ja, es ging sogar auch um Liebe und den Traum von einem besseren Leben.

Schon einmal war ein Urteil gesprochen worden. Die 1. große Strafkammer hatte den Täter wegen Mordes zu einer lebenslangen Haftstrafe verurteilt.

Für den besagten »Staranwalt« war es ein falsches Urteil. Daraus machte er bei seinen zahlreichen Fernsehauftritten auch keinen Hehl. Der BGH stimmte ihm zu, nachdem er in Revision gegangen war, und hob das erste Urteil auf.

Ein Mord sei nicht erwiesen, befanden die Bundesrichter. Der Fall müsse noch einmal verhandelt werden, natürlich mit anderen Richtern. Und so landete der Fall bei der 3. großen Strafkammer. Unter dem Vorsitz von Sascha Klein.

Zig Mörder und Totschläger hatte Klein in seinem Berufsleben schon ins Gefängnis gesteckt. Etliche Male auch »lebenslang« verhängt. In einigen Fällen sogar die »besondere Schwere der Schuld« festgestellt und sich für die Sicherungsverwahrung im Anschluss an die Haft ausgesprochen. Die Morde waren so grausam, dass diese Täter nie wieder auf freien Fuß kommen sollten.

Um die Frage der Schuld und um Grausamkeit ging es auch diesmal. Genauer gesagt um Rotlicht und Menschenschleuser.

»Denkt denn niemand an das Opfer und dessen Angehörige?«, murmelte Sascha Klein, als er die Zeitungsausschnitte auf seinem Schreibtisch betrachtete. Er fand den Begriff herabwürdigend, makaber, ja abstoßend! »Tiefkühlleiche – das klingt als könnte es auf einem Einkaufszettel stehen.« Klein schüttelte den Kopf. »Hier geht es um ein brutales Verbrechen!«, sagte er zu sich selbst. Sascha Klein saß allein in seinem Büro auf der achten Ebene des Bielefelder Justizzentrums. Er ging noch einmal alles durch. Die Hauptakte lag vor ihm. Eine junge Prostituierte war umgebracht worden. Beim Sex.

Ihre Leiche fand man später in einer Gefriertruhe. Die Presse hatte natürlich ausführlich über die Geschichte berichtet und auch nicht an Details gespart. Selbst wenn sie noch so abstoßend waren.

Klein schob die Artikel beiseite. Er mochte das nicht lesen, blätterte lieber in den Vernehmungsprotokollen: »Uns war die Gefriertruhe erst gar nicht aufgefallen. Da standen so alte Ölfässer davor«, hatte Oberkommissar Stüwer von der Kreispolizei Gütersloh ausgesagt. Stüwer sollte mit seinem Kollegen Huber eine Garage in Werther durchsuchen. Die Beamten ermittelten gegen einen Ring von Menschenschleusern. Sie hatten den Tipp bekommen, dass in der Garage gefälschte Ausweispapiere für die Frauen hergestellt und gelagert würden. Zudem habe sich der Angeklagte dort wohl öfter aufgehalten. Doch Stüwer und Huber fanden bei ihrer Durchsuchung zunächst nichts. Zumindest keine Ausweise.

Stüwer nahm sich schließlich die Gefriertruhe vor. »Ich fand das komisch. Eine eingeschaltete Tiefkühltruhe in einer Garage«, hatte er ausgesagt. »Man muss sich das so vorstellen: Das war ein Hof mit etwa 20 Garagen, die man mieten konnte. Ich meine, wer stellt da statt eines Autos eine Tiefkühltruhe rein, um Pizza und Koteletts einzufrieren?« Neugierig klappte er den Deckel der Truhe hoch. Dann die Überraschung, mit der niemand rechnen konnte. »Ein blauer Koffer. Tiefgefroren«, sagte der Oberkommissar.

»Den habe ich alleine gar nicht rausgekriegt, so schwer war der.«

Huber habe mit angepackt. »Wir stellten den Koffer vor die Truhe. Ich machte den Reißverschluss auf. Allerdings nur einen Spalt, da schauten mich auch gleich zwei Augen an.«

Sascha Klein las nicht weiter. Er konnte sich die Situation vorstellen.

»Wie eiskalt muss man sein, um einen Menschen so zu ›entsorgen‹?«, fragte sich der Richter.

Der Angeklagte hatte im Prozess darauf keine Antwort gegeben.

Mord, Totschlag oder doch ein Unfall?

Für den Angeklagten die entscheidende Frage.

Von der Antwort hing ab, ob er und wenn ja, wie lange er einfährt.

Waren hier Mordmerkmale erfüllt? In Paragraph 211 des Strafgesetzbuches sind sie genau aufgeführt. Richter Klein ging die Liste im Kopf durch: Grausamkeit.

Die junge Frau war mit Kabelbindern erdrosselt, ihre Leiche in Folie gewickelt, dann in einen Reisekoffer gezwängt und anschließend in eine Gefriertruhe gestopft worden. Ja, das ist grausam. Jeder Laie würde wohl sofort zustimmen. Aber traf das auch im juristischen Sinn zu?

Was war mit Mordlust? Klein dachte nach. Vielleicht ging es dem Angeklagten ja darum die Frau zu töten, um dadurch, wie es im 211er steht, seinen Geschlechtstrieb zu befriedigen.

Richtig, die junge Frau starb beim Sex. Das hatte der Angeklagte zugegeben. Aber hatte er es auch so beabsichtigt? Er behauptete, es sei ein Unfall gewesen. Sie habe immer die härtere Methode bevorzugt und von ihm verlangt, nicht so zimperlich zu sein. Würgespiele hätten sie angeturnt. Klein fand es widerlich. Aber seine Vorlieben spielten ja keine Rolle.

Dem Angeklagten war die Behauptung nicht zu widerlegen.

Ein mögliches Indiz für einen Mord gab es dennoch. Die gesamten Ersparnisse der Prostituierten waren weg. Zeugen sprachen von fast 80 000 Euro. Das wäre ein starkes Motiv für einen heimtückisch geplanten Mord.

»Glaubst du an einen Zufall?«

Sascha Klein zuckte zusammen, erkannte die weibliche Stimme aber sofort.

»Entschuldige Sascha, ich wollte dich nicht erschrecken …«

In der Tür stand Evelyn Weber. Sascha Kleins Richterkollegin.

»Schon gut, Evelyn. Komm rein. Ich war nur gerade ganz in Gedanken.«

Klein forderte seine Kollegin mit einer Geste auf, sich zu setzen.

»Über welchen Zufall sprichst du?«

»Also, es geht um unseren Fall. Ich wollte noch einmal mit dir darüber sprechen. Mir geht da nämlich eine Sache nicht aus dem Kopf.«

»Um was geht es?«, fragte Klein.

»Die Umstände mit der Gefriertruhe. Genauer gesagt geht es mir um den Liefertermin …«

»Das musst du mir erklären …«

»Nun, am 12. Februar bestellt der Angeklagte die Truhe, geliefert wird sie zwei Tage später. Das sieht man ja auf der Rechnung …«

»Ja, schon unglaublich, was die Leute so aufbewahren«, unterbrach Klein, »aber worauf willst du hinaus?«

»Nun, die Frau verschwindet am 19. Februar. Wenn das mal nicht nach einem Plan aussieht. Für mich tut es das. Oder glaubst du da an einen Zufall?«

»Nicht wirklich, wenn ich genauer drüber nachdenke.«

»Nehmen wir mal an, er hat vor, die Frau zu töten«, fuhr Evelyn Weber fort, »wohin dann mit der Leiche? Er hat wenig Möglichkeiten, schließlich ist er Freigänger. Er darf zwar tagsüber raus aus dem Knast, muss sich aber pünktlich auf seiner Arbeitsstelle und nach Feierabend pünktlich in der JVA blicken lassen. Seine Zeitfenster vor und nach der Schicht sind also begrenzt. Da hat er kaum Gelegenheit eine Leiche irgendwo hinzuschaffen, um sie dann beispielsweise zu vergraben. Und das auch noch am helllichten Tag. Also kommt ihm die Idee mit der Gefriertruhe.«

»Da könnte was dran sein«, stimmte Klein seiner Kollegin zu, »er plant sie umzubringen, braucht aber unbedingt eine Gefriertruhe, weil er die Leiche nicht einfach im Bett liegen lassen kann. Spätestens nach drei Tagen hätte man das gerochen ...«

»Ekelig, wenn ich mir das so vorstelle«, sagte Evelyn Weber. »Aber mal im Ernst: Er bekommt die Gefriertruhe in den Puff seines Bruders geliefert, schließt sie erst einmal im Keller an und als sie nach zwei Tagen auf Hochtouren läuft, setzt er seinen Plan um und tötet die Frau. Später versteckt er die Truhe samt Leiche auch noch in einer Garage.«

»Aber reicht das aus, um ihn wegen Mordes zu verurteilen?«, fragte Klein. »Das ist mir dann doch zu vage. Was, wenn es doch eine zufällige Zeitabfolge war?«

»Ich liebe dich!«

»Ich dich auch!« Krystyna hielt Viktors Hand fest gedrückt.

»Versprich mir, dass du mich mitnimmst«, sagte die 17-Jährige. »Ich halte es hier nicht mehr aus. Ich will weg!«

»Das ist nicht so einfach«, antwortete Viktor. »Du brauchst Papiere. Gute Papiere.«

Krystyna verstand, was er meinte. Wenn sie aus der Ukraine nach Deutschland wollte, konnte sie zwar ein Visum beantragen, aber das war keine Dauerlösung. Sie wollte für immer bei ihm bleiben. Er hatte ihr so viel erzählt. Von seinem eigenen Haus mit dem großen Garten in Oerlinghausen. Das kleine Städtchen ganz in der Nähe von Bielefeld. Dort, wo es die Universität gibt.

Da würde sie studieren können. Es wäre endlich ein besseres Leben. Davon träumte sie.

Krystyna Iwanow hatte Viktor Kasakow vor einiger Zeit in ihrer Heimatstadt Luhansk in der Ostukraine kennengelernt. Er würde sie hier rausholen. Das hatte er versprochen.

Er liebte sie, hatte er gesagt. Und sie glaubte, das auch zu spüren.

Viktor war zwar mehr als doppelt so alt, aber das störte sie nicht.

Sie hoffte, dass er ihr Schlüssel für eine bessere Zukunft war.

Gutaussehend und durchtrainiert, trotz seines Alters. Er trug sie auf Händen.

»Pryntsesa«, hatte er sie von Anfang an genannt. Eine Prinzessin wollte sie immer sein.

Bei ihm fühlte sie sich geborgen.

Krystyna war gerade 17 geworden und ging noch zur Schule. Sie lebte mit ihrer Mutter zusammen. In einem dieser Hochhäuser am Stadtrand von Luhansk. Im Treppenhaus lag überall Müll, es stank nach Urin. Es war kaum auszuhalten. Krystyna und ihre Mutter hatten eine kleine Wohnung im achten Stock. Der Fahrstuhl funktionierte schon lange nicht mehr. Wie auch die Heizung.

Im Winter zog der eiskalte Wind durchs Wohnzimmer, das gleichzeitig auch Schlafzimmer war. Wärme spendete nur der Holzofen in der Küche. Krystynas Vater war schon lange tot.

Er starb bei einem Unfall. Damals wohnte die Familie noch auf dem Land. Lebte von der Landwirtschaft. Luxus war ein Fremdwort, aber Krystynas Eltern waren zufrieden. Glaubte sie.

Nach dem Tod ihres Vaters war ihre Mutter gezwungen mit ihrer Tochter in die Großstadt zu ziehen. Nur hier gab es überhaupt eine Chance das nötige Geld zum Überleben zu verdienen.

Ein paar Jahre war das jetzt so. Und je älter Krystyna wurde, desto mehr verspürte sie den Drang einfach abzuhauen. Raus aus diesem Elend. Zum Glück war da ja Viktor.

»Krystyna, wo warst du? Ich habe mir Sorgen gemacht!«

»Alles in Ordnung, Mama. Ich war nach der Schule noch bei Svitlana. Wir haben gelernt.«

Krystyna wollte nicht, dass ihre Mutter etwas von Viktor erfuhr.

Ihre Mutter hätte eine Beziehung zu einem älteren Mann nie erlaubt. Also log sie.

»Morgen wollen Svitlana und ich zusammen zu der Agentur ...«

»Ach, Krystyna, ich weiß nicht. Ich mach mir schon ein bisschen Sorgen.«

»Das brauchst du nicht. Das haben schon viele Mädchen gemacht. Und ich würde es auch so gerne«, Krystyna schaute ihre Mutter mit großen Augen an.

Lyudmila Iwanow war die Sache mit der Agentur nicht ganz geheuer. Ihre Tochter lag ihr schon seit einiger Zeit damit in den Ohren. Diese Agentur vermittele Kindermädchen nach Deutschland, hatte Krystyna gesagt. Ein Jahr lang könne sie dann bei einer deutschen Familie leben. Sie müsse sich dann nur um die Kinder kümmern, wenn deren Eltern bei der Arbeit sind. Neben Unterkunft und Verpflegung würde man sogar etwas verdienen. So viel, dass sie bestimmt etwas Geld schicken könne. Und ganz nebenbei würde sie auch noch Deutsch lernen.

Das klang nicht schlecht, musste sich auch Lyudmila Iwanow eingestehen. Aber sie hatte von so was überhaupt keine Ahnung. Deshalb das schlechte Gefühl. Aber sie wollte ihrer Tochter auch nicht die Zukunft verbauen.

»Na gut, dann geh da morgen mal hin und erkundige dich.«

»Danke Mama, du bist die Beste!« Krystyna

fiel ihrer Mutter um den Hals. Gleichzeitig hatte sie ein schlechtes Gewissen. Schon wieder hatte sie gelogen. Die Idee mit der Agentur hatte sie von Viktor. Nur mit einer guten Geschichte würde ihre Mutter sie überhaupt ziehen lassen, hatte er zu Krystyna gesagt. Bestimmt hat er recht!

Viktor Kasakow, Jahrgang 1970, stammt aus der ehemaligen Sowjetunion. Genauer gesagt aus Kasachstan. Dort wuchs er mit seinem zwei Jahre älteren Bruder Grygorij bei seinen Eltern auf.

Schon als Jugendliche hatten sich die Brüder Kasakow in ihrem Heimatdorf einen zweifelhaften Namen gemacht. Wenn es um krumme Geschäfte ging, waren die beiden immer irgendwie beteiligt. Sie waren dabei nicht zimperlich. Meinungsverschiedenheiten wurden auf ihre Art geregelt. Es galt das Faustrecht. Entweder man akzeptierte, was sie wollten, oder ging ihnen besser aus dem Weg. Sonst konnte es schlimm ausgehen. Sie hatten sich ihren Respekt »erarbeitet«. Viktor und Grygorij spezialisierten sich auf Autoschiebereien. Vor allem BMW und Mercedes ließen sich gut und teuer in Osteuropa verkaufen. Die Wagen klauten sie in Deutschland. Oder besser: sie ließen sie klauen. Selbst machten sie sich nicht unbedingt die Finger schmutzig. Das war zu riskant. Ihre Organisation war bandenmäßig aufgestellt. Es gab die sogenannten Späher, die die Aufgabe hatten, hochwertige Modelle ausfindig zu machen. Dann gab es die Elektronikspezialisten. Die konnten einen Wagen in null Komma nichts, ohne sichtbare Spuren zu hinterlassen, öffnen. Und noch viel wichtiger: Für sie war es ein Kinderspiel, elektronische Wegfahrsperren zu knacken. Und dann waren da die einfachen Fahrer. Junge Männer, die für einen Hunderter die Autos über die Grenze brachten.

Viktor und Grygorij achteten beim Zusammenstellen ihrer Teams darauf, dass sich möglichst niemand der Beteiligten untereinander kannte. Falls mal etwas schiefgehen sollte und jemand auf frischer Tat ertappt und festgenommen würde, wäre nicht gleich die gesamte Organisation in Gefahr. Die Brüder waren dick im Geschäft.

»Viktor, was hältst du von meinem Plan?«

»Ich weiß nicht, Bruderherz. Es klingt verlockend. Könnte aber auch riskant werden. Ich habe keine Lust im Knast zu landen …«

»Hab dich nicht so. Du hast doch schon immer gerne mit schönen Frauen ›gearbeitet‹ …« Grygorij lachte. »Von mir aus kannst du dann jede Woche eine Andere haben. Ach, was sag ich? Jeden Tag!«

Grygorij spielte darauf an, dass sein Bruder gerne mal mit der ein oder anderen ins Bett ging. Viktor sagte nie nein. Dass er verheiratet war, interessierte ihn nicht wirklich.

»Wenn du deiner Schwägerin und deinen Neffen nichts davon erzählst, bin ich dabei!«, gab er seinem älteren Bruder mit einem Augenzwinkern zu verstehen.

»Viktor, Viktor, was würden die Frauen dieser Welt nur ohne dich ... ach, ohne uns machen?«, beide lachten laut.

Auch Grygorij Kasakow schmückte sich gerne mit hübschen Mädchen. Im Gegensatz zu seinem Bruder kam eine feste Bindung für ihn jedoch nie in Frage. Aber was bedeutete schon fest?

Auch Viktor nahm das nicht so genau. Schließlich hatte er schon das zweite Mal »Ja« gesagt. Für ihn hatte eine Ehe weniger mit Liebe und Bindung zu tun. Er brauchte nur jemanden an seiner Seite, als Statussymbol. Und wenn ihm die Frau nicht mehr passte, schickte er sie halt in die Wüste. Ein Kostverächter war Viktor nicht. Der Gedanke, dass sein Bruder ins Rotlichtmilieu einsteigen wollte, reizte ihn. Da würde sich bestimmt öfter mal was ergeben.

Wenn es ums Geschäftliche ging, war Grygorij bei den beiden schon immer die treibende Kraft.

Er hatte ständig Expansionspläne, wie er sich ausdrückte. Neue Ideen gingen ihm offensichtlich nie aus. Das war auch gut so. Die Brüder hatten einen finanziellen Engpass. Denn der »Import« mit gestohlenen Autos war eingebrochen. Nicht, weil es keine Bestellungen gab. Nein, die Brüder Kasakow mussten in den letzten Wochen einige Verluste hinnehmen. Die Polizei hatte mehrere Fahrer festgenommen und die geklauten Autos sichergestellt, nachdem es die ein oder andere spektakuläre Verfolgung gegeben hatte. Auffällig oft an der Grenze zwischen Nordrhein-Westfalen und Niedersachen. Die Route über die A2 schien dort dicht zu sein.

Grygorij hatte sich erkundigt. Auf diesem Streckenabschnitt fuhren neuerdings zivile Polizisten Tag und Nacht Streife und hielten Ausschau nach gestohlenen Wagen. Er erfuhr, dass die Polizeipräsidentin in Bielefeld die Sonderkommission »Transit« ins Leben gerufen hatte. Die Beamten sollten den Autoschiebereien den Riegel vorschieben. Es schien zu gelingen.

Grygorij und Viktor brauchten also eine alternative Einnahmequelle.

»Warum nicht ins Rotlicht investieren?«, hatte Grygorij schon vor einigen Wochen philosophiert.

»Das Geschäft mit der käuflichen Liebe funktioniert immer«, sagte er voller Überzeugung zu seinem Bruder. »Wir übernehmen einfach den ein oder anderen Puff in Deutschland. Prostitution ist da nicht verboten. Vorausgesetzt die Mädchen haben ordentliche Papiere.«

»Wie willst du das denn hinkriegen?« Viktor machte eine abweisende Handbewegung. »Willst du da einfach hingehen und sagen: ›Hallo, hier bin ich. Ab sofort ist das mein Laden. Von jetzt an bin ich der Chef!‹«

»Warum nicht?«

»Ganz ehrlich, Grygorij, im Rotlicht tummeln sich noch mehr Verbrecher als in unserem Metier. Rotlicht und Autoschiebereien – das sind zwei ganz unterschiedliche Qualitäten.«

»Ist aber beides Business. Und damit kenne ich mich aus! Aber wir müssen ja keinen Laden übernehmen, wir eröffnen einfach einen eigenen. Was sag ich? Wir machen gleich mehrere auf. Sag, Viktor, wen kennen wir in Deutschland?«

»Da fällt mir Nikolai ein. Der hat in Osnabrück einen Gebrauchtwagenhandel. Ist eigentlich ein guter Mann. Immer gut informiert. Weiß, wo es welche Autos zu holen gibt. Nur der letzte Deal …«

Grygorij unterbrach seinen Bruder: »Du meinst die Scheiße in diesem, wie heißt das Kaff

noch – Herford? Als die Bullen an der Autobahn-
auffahrt gleich beide Fahrer geschnappt haben?«

»Genau die Geschichte meine ich«, nickte Viktor. »Weil Nikolai auch nichts verdient hat, ist er
sicher an einem neuen Geschäft interessiert.«

»Okay. Stell den Kontakt her. Ich will mit ihm
sprechen.«

Sascha Klein blätterte in der Hauptakte.

»Da ist ja im Laufe der Jahre ganz schön was
zusammengekommen!«

»Denkst du an seine Vorstrafen, Sascha?«,
wollte Evelyn Weber wissen.

»Ja, genau darum geht es. Wenn du mich
fragst, lässt die kriminelle Karriere unseres Angeklagten einige Rückschlüsse zu …«

»So kenne ich dich ja gar nicht. Seit wann bist
du so voreingenommen?«, fragte Weber ihren
Kollegen. »Ich hoffe, deine Abneigung gegen
diesen Viktor Kasakow hat nichts mit dessen
Verteidiger zu tun …« Weber wusste natürlich
von dem angespannten Verhältnis ihres Richter-
kollegen zu dem Bielefelder Rechtsanwalt.

Klein tat, als hätte er das zuletzt Gesagte nicht
gehört. Er ging bewusst nicht darauf ein.

»Ich verschaffe mir nur ein Gesamtbild. Und
da spielt meiner Ansicht nach die Vorgeschichte
dieses Kasakows eine wichtige Rolle. Und damit

meine ich noch nicht einmal diese Autoschiebereien früher in Kasachstan.«

»Wir können die ja auch nicht beweisen ...«,
unterbrach Weber.

»Spielt auch keine Rolle, Evelyn. Viel interessanter ist, was der hier anstellte, als er mit seinem
Bruder nach Werther kam. Absolut skrupellos.
Und wenn du mich fragst, jederzeit fähig zu einem Mord ...«

»Mord? Bist du dir jetzt also sicher, dass es
Mord war?«

»Nein, bin ich nicht«, die provokante Frage
seiner Kollegin lies Klein aufbrausen. »Ich habe
zwar Mord gesagt, meine aber natürlich Tö-
tungsdelikt. Gefällt es dir besser, wenn ich juris-
tisch korrekt bleibe?«, schob er süffisant nach.

»Sei mal nicht so empfindlich. Nur weil dich
der Herr Verteidiger auch schon mit dieser Wort-
klauberei herausgefordert hat ...«

»Entschuldige, Evelyn. Du hast ja recht.«
Klein holte tief Luft. »Ich muss das ausblenden.«

Seine Kollegin nickte. Die Entschuldigung
war somit angenommen. Klein fuhr fort. Sachlich, so wie man es eigentlich von ihm gewohnt
war: »Also, bleiben wir bei den Fakten. Ich habe
mir vorhin das Sitzungsprotokoll vom dritten
Verhandlungstag noch einmal vorgenommen.
Eberhard Vorderwisch sagte doch damals, dass

seine Leute zwar früh mit den Brüdern Kasakow in Berührung gekommen sind, diese aber erst nach der ersten Verurteilung durchschauten.«

Eberhard Vorderwisch war der Leiter des KK 21 beim Polizeipräsidium Bielefeld.

Also der Abteilung, die für die Bekämpfung der Organisierten Kriminalität in Ostwestfalen-Lippe zuständig ist. Der Hauptkommissar hatte berichtet, dass seine Leute einen gewissen Nikolai Wolkow etwa zur Jahrtausendwende im Visier hatten. Er stand im Verdacht, etwas mit Diebstählen von hochwertigen Limousinen in den Kreisen Gütersloh und Herford zu tun zu haben. Bei der Observation fiel zwar auf, dass sich Wolkow öfter mit zwei Männern traf, die augenscheinlich aus Osteuropa stammten, aber bei der verdeckten Überprüfung fand sich zunächst nichts Auffälliges. Die Männer schienen harmlos zu sein.

»Hilf mir mal auf die Sprünge, Sascha. Wie war das denn noch?«, fragte Evelyn Weber.

»Die Kasakows suchten eine Wohnung. Wolkow half ihnen dabei.«

»Ach ja, ich erinnere mich. Wolkow, der Autohändler und Immobilienmakler.«

»Also, den hätte ich ja schon gerne als Zeugen

gehört«, sagte Klein. »Der ist aber bis heute nicht wieder aufgetaucht. Wird wohl irgendwo im Osten untergetaucht sein, als ihm Vorderwisch und seine Leute zu sehr auf die Pelle rückten.«

»Aber was hätte der uns erzählen können?«

»Na, wie es so zuging in Werther. Wie Viktor und Grygorij die Frauen behandelten.«

»Meinst du, der wusste das?«

»Ich hätte ihn gerne gefragt – wie gesagt.«

Viktor und Grygorij Kasakow hatten sich für eine Wohnung in Werther entschieden.

Das Objekt lag am Stadtrand. Unscheinbar in einem Mehrfamilienhaus. Fünf Zimmer, Küche, Bad.

Das Flair eines Bordells bekam die Wohnung erst nach der Renovierung. Im großen Bad ließen sie einen Whirlpool einbauen, im Wohnzimmer eine gemütliche Sofalandschaft mit Lounge-Charakter.

Hier sollten Freier in entspannter Atmosphäre mit den Damen relaxen.

Sogar eine kleine Bar mit Theke war vorhanden. Der Kundschaft sollte es schließlich an nichts fehlen. Die Zimmer waren eher zweckmäßig, aber trotzdem nicht ungemütlich eingerichtet. Kingsize Bett, Sessel oder Stuhl zum Ablegen der Kleidung, Duftkerzen. Mehr brauchte es nicht. Die Investitionen waren überschaubar und die Umbauten schnell getan.

Das Geschäft konnte anlaufen.

Durch ihre Autoschiebereien hatten die Kasakows gute Kontakte, vor allem in die Ukraine. Dort schien es offensichtlich genügend Frauen zu geben, die sich für vermeintlich leicht verdientes Geld nach Deutschland locken ließen.

»Das muss man sich mal vorstellen. Dieser Viktor ist damals mindestens einmal pro Woche von Werther aus in den Osten gefahren. Mal nahm er drei, mal vier Frauen mit«, stellte Sascha Klein fest. »Ein regelrechter Shuttle-Service. Die einen hin, die anderen zurück. Die wurden einfach ausgewechselt. Wie beim Fußball …«

»Ich mag mir gar nicht vorstellen, wie groß das Elend sein muss, wenn eine Frau so was freiwillig macht.«

»Also, ich glaube nicht, dass die so etwas freiwillig gemacht haben, Evelyn. Vielleicht weil sie Geldnot hatten. Aber freiwillig?«

»Na, da hast du sicher recht, Sascha. Und die Brüder Kasakow haben als einzige ordentlich abkassiert. Was hat Vorderwisch noch mal gesagt?«

»300 Euro pro Kopf! Und er sprach von durchschnittlich 30 Frauen, die im Monat hin und her kutschiert wurden. Macht also fast 10 000 Euro, die sich Viktor für seine Fahrdienste einsteckte.«

»Steuerfrei. Das darfst du nicht vergessen, Sascha. Und Grygorij?«, fragte Weber.

»Der kassierte von den Frauen Miete. Pro Nase und Tag 80 Euro. Macht auch fast 10 000 im Monat. Die Reisepässe und gefälschten Visa gab's dagegen recht günstig. 2 000 Euro pro Dame. Also: Viktor »verdiente« um die 10 000 im Monat für die Fahrerei, Grygorij hatte ungefähr das gleiche an Mieteinnahmen. Das Geld für die Papiere haben sich die Brüder geteilt. Das gab es als Bonus obendrauf.«

»Unglaublich!«

»Stimmt. Unglaublich lukrativ! Da mussten die jungen Dinger ganz schön lange für anschaffen gehen, um ihre »Reisekosten« von fast 2 500 Euro abzubezahlen.«

»Lass den Zynismus, Sascha. Das ist die übelste Form von Zwangsprostitution! Ich hab da absolutes Mitleid. Die Frauen sind gutgläubig auf die Brüder hereingefallen.«

»Gutgläubig? Naiv! Wie unser Mordopfer.«

»Ich fühle mich ganz schlecht.«

»Warum? Was ist los, kleine Pryntsesa?«

»Na, wegen Mama. Sie darf das nie erfahren.«

»Wird sie auch nicht«, Viktor nahm Krystyna in den Arm und küsste sie auf die Stirn.

Sie hatte ihn wieder in der kleinen Pension an der Radianska Straße besucht.

Hier waren sie ungestört und vor allem unbeobachtet.

Viktor mietete sich immer hier ein, wenn er in Luhansk zu tun hatte.

Die Pension war günstig und sauber.

»Du wirst sehen, deine Träume gehen in Erfüllung. Ich verspreche es dir.«

Viktor ist so ein lieber und guter Mann, dachte Krystyna. Sie war über beide Ohren in ihn verliebt. Sie strahlte und doch war ihr nicht ganz wohl. Sie hatte das Vertrauen ihrer Mutter missbraucht. Sie angelogen. Ihre Gutgläubigkeit und Gutmütigkeit ausgenutzt.

Aber die Aussicht auf eine eigene bessere Zukunft, ganz ohne Geldsorgen, trieb Krystyna an.

Sie wollte raus hier. Einfach weg aus der Ukraine. An seiner Seite würde es ihr gelingen.

Sie brauchte nur eine gute Geschichte, um ihre Mutter zu überzeugen. Ohne ihre Zustimmung funktioniert es nicht. Ihr Geliebter hatte die passende Idee. Krystyna solle erzählen, dass sie sich bei einer Agentur beworben habe. Ihre Mutter sollte glauben, dass sich diese Agentur darum kümmert, sie als Kindermädchen in eine

Gastfamilie nach Westeuropa zu vermitteln. Die Agentur würde sich sogar ums Visum kümmern. Krystyna brachte Prospekte mit nach Hause, um ihr Lügenmärchen perfekt zu machen. Viktor hatte sie von einer seriösen Au-pair-Organisation besorgt.

Die beiden taten alles, damit Lyudmila Iwanow keinen Verdacht schöpfte.

Krystyna wurde nicht müde ihrer Mutter vorzuschwärmen, wie toll alles werden würde.

In Deutschland gebe es einen großen Bedarf an Kindermädchen.

Die Menschen hätten Geld genug, um sich so ein Kindermädchen zu leisten.

Sie zeigte ihrer Mutter Fotos von ihrer angeblichen Gastfamilie. Auch die hatte Viktor beschafft.

Die Personen sahen wirklich nett aus. Ein Ehepaar mit zwei Kindern. Der Mann wäre Ingenieur, seine Frau Lehrerin. Der sechsjährige Junge gehe zur Schule, seine dreijährige Schwester in den Kindergarten.

Sie, Krystyna, würde im großen Haus ein eigenes Zimmer und ein eigenes Bad haben.

Morgens und nachmittags würde sie die beiden Kinder betreuen. Dazwischen bliebe genügend Zeit, um die neue Sprache zu lernen. Auch das würden ihre Gasteltern finanzieren.

Das klang gut. Krystynas Mutter war zufrieden. Nur eins wollte Lyudmila Iwanow wissen:

»Wo lebt die freundliche Familie überhaupt?«

»In Werther bei Bielefeld«, sagte Krystyna, um dann noch zu ergänzen: »Das ist gleich hinter Hannover. Also quasi kurz vor Köln.«

Köln, ja, das hatte sie schon einmal gehört. Aber eigentlich hatte Krystynas Mutter keinen blassen Schimmer. Sie schöpfte zu keinem Zeitpunkt Verdacht. Lyudmila Iwanow wollte dem Glück ihrer Tochter nicht im Weg stehen. Ein Jahr sei ja auch keine Ewigkeit, hatte sie gesagt.

»Nächste Woche. Endlich«, wieder strahlte Krystyna übers ganze Gesicht.

»Am Sonntag«, konkretisierte Viktor. »Du wirst in den Bus nach Kiew steigen. So, wie wir es besprochen haben.«

»Ich weiß, Viktor. Meine Mutter muss glauben, dass ich dort dann den Zug Richtung Warschau und weiter nach Berlin nehme.«

»Das Wichtigste ist, dass sie nie von mir erfährt.« Viktor schaute ihr eindringlich in die Augen. »Verstehst du, Krystyna? Ich existiere nicht. Sonst lässt dich deine Mutter nicht gehen.«

»Ja, du wirst mich in Kiew abholen. Erst dann fahren wir zusammen nach Deutschland. Ich kann es kaum noch erwarten.«

Krystyna traf Viktor das erste Mal vor gut einem Jahr. Sie meldete sich auf eine Anzeige, die Viktor in mehreren Zeitungen aufgegeben hatte.

International tätige Agentur hilft selbstständigen Unternehmerinnen beim Aufbau von Geschäftsbeziehungen in Westeuropa. Beste Verdienstmöglichkeiten. Wir organisieren Anreise und Unterkunft. Notwendige Formalitäten gehören selbstverständlich ebenfalls zu unseren Dienstleistungen. Tel: 0642 44710.

Solche Anzeigen sind nicht ungewöhnlich. Alle wissen, dass es um Prostitution geht, aber es darf nicht klar ausgesprochen werden. Prostitution und Zuhälterei sind verboten in der Ukraine. Deshalb die verklausulierte Formulierung.

Viktor fand es immer wieder erstaunlich, wie viele Frauen sich auf die Anzeige meldeten. Die einen brauchten Geld, um ihre Familien zu ernähren, die anderen sahen es als einzige Möglichkeit von hier abzuhauen.

Krystyna Iwanow wollte auch einfach nur weg.

Viktor Kasakow lud alle Interessentinnen einzeln zu sich in die Pension ein.

Jede Frau erfuhr, wie die Sache bei ihm und seinem Bruder läuft.

Er, Viktor, besorgt die Papiere und organisiert die Anreise nach Deutschland.

Sein Bruder kümmert sich dann um alles Weitere. Er bringt jede in einer seiner Wohnungen unter. Dort werden auch die Kunden empfangen.

Für die Werbung im Internet sei er, Viktor, wiederum zuständig.

Die notwendigen Erotikfotos würden sie am besten sofort hier in der Pension machen.

Er bot diese Dienstleistung kostenlos an. Vorausgesetzt, die Interessentinnen hätten Sex mit ihm.

Mit Krystyna war es jedoch anders. Ihr machte er dieses Angebot nicht. Da war so ein Gefühl.

Was für ein junges, hübsches Mädchen, dachte er. Und dazu auch noch intelligent. Sie gefiel ihm.

»Bist du dir sicher, dass du nach Deutschland willst?«, fragte Viktor.

»Ich will schon. Deshalb bin ich ja hier. Aber …«, Krystyna überlegte. »Aber ich weiß nicht, ob ich das mit den Männern hinkriege.«

»Die Bezahlung ist gut«, versuchte Viktor sie zu überzeugen. »Du wirst dich daran gewöhnen!«

»An die Bezahlung?«

»Das auch.« Beide mussten lachen.

»Wenn du noch Bedenkzeit brauchst – kein

Problem.« Viktor schrieb seine Handynummer auf einen Zettel. »Überleg in Ruhe und ruf mich wieder an.« Er schob den Zettel rüber.

»Ich bin jetzt ein paar Tage nicht da. Aber du kannst mich unter dieser Nummer immer erreichen.«

Viktor schaute sie an. Was war bloß mit ihm los? Dieses Mädchen faszinierte ihn.

Drei Tage später war Viktor in Deutschland. Er war müde. Die Tour nach Herford war anstrengend. Fast 2 000 Kilometer ohne große Pausen. Auf dem letzten Abschnitt musste er besonders wachsam sein. Die Sonderkommission »Transit« war immer noch in Ostwestfalen-Lippe aktiv. Die Autobahnpolizei hielt nicht nur Ausschau nach Autodieben. Sie gingen auch immer gezielter gegen potentielle Menschenschleuser vor. Anlass waren Razzien im Ruhrgebiet. In Bordellen fielen immer häufiger Osteuropäerinnen mit gefälschten Papieren auf. Der Verdacht lag nahe, dass sie über die A2 hierhergebracht wurden. Deshalb kontrollierte die Polizei gerne »auffällige« Fahrzeuge. Nämlich dann, wenn am Steuer ein Mann saß und sich ansonsten nur Frauen im Wagen befanden.

Das ein oder andere Mal hatten die zivilen Streifen schon Erfolg. Viktor hatte bisher immer Glück. Aber er wusste von den Einsätzen auf der A2. Deshalb ging er gerne auf Nummer sicher. Auch wenn die Fahrt dann noch länger dauerte. Bei Hannover fuhr er meist von der Autobahn ab. Steuerte dann Richtung Paderborn. Statt über die A33 nach Bielefeld zu kommen, nahm er lieber die B64 bis Rheda-Wiedenbrück. Diese Strecke schien ihm gefahrloser. Obwohl es ihn schon mächtig nervte, deshalb rund drei Stunden länger unterwegs zu sein. Auch diesmal war er so nach Herford gelangt, um vier Frauen an der Wohnung dort abzusetzen. Jetzt wollte er nur noch ins Bett. Er machte sich auf nach Werther zu seinem Bruder.

»Ja?« Viktor erkannte die Nummer von Grygorij im Display. Deshalb nannte er seinen Namen nicht.

»Viktor?«

»Wer sonst? Was ist los, Grygorij?«

»Wo bist du?«

»Auf der B68.«

»Komm sofort her!«

»Was ist passiert?«

»Nicht am Telefon. Beeil dich!«

Viktor wusste, dass sein Bruder in der Wohnung in Werther sein würde. Die beiden hatten sich sowieso dort verabredet. Warum sollte er schnell machen?

Viktor brauchte noch etwa 15 Minuten, dann bog er um die Kurve.

Grygorij wartete schon ungeduldig unten auf der Straße. Er schien ziemlich nervös.

»Was ist passiert?«

»Scheiße. Große Scheiße!«

»Beruhige dich, Grygorij.«

»Der liegt da oben!«

»Wer?«

»Nikolai!«

»Wie?«

»Tot!«

»Was zum Teufel …«

»Ich habe keine Ahnung. Aber der muss weg!«

Grygorij bugsierte seinen Bruder in den dritten Stock. Das Objekt in Werther war momentan unbewohnt. Einige Frauen befanden sich auf Heimaturlaub. Grygorij wollte heute die Wohnung klarmachen. Übermorgen sollen die Frauen aus der Wohnung in Bünde hier eigentlich einziehen. Grygorij besaß insgesamt vier Wohnungen, die als Bordell dienten. In Werther, in Bünde, in Herford und neuerdings auch in Lage. Er hatte eine Art Rotation bei den Prostituierten eingeführt. Die Damen sollten nie länger als eine Woche am Stück im selben Objekt anschaffen. Er wollte Abwechslung für die Freier. So sollte der Umsatz steigen.

Grygorij ging voran ins Wohnzimmer.

»Als ich vorhin kam, lag er schon da.«

»Ich glaube dir ja.« Viktor bückte sich. »Ein Kabelbinder«, stellte er fest.

»Gar nicht gut um den Hals.« Viktor fühlte nach dem Puls. Aber da war nichts.

»Was wollte der überhaupt hier?«, fragte er seinen Bruder.

»Er hat mich gestern angerufen. Brauchte 'ne Örtlichkeit, um ungestört einen Deal abzuwickeln.«

»Hier? Bist du wahnsinnig, Grygorij?«

»Das hier konnte ich doch nicht ahnen.«

»Nikolai Wolkow macht Geschäfte mit der Automafia. Und du kannst das nicht ahnen? Für mich war das nur eine Frage der Zeit, bis der Betrüger es übertreibt und die Quittung dafür kriegt.«

»Ja schon, aber er hat uns schließlich auch öfter geholfen. Ohne ihn hätten wir hier überhaupt nicht expandieren können. Was schlägst du vor, Viktor?«

»Die Bullen können wir nicht rufen. Die nehmen erst die Bude, dann uns auseinander.«

»Da hast du recht. Also?«

»Wenn es dunkel ist, packen wir ihn bei mir in den Kofferraum. Ich nehme ihn morgen mit nach Luhansk, wenn ich die Neuen abhole. Unterwegs finde ich schon was, wo ich ihn loswerde.«

Er hatte ausgesprochen, da klingelte sein Handy.

»Ja, hier ist Viktor!«

»Ähm, ich bin's. Krystyna. Krystyna Iwanow. Ich mache es.«

»Krystyna!«

Damit hatte Viktor überhaupt nicht gerechnet. Schon gar nicht jetzt.

»Ich mache es.«

»Krystyna, es ist gerade ganz schlecht. Tut mir leid.« Er machte eine kurze Pause, sprach dann weiter: »Aber ich freue mich!«

»Kein Problem – ich kann ja später noch einmal …«

»Nein, nein. Wir treffen uns! Übermorgen bin ich wieder in Luhansk. In der Pension.«

»Okay. Wann soll ich da sein?«

»19 Uhr?«

»19 Uhr! Bis dann.«

»Bis dann.«

Viktor legte auf. Sein Bruder schaute ihn fragend an.

»Wer und was war das denn?«

»Nur ein Mädchen.«

»Aha. Nur ein Mädchen …«, stellte Grygorij süffisant fest.

»Ja, ein Mädchen!« Viktor hatte keine Lust seinem Bruder eine längere Erklärung zu geben. Er wollte sich lieber um das Problem auf dem Boden kümmern. Doch Grygorij ließ nicht locker.

»Und was für ein Mädchen?«

»Ein besonderes!« Diese Antwort musste für den Augenblick reichen, beschloss Viktor. »Statt mir Fragen zu stellen, solltest du besser mit anpacken!«

Er griff nach einer Fleecedecke, die auf dem Sofa lag, und begann Nikolai Wolkow darin einzuwickeln.

Später, als es dunkel war, schafften sie die Leiche gemeinsam nach unten und legten sie in den Kofferraum. Viktor brauchte noch ein paar Stunden Schlaf. Erst am nächsten Morgen machte er sich auf den Weg. Das Navi und auch sein Handy ließ er ausgeschaltet. So würde man ihm nie nachweisen können, wann er wo lang gefahren ist. Das Navi brauchte er sowieso nicht. Die Strecke in die Ukraine kannte er auswendig. Er hatte die Frauen schon oft hin- und hergefahren und er wusste, wo man am ehesten ohne große Probleme über die Grenzen kam.

Es gab genügend Übergänge, an denen nicht kontrolliert wurde. Notfalls musste man einige Euroscheine zücken.

Der sicherste Weg führte durch die Tschechische Republik und die Slowakei. Das war zwar ein Umweg, aber Viktor nahm das gerne in Kauf. Nicht aufzufliegen war einfach wichtiger. Außerdem plante er, irgendwo hier auch die Leiche zu beseitigen. Sollte sie doch gefunden werden, so war er sich sicher, dass niemand eine Verbindung zu ihm oder seinem Bruder herstellen könnte.

Und obendrein würde Nikolai bestimmt nicht identifiziert werden. Hier in den abgelegenen Wäldern der Slowakei war die Natur noch intakt. Es gab so viele Wildschweine. Die erledigen den Rest, dachte sich Viktor. Er verspürte keinerlei Skrupel bei diesem Gedanken.

Kurz bevor er die Ukraine erreichte, kam er an einer geeigneten Stelle vorbei.

Er machte sich erst gar nicht die Mühe, den Körper zu vergraben, legte ihn einfach im Dickicht ab.

Viktor wollte schnell weiter. Schließlich hatte er in gut 16 Stunden eine Verabredung.

Krystyna war noch immer ein wenig nervös.

Sie saß neben Viktor auf der Couch. Wie vereinbart hatten sie sich in der Pension getroffen.

Nun redeten die beiden schon fast eine Stunde miteinander.

Ob sie es wirklich schaffen würde, jeden Tag mit wildfremden Männern Sex zu haben?

Er versuchte ihr die Zweifel zu nehmen. Sprach mit ruhiger Stimme. »Die meisten Männer sehnen sich nach Zuneigung und Zärtlichkeiten. Dafür zahlen sie sogar sehr gut«, sagte er, als er ihre Hand nahm. »Du brauchst nichts zu befürchten. Schöne Frauen brauchen nie etwas zu befürchten. Schon gar nicht meine Prinzessin.« Er schaute ihr in die Augen.

Krystyna konnte ihre Gedanken nicht richtig ordnen. Sie war fasziniert von diesem Mann.

Er sah nicht nur gut aus. Er kannte sich aus in der Welt, hatte schon so viel erlebt.

Und jetzt interessierte er sich für sie.

Ausgerechnet sie, dem kleinen unerfahrenen Mädchen aus Luhansk.

Es fühlte sich gut an.

Viktor küsste sie ganz zart auf den Handrücken.

»Ich passe auf dich auf, Pryntsesa! Versprochen!«

Er zog sie zu sich. Sie ließ es geschehen.

Nie zuvor hatte Krystyna so etwas Aufregendes erlebt. Seine Lippen waren so weich auf ihren Brüsten. Seine Hände so warm. Sie spürte ihn überall. Es war wunderschön!

Sie blieb die ganze Nacht. Ihre Mutter würde sich keine Sorgen machen.

Krystyna schlief öfter mal spontan bei ihrer Freundin Svitlana.

Sie musste nur eine kurze Nachricht schicken. Dann war das in Ordnung.

Gut drei Monate war Krystyna jetzt schon in Ostwestfalen-Lippe.

Sie hatte sich daran gewöhnt mit fremden Männern ins Bett zu gehen. Mittlerweile waren die auch gar nicht mehr so fremd. Krystyna hatte viele Stammkunden.

Auch sonst hob sie sich von den anderen Frauen ab. Sie durfte sich aussuchen, in welcher Wohnung und Stadt sie arbeitete. Schließlich war sie die Geliebte von Viktor. Einem der beiden Chefs. Sie stand unter seinem persönlichen Schutz.

Die beiden sahen sich, wann immer es ging. Viktor kam zwischendurch einfach mal vorbei auf ein Schäferstündchen. Krystyna wusste inzwischen, dass er verheiratet war und Kinder hatte. Sie tolerierte es. Noch. Schließlich hatte Viktor ihr versichert, sich bald ganz für sie zu entscheiden und sich von seiner Ehefrau zu trennen. Sie musste also nur Geduld haben.

Ihre Geschäfte liefen wirklich gut. Im Gegensatz zu ihren Kolleginnen konnte Krystyna viel Geld beiseitelegen. Außer der täglichen Miete, die sie an Viktors Bruder Grygorij Kasakow zahlen musste, hatte sie keine großen Kosten. Schulden schon mal gar nicht.

Viktor hatte ihr die Anreise und die falschen Papiere geschenkt.

Grygorij wollte aber nicht auf seine Mieteinnahmen verzichten.

Er mochte sie, deshalb räumte auch er ihr Sonderkonditionen ein. Sie musste nur die Hälfte des üblichen Preises zahlen. Gerne wäre er als Gegenleistung auch das ein oder andere Mal mit ihr ins Bett gegangen, aber sie war schließlich die Freundin seines Bruders. Deshalb ließ er natürlich die Finger von ihr.

Krystynas Kunden waren großzügig. Fast 15 000 Euro hatte sie in der kurzen Zeit schon gespart.

Auf die Bank konnte sie das Geld aus verständlichen Gründen nicht bringen.

Also gab sie es Viktor. Der sollte es für sie verwahren. Ab und zu schickte sie ihrer Mutter etwas. Sie hatte ja versprochen, von ihrem »Taschengeld« etwas abzuknapsen. Kontakt zu ihr hielt sie nur schriftlich. Mal war es ein Brief, mal eine SMS. Der Inhalt war immer ähnlich. Krystyna versicherte, dass es ihr gut gehe und dass die Gastfamilie sehr nett sei. Mit den Kindern käme sie super klar und mit dem Deutschunterricht klappe es gut.

Es sei viel zu tun. Deshalb könne sie auch nur ab und zu schreiben.

Lyudmila Iwanow war froh von ihrer Tochter zu lesen. Kritische Nachfragen vermied sie.

Sie wollte Krystyna ja nicht verärgern und riskieren, dass die sich überhaupt nicht mehr meldet.

Krystyna dachte an Viktor und an die Pension in Luhansk. An die schönen Stunden, die sie dort mit ihm verbrachte. Ihre Geburtsstadt vermisste sie überhaupt nicht. Sie war froh hier zu sein.

Doch Viktor fehlte ihr. Er war seit vier Tagen unterwegs.

Einige Kolleginnen mussten auf Heimaturlaub gebracht werden. Auf der Rückfahrt wollte er neue Frauen mitbringen. Eigentlich sollte Viktor schon heute Nachmittag zurück sein.

Es wird wohl wieder viel Verkehr gewesen sein, dachte sich Krystyna. So eine lange Fahrt kann man eh nicht auf die Stunde planen. Sie schaute auf die Uhr. Es war kurz vor 23 Uhr, als ihr Handy ging.

»Gregorij. Warum rufst du so spät an?«

»Es ist was passiert.«

Krystyna fuhr der Schreck in die Glieder.

»Mit Viktor? Ein Unfall? Ist er …?«

»Nein! Er ist nicht verletzt. Viel schlimmer! Die scheiß Bullen haben ihn erwischt.«

»Wo?«

»Auf der Autobahn. Jetzt sitzt er im Knast!«

»Warum?«

»Tust du so blöd, oder bist du es wirklich? Weil er die ganze Karre voller illegaler Weiber hatte!«

Die Sonderkommission »Transit« hatte wieder zugeschlagen. Im Autobahnkreuz Bad Oeynhausen. Entgegen seiner Gewohnheiten hatte Viktor diesmal den schnelleren, direkteren Weg Richtung Bielefeld gewählt. Er wollte nicht schon wieder in Hannover abfahren und die große Schleife über die Kreise Paderborn und Gütersloh fahren. Er hatte es eilig. So kitschig es auch klingt. Er wollte zu seiner Geliebten.

Der zivilen Streife war der Wagen sofort aufgefallen. Die Beamten hatten ein Auge dafür entwickelt. Ein Fahrer, drei Frauen, vermutlich Osteuropäerinnen. Die Polizisten schalteten im Heck ihres Autos die Leuchtschrift ein: Bitte folgen. Sie lotsten Viktor und seine Begleiterinnen von der A2 runter auf die A30. Auf dem kurzen Stück vor der geplanten Nordumgehung der Werrestadt konnte man gefahrlos anhalten. Sie stoppten auf dem großen Seitenstreifen unter der Brücke.

Den Beamten genügte ein kurzer Blick auf die Papiere. Ihr Verdacht hatte sich schnell erhärtet.

Viktor und die drei Frauen wurden vorläufig festgenommen.

Er wegen des Einschleusens von Menschen, sie wegen des Besitzes gefälschter Ausweise.

»Was soll ich denn jetzt machen?«, wollte Krystyna von Grygorij wissen.

»Gar nichts! Du machst deinen Job weiter. Komm nicht auf die Idee irgendwie Kontakt zu Viktor aufzunehmen. Damit bringst du unsere ganze Organisation in Gefahr!«

»Aber …«

»Du machst, was ich sage! Ich besorge ihm erst einmal einen Anwalt.«

Grygorij ließ sich den juristischen Beistand seines Bruders richtig was kosten. Er erkundigte sich in der Szene und verpflichtete dann einen Rechtsanwalt aus Bielefeld. Der galt als »Star« unter den Verteidigern. Im Milieu hatte man nur Gutes von ihm zu berichten. Grygorij hatte den Mann schon öfter im Fernsehen gesehen. Auf ihn machte er in den Interviews immer einen guten Eindruck. Offensichtlich ließ sich dieser Advokat von den Herren und Frauen Richtern nicht so schnell einschüchtern. Das überzeugte auch Grygorij. Doch es half alles nichts. Dieser Fall war eindeutig. Alle drei Frauen stellten sich als Kronzeuginnen zur Verfügung, um so selbst einer Bestrafung zu entgehen. Vor Gericht berichteten sie von der Zeitungsannonce, dem obligatorischen Treffen in der Pension, von Fotoshootings für Erotikfotos und für Passbilder.

Die gefälschten Papiere seien ihnen kurz vor der Abreise ausgehändigt worden.

Weil keine von ihnen die Kosten vorab zahlen konnte, hätten sie Schuldscheine unterschreiben müssen. Wie ihr Aufenthalt hier in Deutschland organisiert gewesen sei, wollten die Richter noch wissen. Doch dazu sagten die Zeuginnen nichts. Redeten sich damit raus, dass sie das ja erst hier vor Ort in Bielefeld erfahren sollten und da sie ja vorher festgenommen wurden, wüssten sie auch nichts darüber. Tatsächlich hatten sie Angst etwas darüber zu verraten.

Unbekannte hatten ihre Familien in der Ukraine während des laufenden Prozesses bedroht. Da war es dann doch besser zu schweigen. Viktor hielt auch den Mund. Sein Anwalt riet ihm dazu.

Sonst könnte es am Ende noch schlechter für ihn ausgehen, sagte er.

Schließlich wurde Viktor wegen Menschenhandels zu einer Freiheitsstrafe von drei Jahren und zwei Monaten verurteilt. Er saß in Biele-feld-Brackwede ein. Wechselte nach der Urteils-verkündung nur die Abteilung. Von den Unter-suchungshäftlingen zu den »Dauergästen«.

Fast ein Jahr ist seitdem vergangen. Krystyna hatte sich schon lange über die Anweisung von Grygorij hinweggesetzt. Mittlerweile besuchte sie Viktor regelmäßig im Gefängnis.

Sie gab sich als Cousine aus, was ihr aufgrund des Altersunterschieds auch jeder abnahm.

»Wie geht es dir, Viktor?« Sie saß ihm gegenüber. Nur ein kleiner Tisch trennte die beiden im Be-sucherraum.

»Ich komme klar. Wichtiger ist, wie es dir geht, Pryntsesa?«

»Ohne dich ist es nicht leicht. Ich vermisse dich!« Krystyna litt sichtbar darunter, dass Viktor von ihr getrennt war.

»Du schaffst das! Bald bin ich wieder bei dir. Ich habe gestern meinen Antrag auf Freigang ab-gegeben.«

»Dann kommst du raus?«, fragte sie und strahlte.

Es war schon lange her, dass sie so befreit ge-lächelt hat.

»Ja. Tagsüber. Nachts muss ich hier sein, aber wir haben dann den ganzen Tag.«

Krystyna wäre ihm am liebsten um den Hals gefallen.

»Wann ist es so weit?«

»Wenn alles gut läuft, schon nächsten Monat.«

Grygorij hatte seinem Bruder einen Job bei einem Bekannten in einer Tischlerei in Bünde verschafft.

Das war eine Voraussetzung, um Freigang zu bekommen. Die Häftlinge dürfen das Gefängnis dann morgens verlassen, sich zu ihrer Arbeitsstätte begeben und müssen nach Feierabend wieder direkt zurück. Der Freigang ist eine Resozialisierungsmaßnahme und dient der langsamen Wiedereingliederung in die Gesellschaft. Selbst Menschenhändler haben ein Anrecht darauf.

Auch Viktor kam in den Genuss. Er habe sich gut geführt, dem Freigang stehe nichts entgegen, bescheinigte der Anstaltsleiter. Hinzu kam (aber das war Verschlusssache), dass die Polizei bei ihren Ermittlungen nicht weiter kam. Natürlich endeten die nicht mit dem Urteil gegen Viktor Kasakow.

Das KK 21 in Bielefeld vermutete, dass ein gut organisierter Ring hinter diesem Fall stand.

Bis auf den Bruder des Verurteilten hatte man aber keine weiteren Verdächtigen.

Und momentan war dem auch nicht wirklich

etwas nachzuweisen. Viktor Kasakows Antrag auf Freigang kam den Ermittlern also gelegen.

Er sollte tagsüber observiert werden, so die Idee.

»Der Vorderwisch ist ganz schön auf Zack gewesen«, lobte Sascha Klein den Leiter des KK 21.

»Ohne den wäre die Leiche am Ende vielleicht nie gefunden worden. Den Wagen von Kasakow mit einem GPS-Sender zu versehen war genau richtig«, sagte Richter Klein zu seiner Kollegin.

Evelyn Weber zog das Protokoll vom dritten Verhandlungstag zu sich herüber.

»Das ist schon dreist, was sich der Kasakow erlaubt hat. Statt in diese Tischlerei nach Bünde zu fahren, kurvte der jeden zweiten Tag in der Weltgeschichte herum«, kommentierte sie das Gelesene.

Die Staatsanwaltschaft hatte den Antrag des KK 21 auf Überwachung von Viktor Kasakow an den zuständigen Richter weitergeleitet. Der untersagte das Abhören des Handys, weil kein konkreter Verdacht auf Verübung einer schweren Straftat vorlag, aber das Anbringen eines GPS-Senders am Auto erlaubte er. Wäre dies in einem möglichen späteren Strafverfahren von seinem Verteidiger moniert worden, hätte man sich mit einer Notlüge geholfen und behauptet, dass Kasakow sich nicht an Auflagen gehalten habe. Nämlich sich nur zwischen JVA und seiner Arbeitsstätte zu bewegen. Und um dies zu überprüfen, habe man den Sender angebracht.

Eberhard Vorderwisch und seine Leute hatten also grünes Licht, um ein vollständiges Bewegungsprofil von Viktor Kasakow zu erstellen. Sie erhofften sich Erkenntnisse über Orte und somit auch Personen, die möglicherweise ebenfalls mit dem Menschenhandel und der Zwangsprostitution zu tun hatten. Während seiner Zeugenvernehmung präsentierte Hauptkommissar Vorderwisch erstaunliche Ergebnisse. So fiel schnell auf, dass sich Kasakow tatsächlich ziemlich oft dort aufhielt, wo er eigentlich gar nichts zu suchen hatte. Anfangs kreuzte er regelmäßig an einer Wohnanschrift in Werther auf. Später gelegentlich in einer Siedlung in Herford.

Kurz vor dem Leichenfund in der Tiefkühltruhe sendete sein Wagen an mehreren Tagen Signale von der Garage in Werther.

»Wenn's nach mir ginge, dürfte dieser Chef der Tischlerei auch nicht ungeschoren davonkommen.«

»Ach Evelyn, du weißt genau, dass das nichts bringen würde ...«

»Ja, er hat sich ja ganz geschickt rausgeredet.

›Viktor war immer auf Baustellen in der ganzen Region eingesetzt. Was kann ich dafür, wenn der sich nicht an die Regeln hält‹, bla bla. Ganz ehrlich, der hat die Augen zugemacht, weil er es so im Puff günstiger bekam.«

Sascha Klein musste lachen. »Jetzt schwingst du aber ganz schön die moralische Keule …«

»Ist doch wahr, Sascha. Und dann noch diese krude Geschichte von Kasakows Verteidiger. Das macht mich ehrlich gesagt wütend. Da fühle ich mich …«

»… von meinem Lieblingsrechtsanwalt auf den Arm genommen, wolltest du bestimmt sagen.« Klein war ihr ins Wort gefallen. »Oder?«

»Na ja, so ähnlich. Aber das stimmt doch vorne und hinten nicht.

Krystyna sei ihm verfallen gewesen. Wollte immer nur Sex. Immer härtere Fesselspiele. Da kann es schon mal zum Unglück kommen. Widerlich.«

»Was zählt sind Fakten, Evelyn. Welche Beweise haben wir?«

»Der Kabelbinder um ihren Hals. An dem befindet sich seine DNA.«

»Richtig. Fesselspiele hat er zugegeben. Das Ganze könnte also wirklich ein Unfall gewesen sein. Was noch?«

»Die Folie, in die die Leiche eingewickelt war.

Die KTU hat einen Fingerabdruck von ihm darauf sichergestellt.«

»Ist ein Indiz, mehr nicht. Der könnte auch vorher schon drauf gewesen sein. Was ist mit dem Motiv?«

»Das Geld. 80 000 Euro.«

»Liegt nahe, ist aber auch nur eine Vermutung von uns. Es tauchte ja nirgends auf. Ob es also wirklich existierte?«

»Was ist mit Erpressung?«

»Du meinst wegen der SMS an diese Svitlana. Moment die Abschrift habe ich doch vorhin noch gesehen. Da hinten.« Sascha Klein zeigte auf den Aktenbock neben seiner Kollegin. Dort lag die aufgeschlagene Spurenakte. Evelyn Weber las vor: »Er hat versprochen, sich von seiner Frau zu trennen. Wenn er lügt, erzähle ich ihr alles. Er wird gar nicht anders können, als sich für mich zu entscheiden. Ich liebe ihn! Du wirst sehen, es wird alles gut.«

»Sollte sie diese Drohung auch ihm gegenüber geäußert haben, wäre das natürlich auch ein denkbares Motiv. Wir wissen es aber nicht. Bleibt die Garage. Er hat sie gemietet, nur er hatte einen Schlüssel. Und außer dieser Tiefkühltruhe stand auch nichts anderes drin.«

»Ich erinnere dich nur noch mal an die zeitliche Abfolge, Sascha.

Er hat die Truhe am 12. Februar bestellt. Am 17. wird sie geliefert. Und am 19. verschwindet Krystyna Iwanow. Kann das wirklich ein Zufall sein? Die Truhe dann später von der Wohnung in die Garage ein paar Straßen weiter zu bringen, ist für ihn doch kein Problem. Zur Not hätte er die auch auf den Anhänger von der Tischlerei rollen und eben rüberfahren können.«

»Aber reicht das wirklich, um ihn lebenslang einzusperren?«

Sascha Klein schlug die Kladde vor ihm zu und räumte die Akten auf seinem Schreibtisch zusammen. »Zum Glück haben wir noch eine Nacht, um darüber schlafen zu können«, sagte er zu seiner Kollegin. Es war gut noch einmal mit ihr über den Fall zu sprechen. Doch jetzt hatte er genug.

»Eins noch, Sascha.« Evelyn Weber stand schon in der Tür. »Lyudmila Iwanow wird morgen bei der Urteilsverkündung dabei sein. Hat mir Frank verraten. Irgendeine Zeitung hat ihr wohl die Reisekosten gesponsert. Gegen ein Exklusivinterview versteht sich ...«

»Kann unser Pressesprecher das nicht verhindern?«, entfuhr es Sascha Klein.

»Wie soll er?«

»Sind wir denn die einzigen, die das nicht lesen wollen?«

Eine Frage, die unbeantwortet im Raum stehen blieb.

Am 19. Februar 2014 verurteilte das Landgericht Bielefeld den Angeklagten wegen Totschlags zu einer zwölfjährigen Haftstrafe. Ein Mord, der einen lebenslangen Gefängnisaufenthalt zur Folge gehabt hätte, ließ sich nicht beweisen. Das Gericht konnte trotz der zahlreichen Verhandlungstage nur wenige Fakten ermitteln, hieß es in der mündlichen Urteilsbegründung. Demnach hatten sich der Angeklagte und das spätere Opfer in der Ukraine kennengelernt. Schnell habe sich zwischen den beiden ein intimes Verhältnis entwickelt. Für ihn sei es nur eine sexuelle Beziehung gewesen, sie habe sich jedoch in ihn verliebt. Er nahm sie mit nach Deutschland, damit sie auf ihren eigenen Wunsch hin in den Bordellen seines Bruders arbeiten konnte. Das verdiente Geld vertraute sie dem Angeklagten an. Wie viel es war konnte nicht eindeutig geklärt werden. Das Gericht ging von mindestens 12 000, vielleicht aber auch 80 000 Euro aus. Dies galt als ein mögliches Motiv.

Seine DNA am Kabelbinder, sein Fingerabdruck auf der Folie, die Tatsache, dass er die Tiefkühltruhe bestellte und dass er die Garage anmietete, überzeugte die Richter von seiner Täterschaft. Zudem hatte er als Freigänger kein Alibi. Zu einer Verurteilung wegen Mordes reichten die Indizien nicht aus. Habgier als Mordmerkmal schied aus, weil das Motiv nicht eindeutig geklärt werden konnte. Das Geld blieb für immer verschwunden. Heimtücke kam auch nicht in Betracht. Der genaue Tatablauf konnte ebenfalls nicht eindeutig aufgeklärt werden. Der Tod der jungen Frau hätte auch durch ein misslungenes Würgespiel beim Geschlechtsverkehr verursacht worden sein können.

Unterm Strich konnte das Gericht den Angeklagten nur wegen Totschlags verurteilen. Aber auch dagegen ging sein Verteidiger vor. Er hatte allenfalls Totschlag in einem minderschweren Fall, eher noch eine Körperverletzung mit Todesfolge, gesehen. Dies hätte eine geringe Haftstrafe nach sich gezogen und gegebenenfalls sogar eine frühere Haftentlassung seines Mandanten bedeutet. Der Bundesgerichtshof verwarf die Revision jedoch im März 2015. Damit ist das Urteil von zwölf Jahren rechtskräftig.

Die Mutter des Opfers kam übrigens nicht zur Urteilsverkündung. Sie hatte nicht genug Geld, ließ sich aber ständig von einem Pfarrer der ukrainischen Gemeinde in Bielefeld über den Fortgang des Prozesses berichten. Er war es auch, der die Urne ihrer Tochter in die Ukraine überstellte.

Die Reisekosten wurden aus Spenden der Gemeinde finanziert.

Thorsten Knape

Das Haus am Hang

Mein Name ist Andreas Groland, 36 Jahre alt, Kriminaloberkommissar bei der Bielefelder Polizei. Bis gestern war ich Mitglied der Mordkommission »Südland«. Heute werde ich sie verlassen – auf eigenen Wunsch. Ich kann nicht mehr. Ich kann das Haus nicht mehr sehen, kann die Fotos nicht mehr ertragen, kann die Vernehmungsprotokolle nicht mehr lesen. Ich kann einfach nicht mehr. Ich bin weiß Gott kein Weichei. Ich habe in der Zeit im Kriminalkommissariat 11, das für Kapitaldelikte zuständig ist, schon extrem harte Fälle auf meinem Schreibtisch gehabt. Ich habe Mörder und Triebtäter verhört, mit übel zugerichteten Opfern gesprochen. Ich habe zur Identifizierung unbekannter Leichen beigetragen und zur Beweissicherung kinderpornographische Videos analysiert. Ich kann was ab. Aber irgendwo ist auch meine Grenze. Und diese Grenze ist heute erreicht.

»Mach, was du für richtig hältst«, bestätigte mich Anne in meiner Entscheidung. »Ich kann's verstehen.« Anne ist eine meiner Kolleginnen in der MK, eine von mittlerweile 40 Ermittlern, die versuchen, das Verbrechen komplett aufzudecken. »Ich bewundere dich, Anne. Ehrlich. Wie hältst du das aus? Die ganzen Details. Warum kannst du weitermachen und ich nicht?« Wir hatten vor ein paar Minuten unser Büro im zweiten Stock des Polizeipräsidiums an der Kurt-Schumacher-Straße verlassen und saßen jetzt vor dem Haupteingang auf einem der im Kreis aufgestellten Steinquader. F beobachtet G stand an der Seite des Steins eingemeißelt. Ich hatte das Kunstwerk nie verstanden. Aber jetzt verstand ich mich und meine Reaktion nicht mehr. Und das war mir alles andere als egal. Anne zuckte mit den Achseln. »Ehrlich, ich weiß es nicht. Nach dem ersten Opfergespräch, du weißt schon, das mit der Frau aus Berlin, war ich fix und fertig. Hab mich zu Hause ins Schlafzimmer verkrümelt und erst mal geheult. Als mein Mann reinkam, hab ich ihm gesagt, alles wäre okay. Ich wäre nur ein bisschen nervös, wegen der Dimension, die der Fall annimmt.«

»Du hast nie mit ihm darüber gesprochen?«

»Bis heute nicht. Nicht viel jedenfalls.«

»Ich mit Christiane auch nicht. Sie will auch nichts hören. Sie sagt, was sie aus der Zeitung erfährt, macht sie schon traurig genug.«

»Kann ich gut verstehen«, erwiderte Anne.

»Wie geht es deiner Frau eigentlich? Hat sie sich von dem Schock einigermaßen erholt?«

Als eine der wenigen Kolleginnen und Kollegen hatte ich mit Anne darüber gesprochen, dass sich meine Schwiegermutter Anfang des Jahres das Leben genommen hatte.

»Geht so. Christiane leidet halt besonders darunter, dass sie sich überhaupt nicht erklären kann, wieso ihre Mutter das getan hat.«

»Klar. Nachvollziehbar«, erwiderte Anne.

Anne Bentrup war mir in all den Jahren zur Lieblingskollegin geworden. Eine toughe Frau, etwas jünger als ich, sportlich, mit blonden, kurzen Haaren und einem unglaublichen Arbeitseifer. Unsere nächste Polizeipräsidentin, sagten wir zu ihr, wenn wir sie ärgern wollten. Ich war von Anfang an froh gewesen, dass sie im Team war. Und so war es auch kein Wunder, dass ich mit ihr auch über mein Privatleben reden konnte. Und, dass ich ihr als erste von meinem Entschluss, die Mordkommission zu verlassen, erzählt hatte.

**

Die Mordkommission zu verlassen: was für ein Schritt. Dabei war es für mich wie ein Ritterschlag gewesen, ausgerechnet in diese MK berufen worden zu sein. Zu ihm, zu dem alten Fuchs, der mehr Mordkommissionen geleitet hatte als jeder andere im Polizeipräsidium. Der immer die schwierigsten Fälle bekam oder die mit dem größten Medieninteresse. Das erste Briefing der frisch aufgestellten Mordkommission war am vergangenen Freitag, kurz nach Mittag. Ehrlich gesagt waren wir mit dem Kopf schon alle im Wochenende, als der Alte uns zusammenrief und uns die ersten Informationen gab. Karl Kellermann war wie immer die Ruhe selbst, nach außen zumindest. Das, was er uns zu sagen hatte, klang allerdings seltsam und beunruhigend.

»Gestern Nachmittag ist im Santa-Anna-Krankenhaus in Braunschweig Monika Scholze verstorben. Frau Scholze war 41 Jahre alt, wohnhaft in Wolfsburg. Sie ist höchstwahrscheinlich an einer Schädelfraktur gestorben. Die Obduktion läuft, Näheres dazu also später. Der Körper der Frau weist zudem eine große Zahl von Verletzungen auf, es sieht nach Folterspuren aus.«

Kellermann ließ ein paar Fotos herumgeben, auf denen man Detailaufnahmen verschiedener Körperpartien der Verstorbenen sehen konnte. Arme, Beine, Rücken. Darauf Hämatome, Strangulationsspuren, Verbrennungen.

»Dringend tatverdächtig ist ein Paar aus dem Dorf Treegheim, liegt bekanntlich im Lipp'schen. Deshalb ist das ab jetzt unser Fall.«

Kellermann legte zwei weitere Fotos auf den Tisch. »Darf ich vorstellen: Martin Nagold, 46 Jahre alt, geboren in Reutlingen. Ein alter Bekannter. Nagold saß von 92 bis 94 wegen gefährlicher Körperverletzung in der JVA Ummeln. Hat seine Freundin gefangen gehalten und gequält. Hat sich dabei von seiner Ex-Freundin helfen lassen. War eine bizarre Geschichte damals. Kann mich gut dran erinnern.«

Ich schaute mir die Fotos an. Es waren aktuelle Polizeifotos. Offenbar waren die beiden von der Braunschweiger Polizei bereits erkennungsdienstlich erfasst und fotografiert worden. Martin Nagold trug darauf einen breiten Oberlippenbart, hatte halblange, glatte Haare. Das zweite Bild zeigte eine offenbar deutlich ältere Frau mit kurzem, grauen Haar. Ihr Gesicht erschien ebenfalls grau und faltig, ihr Mund und ihre Wangen waren eingefallen. Es sah so aus, als fehlten ihr mehrere Zähne im Mund.

»Seine Frau heißt Johanna. 47 Jahre alt, geboren in Detmold.

»Die ist 47?«, rief meine Kollegin Anne in den Raum und hielt dabei das Foto der Frau hoch.

»Die sieht mindestens zehn Jahre älter aus.«

»Ja«, erwiderte der Chef. »Da gebe ich dir recht. Die Frau scheint in ihrem Leben schon einiges durchgemacht zu haben.«

»Warum sind die beiden tatverdächtig? Wie ist die Verbindung zwischen der gestorbenen Frau aus Wolfsburg und unserem Paar aus Treegheim?«, fragte Anne, immer noch den Kopf schüttelnd wegen der großen Diskrepanz zwischen dem echten Alter der Frau und ihrem Aussehen auf dem Foto.

»Nun, die beiden haben einen Rettungswagen gerufen, der die Frau abholen sollte. Es ginge ihr nicht gut, sie wüssten auch nicht warum. Ich hab mir die Aufzeichnung von dem Notruf angehört. Genauso haben sie es formuliert.«

Der Notruf war gegen Mittag bei der Polizei in Braunschweig eingegangen. Karl Kellermann schilderte uns detailliert, was er von den dortigen Kollegen erfahren hatte. Ich habe es mir danach tausendmal vor meinem inneren Auge vorgestellt. Verstanden habe ich es bis heute nicht: Das Paar war mit der bereits schwer verletzen Frau auf der B1 zwischen Hildesheim und Braunschweig unterwegs gewesen. Ihr Ziel war Wolfsburg, wo Monika Scholze wohnte. Kurz hinter dem Ort Vechelde blieben sie mit ihrem alten Passat liegen. Motorschaden. Sie wussten offenbar nicht, wie es weitergehen sollte. Man diskutierte, ob man ein Taxi rufen sollte, um die Fahrt fortzusetzen.

Ein Taxi! Der Fahrer, so glaubte man zu Recht,

würde wohl Verdacht schöpfen angesichts der schweren Verletzungen der Frau auf dem Rücksitz. Deshalb wählten die beiden schließlich die 112 und verlangten einen Rettungswagen, weil es ihrer Freundin, so wie sie sagten, so schlecht ginge. Glücklicherweise hörten die Kollegen von der Braunschweiger Polizei den Notruf mit und entschieden, zusätzlich zum Rettungswagen eine Streife zum Ort des Geschehens zu schicken. Der Notarzt kümmerte sich um die schwer verletzte Frau, die Polizeibeamten packten sich das Pärchen ins Auto und brachten sie zur Wache Süd. Noch während die beiden auf dem Revier zu den Umständen befragt wurden, kam die Nachricht aus dem Krankenhaus. Nur zwei Stunden nach ihrer Einlieferung war Monika Scholze an ihren schweren Verletzungen gestorben.

»Weißt du noch, wie wir am Anfang stundenlang darüber gegrübelt haben, warum die beiden einen Rettungswagen gerufen haben?« Anne und ich saßen immer noch vor dem Polizeipräsidium, auf dem Quader mit dem blöden Namen ›F beobachtet G‹.

»Unglaublich, dass das erst eine Woche her ist. Am Anfang hatte Kellermann nur uns beide und vier Kollegen in die Mordkommission gerufen. Und wie viele sind wir jetzt?«

»40, Anne. Und ab morgen nur noch 39«, erwiderte ich.

Sie sah mich mit einem sorgenvollen Blick an.

»Stimmt, Andreas. Aber es ist nicht richtig, dass du aufhörst. Gerade jetzt nicht, wo wir schon so weit gekommen sind.«

»Gerade jetzt. Und weil wir soweit gekommen sind.«

»Das Schlimmste ist doch vorüber, Andreas.«

»Das Schlimmste …«

Das Schlimmste. Schwer zu sagen, was das Schlimmste bisher war. Die Aussagen der tatverdächtigen Frau waren gerade am Anfang schwer zu ertragen. Ihr Mann schwieg von Anfang an und hatte sein Schweigen bis heute nicht gebrochen. Aber sie schien froh zu sein, endlich erzählen zu können. In den ersten Vernehmungen, nachdem wir Johanna Nagold von Braunschweig nach Bielefeld geholt hatten, redete sie wie ein Wasserfall. Ich war als Mann für die Technik dabei, die Verhöre selbst waren natürlich Chefsache.

Ich schaltete das Diktiergerät und die Videokamera ein und nickte dem MK-Leiter kurz zu.

»Fertig!«

»Okay, dann wollen wir mal. Samstag, 12. März 2016. 10:15 Uhr Vernehmung von Johanna Nagold durch Ersten Kriminalhauptkommissar Karl Kellermann. Anwesend zudem KOK Groland. Frau Nagold, wo wollten Sie mit Frau Scholze hin?«

»Wir wollten sie nach Hause bringen. Nach Wolfsburg. Wir wollten, dass sie zu Hause stirbt«, antwortete Johanna Nagold mit erstaunlich ruhiger Stimme.

»Sie wollten, dass sie zu Hause stirbt?«

»Ja. Sie war doch so böse hingefallen. Im Bad. Sie sollte duschen. Aber sie hat den Duschkopf so dumm gehalten, dass das Wasser überall hin gespritzt ist. Da hab ich sie angeschrien und auf den Rücken geschlagen. Und da ist sie hingefallen. Und dann war so viel Blut an ihrem Kopf. ›Die geht uns tot‹, hab ich zu Martin gesagt. ›Dann weg mit ihr‹, hat er gesagt. Und dann haben wir sie ins Auto gepackt.«

Sie erzählte das mit einer Selbstverständlichkeit, als ob sie etwas absolut Logisches und Nachvollziehbares von sich gab, und schaute uns manchmal dabei an, als wollte sie sagen, das ist doch klar, das müsst ihr doch einsehen.

»Frau Scholze war also bei Ihnen in Treegheim zu Besuch. Wie lange war sie denn bei Ihnen?«, wollte Kellermann wissen. Johanna Nagold lächelte kurz und begann zu erzählen. Sie wollte gar nicht wieder aufhören. Vier Stunden lang erzählte sie, und so bekamen wir einen ersten Eindruck von dem, was sich in dem Horrorhaus von Treegheim, wie die Medien es bald nennen würden, abgespielt haben musste:

»Da hat sich wieder eine gemeldet!« Martin Nagold saß vor seinem Computer im Wohnzimmer und rief in die Küche herüber. »Komm mal!«

Johanna ließ alles sofort stehen und liegen, obwohl sie genau dafür bestimmt gleich wieder angeschrien würde, aber nicht zu kommen, wenn er rief, hätte wahrscheinlich schlimmere Folgen gehabt.

»Wer ist es denn?«, fragte sie brav und in Erwartung einer für sie guten Nachricht.

»Scholze heißt sie. Ist 41 Jahre alt und wohnt in Wolfsburg.«

»Worauf hat sie geantwortet?«

»Auf die Zeitungsannonce.«

»Siehst du, ich hab es doch gesagt. Zeitungsannoncen funktionieren immer noch.«

Martin schaute ungehalten zu ihr auf, schließlich war das gerade fast etwas vorlaut gewesen. Er beließ es vorerst bei einem Kopfschütteln.

»Ja, aber übers Internet kriegst du einfach mehr.«

»Und was schreibt sie nun?«

»Das Übliche halt. Dass sie auch einsam ist,

dass sie auch sportlich ist, und dass ihr mein Wahlspruch besonders gefällt.«

»Welchen hast du denn diesmal genommen?«, traute sich Johanna nachzufragen, denn bei den vielen hundert Annoncen, die sie in den vergangenen Jahren geschaltet hatten, war ihr der Überblick längst verloren gegangen.

»Zu zweit ist alles schöner!«, antwortete er.

»Der ist ja auch wirklich gut.«

Drei Tage später machten sich die beiden auf den Weg nach Wolfsburg. Es war wie immer. Martin hatte mit der interessierten Dame Kontakt aufgenommen und ein Treffen vorgeschlagen. Man hatte sich auf ein Café geeinigt, nicht weit vom Wohnort von Monika Scholze entfernt. Martin hatte seinen Führerschein schon vor einiger Zeit verloren und so ließ er sich von Johanna fahren. In Wolfsburg angekommen ließ Johanna ihren Mann kurz vor dem Treffpunkt aussteigen.

Entweder dauerte solch ein erstes Treffen nur ein paar Minuten oder gleich über eine Stunde. Johanna blieb im Auto sitzen und stellte sich auf beides ein.

Michael kam erst nach fast zwei Stunden zurück. Er grinste übers ganze Gesicht.

»Gut gelaufen!«, sagte er selbstzufrieden und wies Johanna an, nach Hause zu fahren.

»Sie kommt am nächsten Sonntag zu uns.«

Johanna fuhr los. Während der Fahrt redeten sie nicht viel. Jeder hing seinen eigenen Gedanken nach. So unterschiedlich diese Gedanken auch sein mochten, aber beide freuten sich darüber, dass ihnen wieder ein Opfer ins Netz gegangen war.

Am darauffolgenden Sonntag erschien Monika Scholze tatsächlich in Treegheim.

Und Martin und Johanna begannen ihr perfides Spiel.

»Das ist Johanna, meine Schwester. Die wohnt auch hier«, erklärte Martin die Anwesenheit seiner Frau im Haus.

Monika Scholze war das egal. Sie achtete auf ganz andere Sachen bei ihrem ersten Besuch in Treegheim. Das Haus war groß, mit einem kleinen Anbau links und einer großen Scheune rechts. Alles in die Jahre gekommen und ein bisschen schäbig, aber wunderschön gelegen am Hang mit Blick ins Tal. Treegheim selbst war recht idyllisch, ein kleines Dorf mit sicher nicht mehr als 300 Einwohnern. Eine lange Dorfstraße, ein kleines Denkmal, eine hübsche Kirche und ein Dorfgemeinschaftshaus. Das alles sah Monika Scholze und war angetan. Dorf statt Großstadt, Idylle statt Anonymität, Gesellschaft statt Einsamkeit – und vielleicht ein kleines bisschen Liebe. Das alles versprachen in ihren Augen das kleine Dörfchen Treegheim und das Haus, das sie jetzt betrat. Dass außer Martin noch dessen Schwester dort lebt, was sollte das schon groß für einen Unterschied machen?

»Ziehen Sie sich bitte die Schuhe aus«, sagte Johanna in freundlichem, aber bestimmten Ton. »Wir achten hier sehr auf Sauberkeit.«

Monika tat wie ihr geheißen.

»Schön, dass Sie pünktlich sind. Meinem Bruder ist es wichtig, dass die Essenszeiten eingehalten werden. Lassen Sie uns Kaffeetrinken.«

Johanna führte den Besuch in die Küche, in der der Tisch schon gedeckt war.

Martin hatte die ganze Zeit nichts gesagt, nur immer lächelnd auf den Besuch geschaut.

Das war sicher nicht der Empfang, den Monika Scholze erwartet hatte, aber die Strenge und offensichtliche Ordentlichkeit waren ihr auch nicht direkt unsympathisch. Wer so lange allein lebte wie sie, in dessen Leben alles so beliebig geworden war wie in ihrem, der konnte strikten Regeln und deren Durchsetzung durchaus etwas abgewinnen.

»Sie leben also allein?«, fragte Johanna, als Monika gerade in das Stück Butterkuchen beißen wollte.

»Johanna, bitte. Nun lass unseren Gast doch

erst einmal in Ruhe etwas essen«, ging Martin dazwischen. »Monika, du musst wissen, meine Schwester kümmert sich ganz rührend um mich. Nur manchmal übertreibt sie es halt ein bisschen.«

Monika lächelte. Schön, wie sich hier der eine um den anderen kümmert, dachte sie. Um mich kümmert sich keiner.

Dann übernahm Martin das Reden. Erzählte von den Plänen, die er für das Haus hatte. Vom Umbau und einer großen Gartenterrasse. Von einer kleinen Erbschaft, die ihn und seine Schwester finanziell unabhängig gemacht hätte. Von einer Gaststätte, die ihm im Nachbardorf gehörte, und davon, wie gut sich seine Schwester um ihn kümmerte. Und davon, dass er sich gleichwohl natürlich einsam fühlte und nach Liebe sehnte.

Monika hörte gerne zu und gönnte sich noch ein zweites Stück Butterkuchen. Als ihr beim Essen ein paar Krümel herunterfielen, stand Johanna vom Tisch auf.

»Sie müssen aber schon ein bisschen aufpassen! Das wissen Sie schon?«, grantelte die Hausherrin. Wie lange hatte sie schon niemand mehr zurechtgewiesen, fragte sich Monika im Stillen. Eigentlich niemand mehr, seit ihr Vater gestorben war. Der war immer hart mit ihr gewesen. Sehr hart sogar. So zeigen Väter Liebe, hatte ihre Mutter immer gesagt, wenn ihrem Vater die Hand mal wieder ausgerutscht war.

Monika blieb fast drei Stunden im Haus in Treegheim, dann musste sie los. Der Rückweg war weit.

»Nächstes Mal bleibst du über Nacht«, sagte Martin mit einem charmanten Grinsen und legte ihr den Arm um die Schultern.

Monika schaute Johanna fragend an.

»Doch, doch. Das dürften Sie schon«, sagte Johanna. »Im Gästezimmer, natürlich. Und bringen Sie Hausschuhe mit!«

Als Monika Scholze nur eine Woche später wieder an der Haustür in Treegheim klingelte, hatte sie ihre Hausschuhe ganz oben in ihre kleine Reisetasche gepackt. Zuhause in Wolfsburg hatte sie nicht lange überlegt, ob sie die Einladung von Martin für dieses Wochenende annehmen sollte. Was verpasste sie hier schon? Seit der Scheidung von ihrem Mann lebte sie alleine in dieser Stadt, die ihr nie zur Heimat geworden war. Einen Freundeskreis hatte sie hier nie gefunden. Hin und wieder ein kleiner Schnack mit der Verkäuferin in der Bäckerei nebenan, das war eigentlich alles, was sie an Kontakten hatte. Ihr Mann, der mittlerweile in Hamburg lebte und als Ingenieur ein gutes Gehalt bezog, sorgte für ihren Unterhalt. Ein paar Mal hatte sie trotzdem Jobs angenommen, um ihr eigenes Geld zu verdienen. Aber eine bleierne Antriebslosigkeit ließ sie alle Unternehmungen schnell auch wieder hinwerfen. Also auf nach Treegheim, in dieses Haus, in dem Zucht und Ordnung herrschten. So wie damals in ihrem Elternhaus.

Als Johanna die Tür öffnete, präsentierte sie ihr stolz ihre Hausschuhe.

»Gut so«, nickte Johanna. »Kommen Sie herein.«

Das Abendessen verlief ruhig, fast harmonisch. Monika strengte sich an, einen guten Eindruck zu machen. Sie war glücklich, dass ihr das offenbar gelang. Johanna schimpfte nicht mit ihr. Und Martin lächelte sie fortwährend an.

Nachdem sie zu dritt einen Film im Fernsehen geschaut hatten, geleitete Johanna sie ins Gästezimmer. »Ich hoffe, Sie müssen nachts nicht so häufig aufs Klo. Die Spülung hört man durchs ganze Haus«, sagte Johanna im Ton einer Herbergsmutter.

»Nein, ganz bestimmt nicht«, antwortete Monika im Ton einer Fünftklässlerin, die das erste Mal im Schullandheim ist.

»Gut«, erwiderte Johanna. »Frühstück ist um acht.«

Jemand kümmert sich um das, was ich mache, dachte Monika und in ihr stieg ein wohliges Gefühl auf. Strenge und Zurechtweisungen, wie damals bei ihrem Vater. Und damals war es ja Liebe, hatte ihr ihre Mutter erklärt.

Eine halbe Stunde, nachdem sie zu Bett gegangen war, öffnete sich leise die Tür zu ihrem Zimmer. Ohne ein Wort zu sagen, kam Martin zu ihr ins Bett. Seine Liebe war grob. Er fragte nicht, er machte. Und er tat ihr auch weh dabei. Aber das muss wohl so sein, wenn man geliebt wird, dachte sich Monika und ließ es geschehen. Als er ging, sagte Martin kein Wort. Aber er legte einen Finger auf seine Lippen. Es war klar, was er meinte: kein Wort zu Johanna.

Als Monika am nächsten Morgen um Punkt acht in der Küche erschien, hatte sie ein schlechtes Gewissen. Sie, die in der vergangenen Nacht gleichzeitig geliebt und gedemütigt worden war, hatte gar keinen Platz in ihrer Seele für Groll gegen den Mann, der sie ungefragt bedrängt hatte. Sie war nur von einem Gedanken gefangen: Johanna weiß es bestimmt, und sie wird mich dafür hassen. Und ich schäme mich für das, was letzte Nacht passiert ist.

Ein Blick in Johannas Augen bestätigte ihre Befürchtungen. Johanna schaute sie strafend an, ohne ein Wort mit ihr zu wechseln. Sie wusste es also. Es ist alles meine Schuld, wenn ich jetzt gehen muss. Gerade hatte sie einen Ort gefunden, der sie irgendwie an Zuhause erinnerte und jetzt würde sie bestimmt gleich gehen müssen. Aber Johanna sagte kein Wort. Und Monika empfand es als großes Glück, bleiben zu dürfen.

Nach dem Frühstück machten sie zu dritt einen kurzen Spaziergang durchs Dorf. Die Menschen, die sie trafen, nickten kurz. Gesprochen wurde kaum. Immer wieder schaute Monika ängstlich auf Johanna. Die aber blieb ruhig. Glück gehabt, dachte Monika wieder. Dann gab es Mittag.

»Decken Sie den Tisch. In der unteren Schublade ist das Besteck.« Johannas Befehlston war scharf, aber Monika war froh, dass Johanna überhaupt mit ihr sprach. Martin war in der Scheune. Aufräumen, hatte er gesagt. Monika nahm Messer, Gabeln, kleine und große Löffel aus der Schublade und legte sie neben die Teller auf den Küchentisch.

»Wie liegen denn die Messer da?«, herrschte Johanna sie an, als sie auf den Tisch blickte. »Die Schneide muss nach innen liegen, zum Teller hin. Nicht nach außen, Herrgott noch mal.«

Johanna nahm eines der falsch liegenden Messer vom Tisch, holte aus und schlug es Monika mit der flachen Seite auf den Handrücken.

»Merken Sie sich das!«

Monikas Hand brannte von dem kräftigen Schlag. Aber das einzige, was sie sagen konnte, war: »Entschuldigung, kommt nicht wieder vor.«

»Dann ist ja gut«, sagte Johanna und holte die Suppe.

Sie blieb noch eine Nacht und am darauffolgenden Morgen war sie froh, eine langärmelige Strickjacke mit nach Treegheim gebracht zu haben. So konnte sie die ersten blauen Flecken an ihren Oberarmen kaschieren. Martin war auch in der zweiten Nacht zu ihr gekommen. Und hatte ihr sehr weh getan. Nicht nur an den Oberarmen. Und später hatte ihr Johanna dann noch, als sie alleine waren, weil Martin wieder in seiner Scheune werkelte, mit dem Stil eines Laubbesens in die Kniekehle geschlagen. Weil sie im Garten hinter dem Haus zu langsam gewesen war, nachdem ihr Johanna gesagt hatte, dass sie sich dort ein bisschen nützlich machen sollte. Monika ließ auch das über sich ergehen.

Als Monika Scholze nach drei Tagen das Haus in Treegheim verließ, setzten sich Martin und Johanna gemeinsam an den Küchentisch.

»Gut«, sagte er.

»Ja, gut. Und ich hab sie mir auch schon ein bisschen vorgenommen. Immer wenn du draußen warst. So wie du es willst«, erwiderte Johanna.

»Gut«, sagte Martin und beließ es bei einem nicht allzu harten Schlag mit der flachen Hand gegen Johannas Hinterkopf.

Monika Scholze würde wiederkommen, da waren sie sich jetzt sicher. Und sie würde bleiben, solange es ging. Gut so, dachte Martin auf dem Weg hinaus in die Scheune. Es geht endlich wieder los, dachte Johanna und bereitete das Abendessen vor.

Das alles hatte Johanna Nagold in ihrer ersten Vernehmung geschildert. Ich erinnere mich noch an die Selbstverständlichkeit, mit der sie uns die ersten Einzelheiten erzählte. Und mit welcher Ruhe sie das tat. Karl Kellermann hatte nach den ersten vier Stunden eine Pause angeordnet. Johanna Nagold wurde in eine der Zellen im Untergeschoss des Polizeipräsidiums gebracht. Wir holten uns ein Sandwich aus der Kantine und setzten uns in sein Büro.

»Das ist doch unglaublich, Chef«, sagte ich zu Kellermann. »Was ist das bloß für eine Geschichte?«

Kellermann schaute von seinem Kaffeebecher auf.

»Eine Geschichte, über die wir noch längst nicht alles wissen. Die Art und Weise, wie sie erzählt. Das scheint alles so normal für sie zu sein.

Als ob sie das alles schon ein Dutzend Mal gemacht hätten.«

Wenn Kellermann laut nachdachte, hörte man immer diese Art von Halbsätzen. Aufzählungen, Vermutungen, offene Fragen – Kettenglieder, die sich irgendwann zusammenfügen mussten.

»Wie weit sind die Kollegen von der Spurensicherung im Haus der Verdächtigen?«, fragte er mich dann.

»Ein heilloses Durcheinander, sagen sie. Das wird Tage dauern. Blutspuren im Badezimmer, aber nicht alle gleich alt. Die Waschküche haben sie sich auch schon vorgenommen. Auch da Blutspuren. Einige frisch, andere älter.«

»Mach mal Druck im Labor. Ich will wissen, ob alle Blutspuren von ein und derselben Person stammen.«

»Fahren wir heute noch ins Haus, Karl?«

»Nein. Wir machen mit der Vernehmung von Johanna weiter. Die hat uns noch viel zu sagen.«

Wie viel sie uns tatsächlich noch zu erzählen hatte, konnte aber selbst ein erfahrener Ermittler wie Karl Kellermann beim besten Willen nicht ahnen.

»So dann wollen wir mal weiter. Fürs Protokoll: Samstag, 12. März 2016. 15:30 Uhr. Fortsetzung der Vernehmung von Johanna Nagold durch Ersten Kriminalhauptkommissar Karl Kellermann. Anwesend weiterhin KOK Groland.«

Kellermann sprach das ganz ruhig in das Aufnahmegerät und wendete sich dann wieder der Tatverdächtigen zu.

»Frau Nagold, von dem Zeitpunkt, als Frau Scholze bei Ihnen einzog, bis zu dem Tag, als Sie sie nach Hause bringen wollten, das sind ja fast acht Wochen. In dieser Zeit muss sich Frau Scholze mehrfach verletzt haben. Wir haben die Leiche gründlich untersucht. Woher kamen die Verletzungen?«

Ohne zu zögern kam die Antwort.

»Na ja, sie hat halt ab dann bei uns gewohnt, richtig fest. Und dann muss man sich an Regeln halten. Und wenn man sich nicht an die Regeln hält, dann wird man halt bestraft. So macht es Martin mit mir und so mache ich das mit den Frauen, wenn sie bei uns sind.«

Kellermann schaute mich an. Sein Blick forderte mich auf, ruhig zu bleiben. Er hatte genauso wie ich gehört, was die Frau uns gegenüber gerade in aller Seelenruhe gesagt hatte. So ganz nebenbei. Aber er wollte offenbar zu diesem Zeitpunkt noch nicht darauf eingehen. Ich hatte Schwierigkeiten, ruhig auf meinem Stuhl sitzen zu bleiben. Aber Kellermann machte so weiter, wie er es für richtig hielt.

»Wie haben Sie Frau Scholze denn bestraft?«, fragte er in ruhigem Ton weiter. Wie konnte der Mann nur so beherrscht bleiben?

»Na ja, es muss schon weh tun, wenn man ’was falsch macht, sagt Martin immer. Dann kriegt man halt mal ’ne Tracht Prügel, mit dem Gürtel, so wie früher als Kind. Und dann gibt es auch mal Stubenarrest. Das ist bei uns immer in der Waschküche. Da hab ich auch manche Nacht verbracht. Und wenn man dann an die Tür klopft, weil man raus will, das geht natürlich nicht. Dann wird man am Abflussrohr festgebunden. Wenn man nur eine kleine Dummheit gemacht hat, dann wird man an den Haaren gezogen. Die Monika hatte so fürchterlich dünne Haare, da sind dann immer gleich ganze Büschel herausgerissen. Das sah dann so schlimm aus, dass ich ihr die Haare ganz kurz geschoren habe. Dann fiel das nicht so doll auf, wenn man mal draußen war.«

»Waren Sie oft draußen mit Frau Scholze?«, wollte Kellermann wissen.

»Nö, eigentlich nicht. Mal zum Einkaufen und so.«

»Einkaufen? Hatten Sie denn keine Angst, dass die Nachbarn sie sahen oder dass die Frau Scholze vielleicht mal um Hilfe gebeten hätte?«

»Ach nee, die Nachbarn, die kümmern sich

doch nicht. Und um Hilfe bitten, das hätte sich die Monika nicht getraut. Gelegenheit hätte sie ja genug gehabt. Zweimal haben wir es sogar mit der Polizei zu tun bekommen. Aber die Monika, die blieb still.«

»Mit der Polizei?«, fragte ich dazwischen und erntete sofort einen bösen Blick vom Chef.

»Darüber reden wir noch, Frau Nagold«, sagte Kellermann. Und fügte mit einem Seitenblick zu mir dazu: »Später, Frau Nagold. Kurze Pause.«

»Reiß dich zusammen, Andreas«, riet mir Kellermann, als wir auf dem Flur vor dem Vernehmungsraum standen.

»Frauen, Karl. Sie hat von Frauen gesprochen. Mehrzahl. Und das mit dem Kontakt zur Polizei. Was kommt denn noch?«

»Viel kommt da noch. Ganz viel, Andreas«, erwiderte Kellermann und holte für uns beide frischen Kaffee.

»Lass uns hören, was sie noch zu sagen hat und dann ordnen wir nach Wichtigkeit.

Eigentlich müssten wir jetzt mit dem Tag weitermachen, an dem sie die Monika so schwer verletzten, dass sie sie nach Hause zurückbringen wollten. Aber davon wissen wir ja schon einiges. Ich glaube, es ist jetzt höchste Zeit, erst einmal herauszufinden, wie viele Frauen diesem Pärchen eigentlich noch zum Opfer gefallen sind.«

Bei der ersten Frau, die ins Haus kam, war Johanna noch sehr aufgeregt gewesen. Jetzt musste sie manchmal lachen, wenn sie daran zurückdachte. Martin war damals gleich beim ersten Treffen die Hand ausgerutscht. Alle waren sie erschrocken gewesen. Sie selbst und natürlich die Frau, die Martin geohrfeigt hatte. »Stell dich jetzt bloß nicht so an«, hatte Martin geschrien und damit sie beide gemeint. Die fremde Frau war weinend aus dem Haus gelaufen, und Martin hatte seine schlechte Laune danach sofort an ihr ausgelassen. Hat ihr den heißen Tee, der noch auf dem Küchentisch gestanden hatte, über die Hand geschüttet. Und dann musste sie runter in die Waschküche und da über Nacht bleiben, weil er sagte, dass es ihre Schuld gewesen sei, dass er sich so aufgeregt hätte. Bei der zweiten Frau klappte es schon besser. Die ließ sich einiges gefallen. Weil Martin nicht sofort ausgerastet ist. Und weil sie selbst der Frau am Anfang immer gut zugeredet hat. Die Frau hatte dann nach einer Woche aber doch genug und verschwand eines Nachts. Aber die Woche war gut gewesen für Johanna und sie hatte kapiert, wie es gehen konnte: Sorg dafür, dass andere Frauen hier sind. Dann leiden die für dich. Und du hast ein bisschen Ruhe.

»Es hat sich eine auf diesem Internet-Portal

gemeldet«, rief Martin vom Flur herüber und riss sie aus ihren Gedanken.

»Schön«, sagte sie.

»'Ne ganz junge«, sagte Martin und runzelte die Stirn. »Ob das was wird?«

»Ach, ganz bestimmt«, erwiderte Johanna.

»Aber nur, wenn du keinen Mist baust«, sagte er und trat ihr mit voller Wucht von hinten in die rechte Kniekehle.

Sie baute keinen Mist, weil sie das Prinzip durchschaut hatte, und so wurde der Aufenthalt der jungen Frau, wie Martin sie genannt hatte, zum längsten Martyrium einer Frau im Haus am Hang:

»Fortsetzung der Vernehmung von Johanna Na-gold. Frau Nagold, wenn ich Sie richtig verstanden habe, war Monika Scholze nicht die einzige Frau, die bei Ihnen gewohnt hat. Hat denn mal jemand noch länger bei Ihnen gewohnt als die Frau Scholze? Die war ja immerhin fast zwei Monate da.«

Kellermanns Frage überraschte mich. Anstatt direkt nach Namen und Anzahl der weiteren vermeintlichen Opfer zu fragen, wollte er offenbar erst einmal ein weiteres Einzelschicksal erfragen. Aber er arbeitete seine Prioritätenliste im Kopf ab. Und er sollte Recht behalten mit seinem Vorgehen. Denn mit der Frage stieß er zum Kern der ganzen grausamen Geschichte vor.

»Die Beate, die war am längsten bei uns«, antwortete Johanna, ohne lange zu überlegen.

»Beate und wie weiter?«, wollte Kellermann wissen.

»Beate Wissmann. Das war 'ne ganz Liebe, und so jung.«

Kellermann nickte mir zu, und ich glich den Namen mit unserer Datenbank ab: Beate Wissmann, geboren am 30. April 1981 in Braunlage. Auch dort gemeldet. Keine weiteren Einträge.

Ich schüttelte leicht den Kopf, als Zeichen für meinen Chef, dass wir keine weiteren Daten über die Person im Polizeicomputer hatten.

»Wann kam Frau Wissmann zu Ihnen?«

»Im Herbst vor zwei Jahren war das. Nein, warten Sie, das ist ja schon drei Jahre her. Also 2013, im Oktober, ist sie bei uns eingezogen.«

»Wie lange ist sie geblieben?«

Johanna Nagold fasste sich mit der linken Hand an die Stirn. Sie sagte nichts. Das erste Mal in der Vernehmung antwortete sie nicht sofort auf eine unserer Fragen.

»Frau Nagold, wie lange ist Frau Wissmann bei Ihnen geblieben?«, hakte Kellermann nach.

»Bis zum Schluss.«

»Bis zum Schluss?«

Beate war ja wirklich eine ganz Nette gewesen. Johanna hatte fast ein bisschen Mitleid mit ihr, als Martin und sie begannen, sie zu quälen. ›Aber Ordnung muss nun mal sein und eine harte Hand schadet keinem‹, sagt Martin. Und Beate hat sich am Anfang auch sicher wohlgefühlt im Haus. Und als es dann heftiger wurde, als Johanna zu immer schlimmeren Bestrafungen griff, da war Beate so still geworden und so ängstlich, dass sie gar nicht mehr geredet hat. Das war Martin auch nicht recht gewesen. Da musste Johanna die Beate immer öfter wegsperren und immer öfter quälen. Das ging dann sehr lange. So lange, dass Martin das Interesse an Beate verlor und wieder anfing, Johanna zu bestrafen. Und dann, aber da war Beate schon über ein halbes Jahr im Haus, da ist Johanna so richtig wütend geworden und hat die Beate im Bad wohl ein bisschen zu doll getreten. Martin war böse geworden, als er sah, was Johanna angerichtet hatte. »Die ist ja tot!«, hatte Martin geschimpft. »Kümmer dich gefälligst drum, du dumme Kuh!«

Und weil sie nicht wusste, was sie mit der toten Beate anfangen sollte, hat sie sie erst einmal in die Kühltruhe gelegt. Im August war das gewesen und es war so warm im Haus. Als dann der Winter kam, hat Johanna sie aus der Kühltruhe geholt, in die Scheune geschafft und angefangen, den Leichnam zu zerteilen. Und die einzelnen Teile haben Martin und sie dann jeden Abend in den großen Kaminofen gesteckt und verbrannt. Und ganz spät in der Nacht sind Martin und sie dann immer ins Auto gestiegen und haben die Landstraße raus aus Treegheim genommen. Und dann hat Johanna das Seitenfenster geöffnet und die Asche am Straßenrand verteilt.

Kellermann drückte den Aus-Knopf des Aufnahmegerätes und hielt die Videokamera an.

»Schluss für heute. Abführen!«, sagte er zu mir, aber ich konnte mich nicht bewegen. Ich saß da und versuchte, das zu verarbeiten, was wir da gerade gehört hatten.

»Andreas, bring sie raus!«, wiederholte Kellermann.

Am Sonntag Mittag fuhren wir gemeinsam zum Haus in Treegheim. Vorher hatten wir nur ein kurzes Verhör mit Johanna Nagold geführt. Kellermann hatte dabei nur eine zentrale Frage gestellt:

»Frau Nagold, wie viele Frauen waren bei Ihnen im Haus und wie viele sind im Haus zu Tode gekommen?«

»Nein, das war nur die Beate. Die Monika haben wir ja deshalb zurückbringen wollen. Weil das doch mit der Beate so ein Umstand war. Die anderen sind früher oder später von sich aus wieder abgehauen.«

»Frau Nagold, wir bringen Sie jetzt in Ihre Arrestzelle zurück und dann bekommen Sie Zettel und Stift. Schreiben Sie auf, wer wann im Haus war und was Sie mit den Frauen gemacht haben. Haben Sie das verstanden?«

»Ja, hab ich. Dann bekommen Sie einen guten Überblick, nicht wahr?«, erwiderte Johanna Nagold.

Auf der Fahrt nach Treegheim war Kellermann still. Es war gerade mal 40 Stunden her, dass wir von dem Vorfall auf der Bundesstraße bei Braunschweig erfahren hatten. Und jetzt waren wir mittendrin in einem Fall, der alles bisher Dagewesene in den Schatten stellt.

Die Grausamkeit der Täter, die Kaltblütigkeit, mit der sie eines ihrer Opfer entsorgt hatten, und die bange Frage, wie viele Frauen wohl insgesamt Opfer des Paares waren, beschäftigte uns auf der Fahrt.

»Nach was suchen wir im Haus?«, fragte ich Kellermann nach einer Weile des Schweigens.

»Nach Hinweisen, Indizien, Spuren, die das belegen, was uns Frau Nagold in den vergangenen zwei Tagen erzählt hat. Denn das ist ja eine der Besonderheiten in diesem ohnehin nicht wirklich normalen Fall. Die Täterin erzählt uns die unglaublichsten Geschichten, gesteht den Tod einer Frau und wie sie eine Leiche verschwinden ließ. Sie erzählt uns, wie in ihrem Haus eine weitere Frau so schwer verletzt wird, dass sie nur wenig später stirbt und berichtet von weiteren Frauen, die in ihrem Haus gequält wurden. Und wir, wir müssen jetzt belegen, dass ihre Aussage stimmt. Ich habe zwar nicht das Gefühl, dass sie uns anlügt, aber wir müssen das alles nachhalten und gerichtsfest machen. Ihr Mann schweigt weiterhin und wenn sie irgendwann ihre Aussage zurückziehen würde, ständen wir vor Gericht mit leeren Händen da.«

»Und wir müssen überprüfen, ob sie uns wirklich alles erzählt hat«, ergänzte ich. »Vielleicht lässt sie ja ganz bewusst etwas weg, dass wir nicht erfahren sollen.«

»Hoffentlich nicht. Ist ja so schon schlimm genug«, erwiderte Kellermann und verfiel wieder in tiefe, stille Grübelei.

Das Haus der Nagolds lag tatsächlich recht idyllisch am Südhang des kleinen Ortes Treetheim. Als wir ankamen, war das Haus bereits umlagert. Natürlich hatte der gewaltsame Tod von Monika Scholze im Krankenhaus von Braunschweig längst die Runde gemacht bei den Medien. Durchgesickert war offenbar nicht nur, dass daraufhin ein mögliches Täterpaar aus Ostwestfalen festgenommen worden war, sondern auch, wo die beiden wohnten. Zeitungsfotografen standen vor dem Haus, zwei Kamerateams waren da, etwas weiter die Straße rauf waren Techniker dabei, einen Fernsehübertragungswagen in Gang zu setzen. Journalisten, mit Mikrofonen in den Händen, gingen von Haustür zu Haustür, in der Hoffnung, von den Nachbarn etwas über das Haus und das Paar zu erfahren. Noch wussten sie nicht, was wirklich alles in dem Haus passiert war. Aber das würde nur eine Frage der Zeit sein.

»Die Staatsanwaltschaft hat für morgen früh eine Pressekonferenz anberaumt. Elf Uhr bei uns im Polizeipräsidium«, erklärte Kellermann, als wir im Flur des Hauses standen, und alle Kollegen, die bereits seit gestern im Haus arbeiteten, um uns versammelt waren.

»Bis dahin brauche ich Bestätigung für das, was wir von der Tatverdächtigen erfahren haben.« Dann gab er eine ausführliche Zusammenfassung für die Kollegen und erzählte von den Problemen, vor die uns der Fall stellte.

»Stellt also alles hier auf den Kopf, sucht nach Hinweisen auf fremde Personen, die im Haus gewesen sind. Kleidung, Papiere, alles. In ungefähr einer Stunde sollten Kollegen vom LKA Düsseldorf hier eintreffen, die euch unterstützen werden. Wenn wir morgen auf der Pressekonferenz sagen, was wir bis jetzt wissen, wird sich die Zahl der Journalisten da draußen verzehnfachen. Versucht also einen Bauzaun oder irgendeinen Sichtschutz zu besorgen, den wir um das ganze Grundstück herumziehen können. Ich will nicht, dass die uns von überallher ins Haus oder in den Garten filmen können. Wichtig ist, dass wir Spuren finden von der Frau, die hier nach Aussage der mutmaßlichen Täterin zerstückelt und verbrannt worden ist. Beim LKA-Trupp, der kommt, sind zwei Spezialisten, die euch dabei helfen werden«, sagte Kellermann zu den Kollegen unserer Spurensicherung.

»Zudem kommen morgen früh noch zwei Kollegen mit Leichenspürhunden«, ergänzte ich. »Früher geht leider nicht. Sämtliche Spuren, die wir hier sicherstellen, müssen noch vor Ort beschriftet und katalogisiert werden. Anschließend sollen sie im Labor des LKA in Düsseldorf analysiert werden. Ein Transportweg ist eingerichtet.«

»Schafft mir den Fotografen da weg!«, unterbrach mich Kellermann, als er bemerkt hatte, dass sich jemand von hinten auf die Terrasse des Hauses geschlichen hatte.

»So, das soweit von uns. Was habt ihr bis jetzt?«, fragte Kellermann den Leiter der Spurensicherung.

»Über die verschiedenen Blutspuren haben wir euch ja bereits informiert«, antwortete Spusi-Leiter Kurt Fellner.

»Die Analyse läuft. Definitiv sind sie verschiedenen Alters, der DNA-Abgleich mit der Toten aus Braunschweig läuft. Mehr dazu aus dem Labor. Hier vor Ort haben wir bis jetzt fünf verschiedene Handys gefunden. Zwei sind Prepaid-Handys. Über die wissen wir noch nichts. Das dritte ist auf den Namen des Todesopfers aus Braunschweig eingetragen. Das vierte scheint der Beate Wissmann zu gehören. Das fünfte Handy ist auf die Nagolds registriert. Die Bilddateien darauf müsst ihr euch gleich aber unbedingt anschauen. Nichts für schwache Nerven.«

Meine Kollegin Anne Bentrup, die von Anfang an die Arbeiten im Haus geleitet hatte, hielt das Handy hoch. Es steckte in einem durchsichtigen Asservatenbeutel.

»Heftig«, bestätigte sie. »Fotos und Videos. Mindestens vier unterschiedliche Personen. Frauen. Nicht eindeutig zu klären, was mit ihnen ist. Einige machen auf den Fotos einen leblosen Eindruck.«

»Überspiel die Fotos auf unseren Rechner und

versuch, die Frauen zuzuordnen. Wir brauchen Namen. Wir brauchen Gewissheit, verdammt noch mal!«

Kellermann wurde richtig laut. Das war das erste Mal, dass ich miterlebte, wie er aus der Haut fuhr. Unser Chef, der ruhige, besonnene Ermittler. Auch er hatte also Schwierigkeiten, seine Nerven im Griff zu behalten. Kein Wunder.

»Sorry. Tut mir leid«, entschuldigte er sich bei Anne und damit bei allen, die um ihn herumstanden. »Wie läuft die Zeugenbefragung in der Nachbarschaft?«

Auch darum hatte sich Anne schon gekümmert.

»Ganz schlecht, Chef. Die Nachbarn bestätigen, dass hin und wieder mal fremde Autos vor der Garage standen, mit Nummernschildern von weiter weg. Frankfurt und Berlin und so. Aber mit den Leuten im Haus hätte man eigentlich nie zu tun gehabt. Die Nagolds hätten sehr zurückgezogen gelebt. Oft wären tagsüber die Jalousien runter gewesen. Zwar hätte man manchmal auch Frauen gesehen, die man nicht kannte. Aber aufgefallen sei niemandem etwas.«

»Nein, natürlich nicht. Wenn ich das schon höre.« Kellermanns Einwurf zeigte, dass er seine Wut nur mühsam zurückhalten konnte.

»Ich hab die Nachbarn natürlich damit konfrontiert, dass sowohl Frau Nagold als auch einige der Frauen im Haus doch sehr deutliche Spuren von Misshandlungen gezeigt haben müssten«, fuhr Anne fort. »Ja, ach das, da wollte man sich nicht einmischen. Die Frau Nagold wäre wohl mal mit kahl rasiertem Schädel gesehen worden. Da habe man gedacht, die hat vielleicht Krebs. Und eine oder zwei fremde Frauen waren auch mal kahl rasiert. Ja, habe man gedacht, dann haben die vielleicht auch Krebs.«

»Okay, verstanden, Anne. Danke«, nickte Kellermann enttäuscht.

In dem Moment kam Spusi-Leiter Fellner zurück in den Flur. »Chef, wir haben noch ein kleines Problem. Die Geschichte, die euch die Festgenommene erzählt hat, wird sich nicht so einfach bestätigen lassen. Im Haus gibt es keine Kühltruhe mehr. Und der Kaminofen ist ausgebaut worden. Schon vor einiger Zeit, wie es scheint.«

»Auch das noch«, erwiderte Kellermann und folgte Fellner ins Wohnzimmer.

***

»Weißt du noch, wie wir beide da im Flur des Hauses standen, nachdem Kellermann das erste

Mal die Nerven durchgegangen waren?«, fragte mich Anne.

Wir saßen immer noch vor dem Polizeipräsidium. Die Sonne war längst hinter dem hohen Gebäude verschwunden. Wir hatten völlig die Zeit vergessen. Uns gegenseitig erzählt von diesen ersten hektischen Tagen. Von diesem Fall, wie wir so noch keinen anderen erlebt hatten.

»Die ersten fünf Tage waren so voll. So voll mit Dingen, die mir noch nie begegnet sind. Und deshalb will ich raus aus der Mordkommission«, wiederholte ich meinen Entschluss, eher um es mir noch einmal klarzumachen als um es Anne gegenüber wieder in Erinnerung zu bringen.

»Was, glaubst du, ist das Schlimmste für dich? Was belastet dich am meisten?«, wollte Anne von mir wissen.

»Schwer zu sagen bei all den Einzelheiten, die wir erfahren haben«, erwiderte ich.

»Ich sag dir, was ich besonders schwierig finde: die absolute Kaltblütigkeit, mit der die beiden zu Werke gegangen sind. Du weißt ja, ich bin für die Auswertung der im Haus gefundenen Handys zuständig. Gestern Abend hab ich mir das Handy von Beate Wissmann vorgenommen und habe festgestellt, dass von diesem Handy bis vor einer Woche noch SMS verschickt worden sind.«

»Beate Wissmann ist seit fast zwei Jahren tot!«

»Ja, aber Johanna Nagold hat Beates Mutter danach immer wieder Nachrichten geschickt: Es geht mir gut, macht euch keine Sorgen, so was in der Richtung.«

»Wie abgebrüht. Darum hat es nie eine Vermisstenanzeige gegeben. Wieder so ein Detail, das mich fertigmacht«, gestand ich meiner Kollegin. »Ich habe mir heute Morgen die Liste angeschaut, die Johanna Nagold angefertigt hat. Du weißt schon, die mit den Namen der Opfer und was mit ihnen passiert ist.«

»Ja«, erwiderte Anne. »Sie ist schon in der Akte. Aber ich hatte noch keine Zeit, sie zu lesen.«

»Neun Namen stehen drauf: Die beiden Toten natürlich, Beate Wissmann und Monika Scholze. Dazu die Frau, die sich gleich nach den ersten Fernsehberichten bei uns gemeldet hat. Die Frau aus Berlin, mit der wir schon gesprochen haben.«

»Ja, die war ja glücklicherweise nur zwei Tage im Haus.«

»Genau. Dazu kommen fünf weitere Namen von Frauen, die wir jetzt dringend finden und befragen müssen. Und als letzten Namen auf die Liste hat Johanna Nagold sich selbst gesetzt.«

»Sie hat sich selbst draufgeschrieben?«, fragte Anne verwundert nach.

»Ja. In die erste Zeile hat sie die Namen geschrieben. Dahinter den Zeitraum, in dem die

Frauen bei ihnen waren. Dann hat sie geschrieben, was ihnen geschehen ist. Einsperren, Treten, Haare ausreißen, heißes Wasser, Bügeleisen – die ganzen Torturen. Und dahinter hat sie geschrieben, wer das getan hat. Meistens steht da ihr Name. Nur bei sich selbst, da steht der von ihrem Mann.«

»Sie sieht sich als Opfer und als Täterin.«

»Kann ja auch gut sein, dass es so war.«

»Hey ihr beiden, wir haben euch schon überall gesucht. Kommt hoch, Kellermann will uns alle im Konferenzraum!«

Das kam vom Kollegen Feller, der sichtlich nicht davon erbaut war, uns überall suchen zu müssen.

Im Konferenzraum waren schon alle versammelt, zudem noch ein Mann, dessen Gesicht mir bekannt vorkam, der aber definitiv nicht zu unserer Ermittlergruppe gehörte.

»Ich darf euch Dr. Matthias Richter vorstellen, einer der namhaftesten Kriminalpsychologen, die wir haben. Herr Richter ist vom Kriminalpsychologischen Institut in Hamburg zu uns gekommen. Sein Forschungsschwerpunkt ist die Viktimisierung, also die Bedingungen und die Folgen des Opferwerdens. Er soll uns erklären, warum sich die Opfer so verhalten haben, wie sie sich verhalten haben. Warum zum Beispiel keines der Opfer, die den Aufenthalt im Haus überlebt haben, sich an die Polizei gewendet hat. Warum die Opfer nicht versucht haben, aus dem Haus zu fliehen. Die Fragen, die uns also alle seit der letzten Woche beschäftigen.«

Alle im Raum nickten. Auch wenn wir es vielleicht nicht offen formuliert hatten und weit davon entfernt waren, den Frauen einen Vorwurf zu machen, war uns allen genau das doch immer wieder im Kopf umhergegangen.

»Es gibt zudem seit heute morgen einen konkreten Anlass, sich mit der Frage zu beschäftigen«, fuhr Kellermann fort.

»Wir wissen jetzt, dass die mutmaßlichen Täter mindestens zweimal Kontakt mit der Polizei hatten, und in beiden Fällen war die später getötete Beate Wissmann mit dabei. In beiden Fällen sind die betreffenden Streifenbeamten nicht eingeschritten. Das hat uns Johanna Nagold heute morgen in einer weiteren Vernehmung erzählt.«

Was hatte sie für einen Schreck bekommen, als plötzlich der Polizist hinter ihr stand. Sie hatte ihn überhaupt nicht kommen sehen. Beate auch nicht. Es war ja nicht das erste Mal, dass sie mit Beate einkaufen war. Aber dieses Mal, auf dem Parkplatz beim Einladen, wurde Beate plötzlich so laut. Sie sollte jetzt endlich aus dem

Haus ausziehen, verlangte Beate von ihr. Es wäre kein Platz mehr da für sie. Beate wolle Martin jetzt ganz für sich allein. Und die Schläge und das Weggesperrt werden wären alles nur Johannas Schuld. Der Martin wolle das gar nicht. Da war es Johanna zu viel geworden. Sie hatte den leeren Einkaufswagen genommen und Beate mit aller Gewalt in den Rücken gerammt. Das musste ihr richtig weh getan haben, denn sofort war Beate wieder ruhig und lieb. Natürlich hatten das die anderen Kunden des Einkaufszentrums beobachtet und die Polizeibeamten herbeigerufen, die zufällig beim nahegelegenen Backshop ihren Kaffee tranken. Aber als sie Beate ansprachen, hat sie ihnen ganz ruhig erklärt, worüber die beiden gestritten hatten. Das ging Johanna eigentlich schon wieder zu weit. Was ging das die Polizisten an, ob sie ausziehen sollte oder nicht. Aber sie hielt sich zurück. Denn sie war ja auch irgendwie froh, dass Beate zwar von dem Streit erzählte, aber mit keinem Wort erwähnte, was ihr alles so passiert im Haus. Die Polizeibeamten ermahnten Johanna noch wegen der Sache mit dem Einkaufswagen, aber bevor sie etwas antworten konnte, sagte Beate, dass das doch alles halb so schlimm gewesen war. Als sie Martin abends von der Sache erzählte, war der natürlich fuchsteufelswild geworden. Nie mehr sollte sie mit Beate zum Einkaufen fahren, er hätte ja nicht ahnen können, dass Johanna so blöd sein könnte, der Beate mitten auf dem Parkplatz in die Beine zu fahren. Das war eine der wenigen Nächte gewesen, wo sie Prügel von Martin bezogen hatte, obwohl eine andere Frau im Haus war.

Aber beim zweiten Mal war Martin ja selber zu blöd gewesen. Da war er schuld, dass die Polizei noch einmal mit Beate sprechen konnte. Nicht mal drei Wochen später war das gewesen. Er hatte noch unbedingt tanken und in die Waschstraße gewollt, obwohl sie Beate hinten im Wagen sitzen hatten. Und obwohl es Beate gar nicht gut ging. Die hatte zwei Nächte in der Waschküche auf dem Boden schlafen müssen, weil sie einen Küben mit sauberer Wäsche hatte fallen lassen. Natürlich gab das eine Strafe. Aber die beiden Nächte auf dem kalten Fliesenboden hatten Beate nicht gut getan. Schwach war sie, verheult sah sie aus, ihr linkes Auge war angeschwollen und der Kabelbinder, mit dem Johanna sie an das Heizungsrohr gefesselt hatte, hatte Spuren hinterlassen. Und so saß sie dann hinten im Auto. Sie standen in einer langen Schlange von Autos vor der Einfahrt zur Waschstraße. Ewig hat das gedauert. Und dann kam die Polizei. Ein Ehepaar hatte sie verständigt, weil sie bemerkt hatten, wie schlimm Beate aussah. Aber als die

Beamten sie ansprachen, tat sie alles, um ihnen klarzumachen, dass alles in Ordnung war. Nein, es ginge ihr gut, die Verletzung am Auge sei gerade beim Sport passiert. Deshalb sehe sie so aus und sei so erschöpft. Alles kein Grund zur Sorge, Herr Wachtmeister, sagte sie noch und versuchte zu lächeln. Das war das allerletzte Mal, dass sie Beate mit nach draußen genommen hatten. Weil sie nichts mehr riskieren wollten und weil ihnen Beate dann eine knappe Woche später in der Dusche gestorben war.

»Niemand weiß, warum sich Beate Wissmann so verhalten hat. Wir können sie nicht mehr befragen«, begann der Kriminalpsychologe seinen kurzen Vortrag in unserem Konferenzraum.

»Aber die Erfahrung in anderen, ähnlich gelagerten Fällen sagt uns, dass Opfer aus mehreren Gründen nicht in der Lage sein können, um Hilfe zu bitten. Da ist zum einen die permanente Androhung von Gewalt. Und damit die Angst, für einen Versuch zu fliehen oder um Hilfe zu bitten, massiv bestraft zu werden. Sie malen sich aus, was passiert, wenn so ein Versuch nicht erfolgreich ist. Sie fliehen und werden wieder eingefangen. Sie bitten um Hilfe, aber keiner nimmt sie ernst. Sie geraten wieder in die Fänge ihres Peinigers und alles wird noch schlimmer als vorher. Diese Angst steigert sich mit jedem Tag, in dem das Opfer in den Händen des oder der Täter ist. Und noch etwas steigert sich mit jedem Tag: die Scham. Die ersten Demütigungen, die ersten körperlichen Züchtigungen werden noch hingenommen, vielleicht weil das Opfer hofft, dass das nur vorübergehend ist, dass es besser wird mit der Zeit. Und dann kommen immer schlimmere Demütigungen dazu und damit steigt die Scham, sich jemandem gegenüber zu äußern, ins Unermessliche. Die Scham zu erzählen, was einem alles widerfahren ist. Die Scham zu erklären, warum man das am Anfang alles mit sich hat machen lassen.«

Dr. Richter machte eine kurze Pause und schaute in die Runde.

»Angst und Scham bauen eine Mauer um die Opfer, die diese von sich aus nur schwer wieder einreißen können. Denken Sie daran, wenn Sie das Verhalten der Frauen im Haus beurteilen und wenn Sie nach weiteren Opfern suchen. Gehen Sie nicht davon aus, dass sich die Opfer freiwillig bei Ihnen melden werden. Viele von ihnen würden lieber sterben, als jemandem von ihrem Martyrium zu erzählen.«

Nach dem Vortrag zogen sich Kellermann und der Psychologe ins hintere Büro zurück. Meine Kollegin Anne nahm mich beiseite.

»Wenn das stimmt, dann werden wir vielleicht nie herausbekommen, wie viele Opfer tatsächlich in dem Haus waren.«

»Mir geht noch etwas nicht aus dem Kopf. Wenn Opfer nicht reden, nicht fliehen und sich niemandem anvertrauen, wer sagt uns dann, dass das Haus in Treegheim das einzige Verlies ist, das es gerade gibt.«

»Wie meinst du das?«

»Wie viele Häuser gibt es noch, in denen gerade jetzt, wo wir hier miteinander reden, irgendjemand Frauen gefangen hält und foltert? Wie viele Häuser am Hang gibt es noch? Und wie viele Opfer, von denen wir vielleicht nie erfahren.«

»Du musst weitermachen, Andreas!«

»Ich weiß, Anne.«

Auf dem Weg nach Hause machte ich mir Gedanken darüber, wie ich meiner Frau Christiane erklären sollte, dass ich meinen Entschluss, die Mordkommission zu verlassen, zurückgenommen hatte.

Als ich die Haustür aufschloss, stand sie im Flur. Sie umarmte mich und dann kamen ihre Tränen. Sie weinte wie ein Kind. Hemmungslos, bis sie ganz außer Atem war.

»Was ist los? Was ist passiert, Christiane? Um Himmels willen, sag doch was?«

»Ich hab heute die Sachen von meiner Mutter durchgeschaut. Den ganzen Papierkram und so. Ich fühlte mich heute stark genug dazu. Ich dachte, vielleicht finde ich ja doch irgendwas, was erklärt, warum sie sich das Leben genommen hat.«

»Und, hast du was gefunden?«

Sie antwortete nicht, sondern zeigte mir eine herausgerissene Zeitungsseite. Es war eine Seite mit Kontaktanzeigen. Eine hatte ihre Mutter mit Rotstift markiert.

Die erste Zeile lautete: Zu zweit ist alles schöner.

Thorsten Knape

Tröpfchen für Tröpfchen Qualität

Die Anreise war sehr angenehm gewesen. Der Innenraum des Fahrzeuges klimatisiert, nicht zu kalt und nicht zu warm. Die Beleuchtung war zu Beginn der Fahrt leicht herunter gedimmt worden, um eine Wohlfühl-Atmosphäre zu schaffen. Dazu trug auch das On-Bord-Audioprogramm bei, das einen beruhigenden Mix aus easy-listening und chill-out Musik vorrätig hielt. Selbst über den Bodenbelag im Inneren hatte man nachgedacht: Naturfasern, die einen angenehmen, frischen Duft verbreiteten. Im vorderen Teil des Fahrzeuges war ein leichtes Buffet aufgebaut worden, schnell zu erreichen und ganz bewusst ohne schwere Zutaten zusammengestellt. Leichte Kost für die Reise, selbstverständlich aus biologischem Anbau und hundert Prozent vegan.

Ja, so konnte man auch eine längere Anreise gut überstehen.

Man kann nur mutmaßen, ob sich der Fahrgast auf sein Ziel und seine bevorstehenden Aufgaben vor Ort freute. Sicher dürfte allerdings sein, dass er die Reise dorthin genoss.

Pyrrhus Z war auf dem Weg ins edle Gestüt Schlender. Er war so etwas wie eine lebende Legende: Pyrrhus Z war eines der erfolgreichsten Springpferde Deutschlands, mit Erfolgen bei zahlreichen großen Events im Springreitzirkus, mit den Olympischen Spielen in Atlanta und Sydney als Höhepunkte. Höhepunkte anderer Art sorgten für seine zweite Karriere: Pyrrhus Z galt als einflussreichster Deckhengst Deutschlands, wenn nicht sogar der ganzen Welt. Und wenn so ein Champion reist, dann natürlich im Erster-Klasse-Pferdetransporter, mit Musik und Klimaanlage, mit einer Futterbox vor dem Kopf und feinstem Stroh unter den Hufen.

Und er hatte es sich auch verdient, denn der Ruf als bester Springpferde-Vererber, der wird einem noch so virilen Hengst nicht einfach so geschenkt. Dazu bedarf es schon harter, disziplinierter Arbeit; Konstanz und Qualität sind da gefordert. Da muss jeder Schuss ein Treffer sein, da erwartet die Welt zu Recht Qualität, Tröpfchen für Tröpfchen Qualität.

Und Pyrrhus Z war auch an diesem Tage angetreten, um zu liefern.

Am frühen Nachmittag erreichte seine Hoheit das Gestüt.

»Was für ein Prachtkerl er doch ist!« Liebe

und Hochachtung schwangen mit in den Worten von Erika Freifrau zu Schlender-Coloni, Besitzerin des Gestütes, beim ersten Blick auf den hochwillkommenen Gast.

»Ist er, in der Tat. Ist er nicht?«, bestätigte Karolus Niemeyer, stolzer Besitzer von Pyrrhus Z.

Karolus Niemeyer, das wussten alle in der Springreiterszene, hatte einige Zeit auf der Britischen Insel verbracht. Das hatte hörbaren Einfluss genommen auf seine Sprache. Einen wirklichen Akzent konnte man zwar nicht heraushören, seine Wortwahl und seine Vorliebe, englische Ausdrücke in unnachahmlicher Art und Weise ins Deutsche zu übertragen, waren nicht zu überhören. Nur wenige wirklich Eingeweihte wussten, dass er in jungen Jahren tatsächlich nur knappe zwei Wochen in London und Brighton gewesen war und dass seine Art zu sprechen ein mühsam angeeigneter Weg war, sich mit der Aura des Besonderen zu umgeben. Ein wichtiger Faktor, um in der Welt der Schönen und Reichen bestehen zu können, obwohl man eigentlich nur ein zu Geld gekommener Bauer war. Und so wurde aus dem Bauern Karl der Pferdezüchter Karolus, der mit dem Spleen, dem britischen.

»Geboren, um wild zu sein! Mein Top Gun!«, rief Karolus Niemeyer entzückt auf und schaute stolz auf seinen Hengst. Der präsentierte sich gerade in weniger eleganter Pose. Im Rückwärtsgang, vorsichtig die Laderampe des Deluxe-Pferdetransporters herabsteigend.

»Mehr Stroh, wenn ich bitten darf!«, wies er den Pferdepfleger an, der das Aussteigemanöver des Pferdes zu betreuen hatte. Pyrrhus Z. sollte den ersten Schritt auf den Boden des Gestüts als sanftes Aufsetzen erfahren.

»Und eine zweite Decke. Tout de suit!«, ergänzte Erika Freifrau zu Schlender-Coloni, voller Sorge um den Prachtkerl. Die Schlender-Colonis genossen in der Züchter-Szene einen exzellenten Ruf. Dutzende Hengste hatten auf ihrem Gestüt bereits geliefert, hunderte vielversprechende Stuten waren so zu Mutterfreuden gekommen und hatten eine Nachkommenschaft produziert, die sich las wie das Who-is-who der europäischen Springreit-Elite: Raboulé de Terro, Cisassa D, aber auch der unvergleichliche Django Boy hatten das Licht der Welt auf diesem Gestüt erblickt, danach atemberaubende sportliche Karrieren hingelegt und Gestüt und Besitzern zu Ruhm und Ehre verholfen. Und zu unglaublich viel Geld.

Erika Freifrau zu Schlender-Coloni wusste, was sie ihrem Stargast schuldig war. »Bring Pyrrhus in die Vier«, wies sie ihren Pferdepfleger an.

»Die beste Box für das beste Pferd im Stall«, fügte sie in Richtung Karolus Niemeyer hinzu.

»Und für Sie finden wir auch ein nettes Plätzchen!« Ihr Lächeln drohte die botoxgeglätteten Wangen zu sprengen.

»Kein Zweifel, kein Zweifel habe ich da, Gnädigste«, erwiderte Niemeyer im besten Anglo-Deutsch. »Und ich erinnere Ihren Eierlikör. Der war doch so köstlich. War er nicht?«

Während die beiden ihren Eierlikör schlürften, konnte Pyrrhus Z seine Bleibe für die nächsten zwei Tage inspizieren. Luxus pur: an den Wänden aufwendig gestaltete Kachel-Mosaike, in dezent bunten Farben gehalten. Auf dem Mittelgang charmante Beleuchtung, gewährleistet durch zwölf von der Decke hängende Kronleuchter. In der Futterbox besonders vitaminreiche Kost, um dem Champ Kraft für die bevorstehenden Aufgaben zu geben. Keine Frage, es gibt hässlichere Orte, um sich auf die Weitergabe seines Erbgutes vorzubereiten.

Der nächste Morgen begann gut für Pyrrhus Z. Der Pferdepfleger begleitet ihn auf eine akkurat gemähte Wiese, gewährte ihm einen angemessenen Auslauf auf der großzügig bemessenen Koppel. Die Menschen, die ihn von jenseits des Holzzaunes beobachteten, kannte er.

»So, es kann losgehen jetzt. Mein Brauner ist in Hochform. So wie ich gestern. «

Karolus Niemeyer grinste schmierig vielsagend zu Erika Freifrau zu Schlender-Coloni hinüber. Janina Große-Uthöfer drehte sich angewidert weg. In ihrem Beruf war ihr logischerweise nichts Triebhaftes fremd, aber bestimmte Sachen wollte sie sich einfach nicht ausmalen. Und ein Techtelmechtel zwischen Niemeyer und ihrer Chefin gehörte definitiv dazu. Janina Große-Uthöfer war die Besamungsbeauftrage auf Gestüt Schlender. Ein Traumberuf, dem die Außenwelt vielleicht etwas zu wenig Beachtung schenkt. Denn Besamungswarte und die nicht minder wichtigen Eigenbestandsbesamer sind hochangesehene Spezialisten mit Verantwortung und guter Entlohnung. Janina arbeitete schon vier Jahre bei den Schlender-Colonis und fühlte sich durchaus wohl hier.

»Ich glaube, er ist soweit«, sagte sie, ihren Kennerblick auf das Geschlechtsteil von Pyrrhus Z gerichtet. »Er hat bereits ausgeschachtet.«

In der Tat hing das imposante Fortpflanzungsorgan des Hengstes deutlich sichtbar an der Unterseite des Tieres herab, allerdings noch weich und elastisch schwingend im Rhythmus seines gemütlichen Trabes.

»Dann mal los«, rief Niemeyer in großer Vorfreude. »Wollen Sie dabei sein, Gnädigste?«

»Oh bitte, nein«, erwiderte die Angesprochene. »Ich erwarte Sie später drinnen, Karolus. Es wäre auch noch Eierlikör da.«

Das Augenzwinkern ihrer Chefin und das lüsterne Lächeln des Herrn Niemeyer bestätigten die erfahrene Besamungsspezialistin Janina in ihrer in den Jahren gewonnenen Erkenntnis, dass sie die eindeutigen und nur am Zweck orientierten Paarungsrituale ihrer Pferde den verlogenen und durchtriebenen Ritualen der Gattung Mensch mittlerweile vorzog.

Pyrrhus schnaubte, er hatte Witterung aufgenommen. Er roch die rossige Romina. Die Stute wartete auf ihn, nur wenige Meter von der Koppel entfernt, im sogenannten Sprungraum. Pyrrhus wurde unruhig, sein Gemächt hatte eine beeindruckende Länge angenommen und die Elastizität war einer gewissen Steifheit gewichen, die es jetzt auszunutzen galt.

»Gehen wir«, sagte Janina und gab dem Pferdepfleger, der Pyrrhus fest am Halfter hielt, ein Zeichen.

Der Sprungraum war so etwas wie das Allerheiligste auf dem Gestüt Schlender. Kein Wunder, denn hier wurde das meiste Geld verdient. Acht mal acht Meter groß, mit einer hölzernen Abtrennung im hinteren Bereich. Dort hinter, gut sichtbar, aber für Pyrrhus unerreichbar, wartete die wohlriechende Romina. Pferdepfleger Jan führte Pyrrhus an die Absperrung, die genau so hoch war, dass der Hengst gerade noch seinen Kopf zu der Stute herüberstrecken konnte. Was er roch, gefiel ihm. Seine Lust war laut und seine Lust war groß. Aus seinem Geschlechtsteil war jetzt jede Elastizität gewichen und hatte einer stattlichen Erektion Platz gemacht. Aber statt des erhofften Rendezvous mit der rossigen Romina führte der Pferdepfleger den vorfreudigen Hengst auf die andere Seite des Sprungraumes. Und spätestens zu diesem Zeitpunkt hatte sich Pyrrhus wieder an seine vorherigen Besuche auf Gestüt Schlender erinnert und an die traurige Tatsache, dass er nicht zum Spaß hier war.

Die Besamungsbeauftrage Janina griff herzhaft zu, mit einem Schwamm, einem kleinen Eimerchen voll lauwarmer steriler Waschlotion und einer Handvoll Zewatüchern. Und rubbeldiekatz ward Pyrrhus' Gemächt erst einmal ordentlich sauber geschrubbt. Ganz offensichtlich gefiel das dem Prachttier allerdings überhaupt nicht, und das, was gerade noch gerade war, hing nach der Waschung frustriert herunter.

»Mach noch mal die Tour mit ihm«, wies Janina den Pferdepfleger an, und der brachte Pyrrhus wieder so nah wie möglich an die rossige Romina heran. Ein Hoch – auf die Natur. Bei Pyrrhus zeigte sich erneut ansteigendes Interesse an der Stute.

»Jetzt!«, sagte Janina.

»Ja, jetzt!«, bestätigte Niemeyer euphorisch.

Pferdepfleger Jan griff beherzt in das Zaumzeug des Hengstes und zog ihn von der Abtrennung weg. Eine halbe Runde durch den Sprungraum, dann steht Pyrrhus vor dem, was in Züchterkreisen das ›Phantom‹ genannt wird.

Ein großer, mit Leder bezogener Bock, einem Turnpferd aus dem Sportunterricht nicht unähnlich. In Größe, Form und Gestalt wie eine Stute, nur eben ohne Kopf. Und weil Hengste in ihrer Erregtheit keinen großen Unterschied in dem machen, was sie bespringen wollen, bäumte sich Pyrrhus auf und landete mit einem Satz auf dem hinten leicht abgeschrägten Phantom.

Pyrrhus, ganz konzentriert darauf, nicht abzurutschen, merkte mutmaßlich nicht einmal, dass sich Janina ihm von der Seite genähert hatte und mit eingeübter Geschicklichkeit eine längliche, ordentlich dimensionierte Röhre über sein in voller Herrlichkeit erigiertes Geschlechtsteil geschoben hatte. Diese Röhre, ein ausgeklügeltes Ding aus der Erfinderwerkstatt der Züchterinnung, bestand aus einem äußeren Mantel und einem Gummi-Innenschlauch. Dazwischen genau drei Liter Wasser, vorgeheizt auf kuschelige

42 Grad. In den Innenschlauch, der sich zum Ende hin deutlich verjüngte und der mit Vaseline ausreichend schlüpfrig gemacht worden war, schleuderte Pyrrhus nun mit lautem Schnauben sein Erbmaterial hinein. Praktischerweise war am Ende des Schlauches ein Plastikgefäß aufgeschraubt, das mit einem Fassungsvermögen von 400 Millilitern auf alle Eventualitäten vorbereitet war.

Pyrrhus hatte wieder einmal seine Pflicht erfüllt, rutschte erleichtert vom Phantom herunter und schnaubte zufrieden.

Auch Karolus Niemeyer schnaubte zufrieden, als ihm Janina die gerade gewonnene Portion zeigte. Das waren gut und gerne 120 Milliliter, die Pyrrhus geliefert hatte. Und Karolus Niemeyer musste nicht lange rechnen, um zu überschlagen, was das bedeutete: das waren 12 Portionen 1-A-Sperma und pro Portion lag der Preis für Pyrrhus-Samen aktuell bei 2 400 Euro.

Knapp 30 000 Euro – der Tag ließ sich gut an für Karolus Niemeyer.

Während Karolus mit einem warmen Wohlgefühl in Richtung Herrenhaus entschwand und sich auf seine bevorstehenden Aufgaben in Bezug auf Frau zu Schlender-Coloni konzentrierte, wurde es für das Erbgut von Pyrrhus jetzt kalt, sehr kalt. Im Labor des Gestüts teilte Besamungsbeauftrage Janina Große-Uthöfer die großzügige Spende des Hengstes in 12 Portionen, gab zwecks schonenderer Aufbewahrung jeweils noch eine entsprechende Dosis Seminalplasma hinzu und schickte die Röhrchen dann ins ewige Eis – schockgefroren bei ungemütlichen minus 198 Grad.

Als das erledigt war, schaute sie auf die Uhr. Und nickte zufrieden. Es war noch genug Zeit übrig, bis Karolus seine Aufgaben bei ihrer Chefin erledigt hatte und es war genug Zeit vergangen, in der sich Pyrrhus von seiner Aufgabe erholt hatte. Sie gab Pferdepfleger Jan das vereinbarte Zeichen und der führte den Hengst noch einmal in den Sprungraum. Die rossige Romina war noch an ihrem Platz hinter dem Bretterzaun und sie verfehlte ihre duftige Wirkung beim herein trabenden Pyrrhus nicht. Behutsam führte Jan den im wahrsten Wortsinne bereitstehenden Hengst an der Stute vorbei zum bereitstehenden Phantom. Und Pyrrhus tat ein zweites Mal, was von ihm erwartete wurde: Tröpfchen für Tröpfchen Qualität.

Kurze Zeit später stand Pyrrhus wieder in seiner Luxusbox und fraß sich neue Kraft an. Zunächst nicht für weitere Samenspenden, die waren offiziell erst wieder in ein paar Monaten an der Reihe. Jetzt sollte sich der Champ, so wollte es der Masterplan seines Besitzers, wieder auf den Sport konzentrieren. Morgen würde das Training wiederaufgenommen werden, einige lukrative Championate standen an, in denen Pyrrhus Medaillen ergattern sollte. Springen statt Bespringen also. Pyrrhus war es recht.

Während der folgenden Saison machte Pyrrhus Z seinem Ruf als Springpferd der Extraklasse alle Ehre. Er konnte seine Gewinnsumme auf insgesamt 1,4 Millionen Euro steigern. Besitzer Karolus Niemeyer war zu 100 Prozent zufrieden. Oder zumindest zu 90 Prozent zufrieden. Wenn da nicht die Sache mit den Spontanerektionen gewesen wäre.

Nicht, dass er selber damit zu kämpfen gehabt hätte. Nein, da war es eher gegenteilig der Fall, dass Karolus häufiger zu den kleinen blauen, rautenförmigen Pillen greifen musste, um seinen Mann zu stehen. Die Probleme mit den Spontanerektionen, die bereitete ihm sein bester Hengst im Stall, der virile Pyrrhus Z. Wie alle Hengste zeigte auch Pyrrhus immer wieder, mit welch imposanter Bereitschaft und Gerätschaft zur Fortpflanzung er beschenkt worden war. Der Pferdefachmann nennt eben das Spontanerektionen und weiß, dass man damit bei Hengsten ungefähr alle 90 Minuten zu rechnen hat. Die Dauer dieser Demonstration wird im

Schnitt mit drei Minuten veranschlagt. Aber Super-Champion Pyrrhus war auch in dieser Beziehung den meisten seiner Artgenossen weit überlegen. Bei ihm regte sich mindestens jede Stunde etwas und dann konnte es auch schon mal zehn Minuten dauern, bis sich der Champ wieder beruhigte.

»Das geht nicht. Wie das aussieht. Beim letzten Turnier haben sich die Damen in der ersten Reihe angeekelt weggedreht.«

Karolus saß bei einem Gläschen Portwein und einer Sumatra-Zigarre auf der Terrasse seines alten Freundes Dr. Jakob F. Kreuzfeld. Die beiden kannten sich seit langem. Da war Karolus noch Bauer Karl gewesen und Doktor Kreuzfeld ein junger und schwer schuftender Tierarzt für Kühe, Schweine und sonstiges Großvieh aller Art.

Dann hatte sich gezeigt, dass Karl über eine gehörige Portion Bauernschläue verfügte und zudem ein feines Näschen dafür hatte, dass und wie man Agrarsubventionen der EU besser zum Kauf von Aktienpaketen verwendet, als für den Kauf eines neuen Mähdreschers. So zu Geld gekommen, begann Bauer Karl mit der Pferdezucht und Veterinär Kreuzfeld wurde der Doktor, dem die Stuten vertrauten. Oder besser gesagt: die Besitzer der Stuten. Dr vet. Jakob F. Kreuzfeld wurde Experte für die künstliche

Befruchtung junger, vielversprechender Stuten mit dem Samen erfolgreicher, hochdotierter Hengste.

Jetzt grinste Kreuzfeld seinen alten Weggefährten an. »Pyrrhus braucht das Gegenteil von dem, was du immer schluckst. Es wird Zeit für libido-suppressive Maßnahmen!«

Karolus schaute ihn begriffsstutzig an.

»Mein Gott: Das Gegenteil von Viagra eben! Es gibt da was, das macht deinen Zauberhengst ganz brav. Dann erschrecken sich deine feinen Damen auch nicht mehr beim Turnier. Höchstens noch vor dir.«

»Sehr witzig, Jakob. Und was ist das nun genau?«

»Das willst du gar nicht so genau wissen.«

»Nebenwirkungen?«

»Bei dir oder beim Hengst?«

»Jakob, bitte!«

»Wenn wir das vorsichtig machen, dürfte es keine geben. Vor der nächsten Decksaison müssen wir es natürlich wieder absetzen und dem guten alten Pyrrhus wieder zu alter Manneskraft zurückhelfen.«

»Klingt nach einem guten Plan. Kümmerst du dich?«, fragte Karolus erleichtert.

»Klar doch, alter Freund. Ich kümmere mich. So wie ich mich immer um alles kümmere.«

»Danke, Jakob. Sag mal, wie viele Portionen von Pyrrhus hast du eigentlich noch?«

Jakob Kreuzfeld war der Tierarzt, der immer die meisten Tiefkühl-Portionen Hengstsperma vom Gestüt Schlender zugeschickt bekam. Er machte bei weitem die meisten Stuten-Besitzer glücklich und demzufolge den größten Umsatz.

»Ich schaue morgen mal in den Eisschrank«, antwortete der Tierarzt. »Viele können es aber nicht mehr sein. Zeit, dass Pyrrhus nachlegt.«

»Ja, ja. Ich hab für Ende November wieder einen Termin bei Schlender-Coloni ausgemacht.«

»Für dich oder für Pyrrhus?«, unterbrach ihn Kreuzfeld.

»Für beide«, lachte Karolus. »Aber eigentlich müsstest du doch noch mindestens 20 Portionen übrighaben.«

»Nein. Nichts mehr da, alles ordnungsgemäß versamt«, erwiderte Kreuzfeld und begleitete seinen Freund zur Tür.

Als Karolus in seinem Bentley davongefahren war, schloss Kreuzfeld noch einmal kurz die Tür zu seiner Tierarzt-Praxis im Nebengebäude auf und warf einen Blick in seinen Tiefkühlschrank. Zufrieden grinsend ging er zurück ins Haus und genehmigte sich noch ein besonders großes Glas Portwein.

In den nächsten Wochen erlebten Pyrrhus Z und sein Besitzer Karolus Niemeyer eine überwiegend erektionslose Zeit. Bei Pyrrhus lag das an den verabreichten libido-suppressiven Maßnahmen, bei seinem Besitzer an dem für ihn sehr traurigen Umstand, dass es außerhalb der Decksaison und den damit verbundenen Besuchen auf dem Gestüt Schlender eigentlich keine Gelegenheiten und damit keine Notwendigkeiten für Karolus gab, angenehme Steifheiten mit Hilfe seiner kleinen, blauen Helfer herbeizuführen. Karolus tröstete sich mit der Aussicht, dass der nächste Besuch auf dem Gestüt Schlender nicht mehr allzu lange auf sich warten ließ. Da würde Pyrrhus wieder seinen Mann stehen. Und sein Besitzer selbstredend auch. So dachte er zumindest.

»Schön, Sie zu sehen, Karolus.«

»Die Freude ist ganz auf meiner Seite, Gnädigste!«

Karolus Niemeyer und sein Prachthengst Pyrrhus waren zurück auf dem Gestüt Schlender, um die höhepunktlose Zeit zu beenden.

»Pyrrhus in Höchstform, nehme ich an«, scherzte Erika Freifrau zu Schlender-Coloni nach der obligatorischen Bussi-rechts-, Bussi-links- und dann noch einmal Bussi-rechts-Begrüßung.

»Ganz wie der Besitzer!«, scherzte Karolus zurück.

»Beeilen Sie sich, Karolus. Ich warte wie immer im Haus auf Sie«, verabschiedete sich Erika mit einem vielsagenden Lächeln.

»Verlassen Sie sich auf uns, liebste Erika!«

Alles war vorbereitet auf einen neuerlichen Triumphzug des kostbaren Deckhengstes. Der Duft der rossigen Romina erfüllte den Sprungraum, Janina Große-Uthöfer wartete bereits mit Gummihandschuhen, steriler Waschlotion und der großen Röhre in der Nähe des Phantoms und Pferdepfleger Jan griff beherzt ins Zaumzeug und machte sich auf zur ersten Runde. Wie erwartet zeigte Rominas Duft Wirkung und Pyrrhus eine gewisse Bereitschaft.

»Er hat ausgeschachtet«, rief Karolus aus seiner Beobachterecke heraus Janina zu.

»Ja, aber mehr auch nicht!«, erwiderte Janina mit einem leichten Runzeln auf der Stirn.

Pferdepfleger Jan führte Pyrrhus noch einmal so nah wie möglich an dem Holzverschlag, hinter dem sich Romina befand, vorbei. Pyrrhus' bestes Stück allerdings blieb erstaunlich schlaff.

»Das liegt an der Stute«, rief Niemeyer in den Raum.

»Ne, ist klar«, murmelte Janina halblaut vor

sich hin. »Wenn er nicht kann, liegts an ihr. Es lebe die männliche Logik.«

Janina ging auf Karolus zu: »Haben Sie was gemacht mit ihm während der Turniersaison?«

»Was gemacht?«

»Na, Sie wissen schon, gegen die Erektionen während des Springreitens. Haben Sie ihm 'nen Ring verpasst?«

»Nen Ring? Ich weiß nicht, was mein Tierarzt genau gemacht hat. Der ist schließlich der Experte.«

»Na ja, da hat's ihr Tierarzt wohl ein bisschen übertrieben, Herr Niemeyer. Sieht so aus, als hätte Pyrrhus echte Lieferschwierigkeiten.«

Während Pyrrhus mit hängendem Gemächt in seine Luxusbox zurückgeführt wurde, ging Karolus mit hängendem Kopf zur wartenden Freifrau ins Herrenhaus hinüber.

»Eierlikör, Karolus?«

»Ne, bloß nicht. Grand Maleur, Erika. Er kann nicht!«

Freifrau zu Schlender-Coloni war irritiert, weil sie nicht wusste, um wen genau es ging. Hengst oder Besitzer? Sie dachte wohl eher an zweiten.

»Oh Gott, hoffentlich nichts Ernstes. Sie sollten einen Arzt hinzuziehen.«

»Hab ich doch, Gnädigste. Das ist ja das Problem. Das, was der gemacht hat, wirkte wohl zu stark.«

»Zu stark? Das ist doch im Sinne des Erfinders, wenn Sie wissen, was ich meine«, zwinkerte die Freifrau dem verzweifelten Karolus zu. »Sie und ich waren doch immer ganz zufrieden mit der Wirkung.« Sie kicherte albern.

»Gnädigste, ich muss doch bitten. Ich rede vom Hengst. Der kann nicht mehr und das ist tragisch.« Karolus war erbost ob des mangelnden Einfühlungsvermögens seines adeligen Gegenübers.

Das Gegenüber realisierte plötzlich, um was es wirklich ging. Und das machte der Freifrau große Sorgen. Es war aber keineswegs Mitleid, das in ihr aufkeimte.

»Setzen Sie sich, Karolus. Ich bin gleich wieder da«, sagte sie und verschwand.

Eiligen Schrittes eilte Erika Freifrau zu Schlender-Coloni zu den Stallungen hinüber, suchte und fand ihre Besamungsbeauftragte Janina.

»Was ist los?«

»Nichts ist los. Bei Pyrrhus ist Hängen im Schacht«, antwortete Janina in einer nach dem Geschmack der Freifrau zu saloppen Art.

»Das ist nicht zu akzeptieren. Lassen Sie sich was einfallen. Der Karolus ist mir egal, aber wir brauchen noch dringend einige Extraportionen für uns. Also tun Sie was.«

»Geht klar, Chefin. Ich schau mal, was sich machen lässt. Aber dafür müssen Sie mir den Karolus mindestens noch eine Stunde vom Hals halten.«

»Ich schau mal, was sich machen lässt«, antwortete Erika, verdrehte vielsagend die Augen und verschwand wieder in Richtung Herrenhaus.

Janina rief derweil den Pferdepfleger zu sich: »Jan, hol mir Pyrrhus noch mal in den Sprungraum.«

Janinas Hand glitt beinahe zärtlich über die Mähne des eigentlich so stolzen Pyrrhus. »Na, mein Alter, was haben sie mit dir gemacht?«

Mit Kennerblick überprüfte sie das Gemächt des Hengstes und sah, was sie vermutet hatte. Um die unerwünschten Spontanerektionen zu unterbinden, hatte man Pyrrhus offenbar über einen langen Zeitraum eine Art Penisring übergestülpt. Der Ring war erst vor kurzem entfernt worden, die Druckstelle war aber noch deutlich zu sehen. Bei Pferden bewirkt so ein Ring genau das Gegenteil von dem, was er bei der menschlichen Gattung männlicher Möchtegern-Hengste erzeugen soll. Er unterbindet die Erektion auf eine sehr schmerzhafte Art und Weise.

»Armer Kerl, da hat es aber jemand arg übertrieben. Kein Wunder, dass du nicht mehr kannst.«

Janina übergab die Zügel an den Pferdepfleger. »Halt ihn mal, ich muss was holen.«

»Was hast du vor, Janina? Pyrrhus ist doch durch damit.«

»Was sein muss, muss sein. Sein Saft ist einfach zu kostbar.«

Janina ging in den Nebenraum, kramte etwas aus einer der Schubladen unter ihrem kleinen Laboratoriumstisch und kam zurück in den Sprungraum.

Pferdepfleger Jan blickte einigermaßen entsetzt auf das Ding, das Janina da in den Händen hielt. Gehört hatte er davon schon, gesehen noch nie.

»Oh Gott«, stöhnte er auf.

Pyrrhus hätte sicher auch aufgestöhnt, wenn er geahnt hätte, was Janina vorhatte. Jan schaute sich das Ding an. Es war eine aus elastischem Material gefertigte Manschette mit Klettverschlüssen und Metallstäben in extra dafür gefertigten Seitenlaschen. Das Ding würde locker über seinen Unterarm passen, dachte Jan. Nur dafür war es nicht gedacht.

»Halt Pyrrhus gut fest«, wies ihn Janina an. Führ ihn noch einmal Richtung Stute und wenn er dann ausschachtet, müssen wir schnell sein.«

Und Janina konnte verdammt schnell sein. Zwei Minuten und einen beherzten Griff ins Gemächt des nichts ahnenden Hengstes später trug Pyrrhus die Manschette, die durch ihren festen Sitz und ihre Metallstäbe seine Erektionsstörung für kurze Zeit behob.

»Schnell zum Phantom.«

Janina war bereit, Pyrrhus auch irgendwie. Aber irgendwie auch nicht.

Verängstigt war er, verunsichert vielleicht und völlig verrückt gemacht von dem, was da an ihm festgezurrt war. Wie ein Wilder raste er Richtung Phantom, bäumte sich auf und setzte zum Sprung an. Aber er war zu ungestüm, sprang viel zu früh hoch, erwischte das, was er für eine Stute hielt, zu weit hinten, drohte abzurutschen, setzte mit den Hinterläufen nach, landete viel zu seitlich auf dem Phantom und rutsche abermals ab. Diesmal aber rutschte er zur Seite und in all seiner Wut und Hilflosigkeit fiel er ungebremst und mit all seinem Gewicht auf den rechten Vorderlauf. Man konnte hören, wie sämtliche Bänder im Karpalgelenk des Pferdes quasi gleichzeitig rissen.

Karolus Niemeyer hat die Geschichte, die man ihm nach dem Unfall im Gestüt Schlender auftischte, nie geglaubt. Alle Beteiligten waren viel zu hektisch gewesen und zu bemüht, ihm zu erklären, dass dieser zweite Versuch, an das Erbgut von Pyrrhus heranzukommen, nur gemacht worden war, um ihm, dem Züchter, doch noch den gewünschten Samen zu liefern. Man hätte es ihm im Erfolgsfalle natürlich sofort mitgeteilt, man hätte ihn nur vorher nicht stören wollen bei seinen intimen Gesprächen mit der Freifrau. Und er solle auch bitte nicht vergessen, dass der eigentliche Verursacher des ganzen Unheils doch wohl der Tierarzt sei, der Pyrrhus so unsachgemäß behandelt hätte.

»Bullshit«, rief er und das ausnahmsweise nicht, um sein englisches Möchtegern-Image zu pflegen, sondern weil er es einfach so meinte. Er hatte schon davon gehört, dass auf manchen Gestüten oftmals eine Extraportion Samen von berühmten Deckhengsten abgezapft wurde, hinter dem Rücken der Züchter, um die eigene Kasse aufzufüllen. Aber nie hätte er gedacht, dass ihm das auf dem Gestüt Schlender passieren würde. Gerade hier und gerade ihm, der er sich doch so gut mit der Besitzerin verstand. Aber auch das war ihm jetzt schlagartig klargeworden: Eierlikör und anschließende Samenentnahme durch die Freifrau waren nie etwas Anderes gewesen als perfide Ablenkungsmanöver. Die wirklich begehrte Samenentnahme fand immer nebenan statt, im Sprungraum.

Das sollte ihm Freifrau Erika zu Schlender-Coloni büßen. Doch zunächst hatte er sich um die Gesundheit seines Pferdes zu kümmern. Und damit hatte er ein Problem. Denn der Pfusch seines langjährigen Freundes Dr. Jakob Kreuzfeld war natürlich nicht wegzudiskutieren. Niemeyer brachte den verletzten Pyrrhus zu einem jungen Tierarzt in Paderborn. Der bestätigte Niemeyers schlimmsten Befürchtungen. Die Springreitkarriere von Pyrrhus war mit dieser schweren Verletzung mit Sicherheit zu Ende. Und zudem stellte der junge Veterinär, der auf dem Weg war, sich einen gut bezahlten Ruf als Pferdeflüsterer aufzubauen, bei Pyrrhus eine schwerwiegende Traumatisierung fest.

»Eine was bitte?«

»Eine schwerwiegende Traumatisierung. Die libido sexualis des Hengstes ist mental gestört, die potentia coeundi praktisch nicht mehr vorhanden. Das schmerzhafte Durchbrechen der Reflexkette durch den Penisring und der nicht minder unangenehme Einsatz der Manschette hat bei dem Hengst zu einer irreparablen erektilen Dysfunktion geführt. Es ist daher bis auf weiteres weder mit excitatio und frictio, geschweige denn mit eiaculatio zu rechnen.«

Karolus starrte den jungen Mediziner mit verständnislos leerem Blick an.

»Was is'?«

»Mein Gott, Herr Niemeyer. Ist denn das so schwer zu verstehen? Pyrrhus kann nicht mehr. Aus die Maus! Schicht im Schacht!«

In den nächsten Tagen und Wochen gingen Karolus Niemeyer viele verschiedene Sachen durch den Kopf. Da war sogar ein kleines bisschen Mitleid mit Pyrrhus dabei. Die verging beim Profizüchter allerdings recht schnell und wich der Enttäuschung darüber, dass sein bestes Pferd im Stall zu einem betriebswirtschaftlichen Totalausfall geworden war. Da war auch die Wut im Bauch über den schmachvollen Betrug durch die Freifrau Erika, die nie seinen, sondern immer nur Pyrrhus' Samen begehrt hatte und der Ärger über den Pfusch am Hengst, den sein Freund Kreuzfeld begangen hatte. Den hatte er als erstes aufgesucht, nachdem er Pyrrhus in der Obhut des jungen Pferdepsychologen gelassen hatte. Der hatte ihm nach den ersten Behandlungstagen wenig Hoffnung gemacht: Phyrrus' Gelenk würde für immer steif bleiben, das Gemächt dagegen würde es nie mehr werden.

»Jakob, du Kurpfuscher!«, begrüßte Karolus seinen Freund und der merkte sofort, dass das gar nicht lustig gemeint war.

»Setz dich, Karl. Ein Gläschen Portwein? Oder lieber einen Eierlikör?«

»Das ist nicht witzig. Nach all dem, was passiert ist.«

»Ich weiß«, und natürlich wusste Kreuzfeld mittlerweile alles. Niemeyer hatte ihm in einem ersten wütenden Telefonat die Geschichte erzählt.

»Aber ich habe nach bestem Wissen und Gewissen gehandelt. Du wolltest, dass sich der Hengst bei Turnieren benimmt. Und das geht nun mal nur mit dem Ring. Habe nicht geglaubt, dass das so durchgreifend funktioniert. Aber passiert ist nun mal passiert. Wirst mich kaum dafür vor den Kadi schleifen können.«

»Das überleg ich mir noch«, antwortete Niemeyer. »Aber viel wichtiger ist, dass ich mit dem Erbgut, das wir noch von Pyrrhus übrighaben, meine Unkosten decken kann. Wie viele Portionen hast du denn noch in deinem Eisschrank?«

»Das hab ich dir doch schon beim letzten Mal gesagt. Da ist nichts mehr übrig. Alles ordnungsgemäß versamt.«

»Bullshit!«, schrie Niemeyer auch dieses Mal wieder und sprang aus dem Sessel. »Du hast noch was. Das weiß ich genau. Her damit!«

»Vergiss es, Karl. Bei mir wirst du nichts mehr finden.«

Als Niemeyers Bentley dieses Mal vom Hof des Tierarztes fuhr, mit quietschenden Reifen und einem wild gestikulierenden Karolus am Steuer, ging Kreuzfeld nicht noch mal zu seiner Praxis herüber. Er wusste, dass er dort keine Hinterlassenschaften von Pyrrhus mehr finden würde. Dort nicht.

»Wie sollen wir den Tatvorwurf denn genau beschreiben, Herr Niemeyer?«, fragte Notar und Rechtsanwalt F. Julius Schlödorf Senior sein erregt hin und her rutschendes Gegenüber.

»Wenn wir Ihren ehemaligen Tierarzt verklagen, müssen wir es klar bezeichnen.«

»Mein Gott, ich hab Ihnen doch die ganze Geschichte erzählt. Sie sind der Jurist, sagen Sie es mir.«

»Nun ja. Ich habe da mal etwas vorbereitet. Aber ganz zufrieden bin ich noch nicht. Der Kläger Herr Karolus Niemeyer wirft dem Beklagten, Herrn Doktor Jakob Kreuzfeld, folgendes vor: Beim Versamen des Samens ist nicht sämtlicher Samen versamt worden. Gefordert wird somit die sofortige Rückgabe des Samens oder eine Ausgleichszahlung von 60 000 Euro. Ich denke, daran muss ich noch arbeiten. Und die Erfolgsaussichten, Herr Niemeyer, wie soll ich sagen, also glorreich sind die nicht.«

»Und wie sieht es mit der Klage gegen das Gestüt Schlender aus?«

»Nun, da sitze ich auch noch an der Formulierung. Man kann ja nicht einfach schreiben, den Beklagten würde wiederholter Samenraub vorgeworfen. Das findet sich ja so auch nicht im Gesetzbuch wieder, wenn Sie wissen, was ich meine. Und in der einschlägigen juristischen Fachliteratur gibt es auch so gut wie keine Präzedenzfälle. In einem Fall sind schon mal Reagenzgläser mit wertvollem Erbgut verschwunden. Das wurde dann aber als einfacher Diebstahl verhandelt. Und einmal hat ein Wallach beim Bespringen einer Stute die Stute an den Hinterläufen verletzt. Daraufhin hat der Besitzer der Stute den Besitzer des Wallachs verklagt. Das Gericht sah es aber als erwiesen an, dass eine sexuelle Motivation des Wallachs auszuschließen sei, weil er eben ein Wallach war. So hätte der Besitzer des Wallachs nicht vorhersehen können, dass sein Wallach eine Stute bespringen würde.«

»Wollen Sie mich auf den Arm nehmen?«, unterbrach Niemeyer seinen Rechtsanwalt. »Wallach auf Stute kommt vor Gericht, aber ich hab keine Chance?«

»Einen interessanten Fall habe ich noch gefunden«, fuhr F. Julius Schlödorf fort. »Aber der wird Ihnen auch nicht weiterhelfen: Das Landgericht Göttingen hat einmal einen Fall von vertauschtem Sperma verhandelt.«

»Vertauscht?«

»Vertauscht. Die Besitzerin einer Stute hatte Hengstsperma eines bestimmten Deckhengstes, nennen wir ihn Hengst eins, erworben und ihre Stute, nennen wir sie Stute A, damit befruchten lassen. Geliefert worden war aber das Sperma eines anderen Hengstes, nennen wir ihn Hengst zwei. Stute A bekommt daraufhin ein Fohlen, nennen wir es Fohlen Klein A. Fohlen Klein A ist also kein Nachfahre von Hengst eins, sondern vom weniger bekannten Hengst zwei. Die Klägerin macht gegenüber dem Lieferanten des Spermas geltend, dass Fohlen Klein A dadurch weniger wert sei. Nach Paragraph 434, Absatz III des BGB ist so etwas ein Sachmangel.«

»Ein Sachmangel?«

»Jawohl, ein Sachmangel. Und zwar einer, den man nicht mehr beheben kann. Und dafür gab's ordentlich Geld für die Stutenbesitzerin.«

»Wie ist das ganze damals überhaupt ans Licht gekommen?«

»Der Samenlieferant hat die Besitzerin auf seinen Irrtum aufmerksam gemacht.«

»Interessant«, sagte Niemeyer, der längst nicht alles verstanden hatte, wohl aber das Wichtigste begriffen.

»Portwein oder Eierlikör, Karl?« Dr. Jakob Kreuzfeld war mit beiden Flaschen zurück in sein Arbeitszimmer gekommen.

»Portwein wie immer, Jakob«, antwortete Karolus.

»Und für Sie, Gnädigste?« wandte sich Kreuzfeld Freifrau Erika zu Schlender-Coloni zu, die im Sessel gegenübersaß.

»Eierlikör natürlich, liebster Jakob.«

»Auf euch!«, sagte Karolus und erhob sein Glas. »Die schlimmsten Gauner im Reitsport.«

»Ach Karolus, Sie sind doch um keinen Deut besser. Und wie gerissen Sie sind«, erwiderte Erika mit einem Zwinkern.

»Na ja, wenn ich schon keine Chance habe, mein Geld von euch zurückzubekommen, muss man eben neues verdienen. Und das geht ja nun mal mit euch am besten.«

Karolus nahm einen zweiten Schluck. Jakob schaute ihn fragend an.

»Und wenn wir nun doch auffliegen?«

»Werden wir nicht, wenn wir alle schön die Klappe halten. Uns geht's doch allen hervorragend: Janina wird Geschäftsführerin des Gestütes, Pferdepfleger Jan wird unser neuer Besamungsbeauftragter. Mein Anwalt ist mein Anwalt und der ambitionierte Pferdeflüsterer aus Paderborn steigt in deine Praxis ein, Jakob.

Das war's. Sonst weiß doch keiner, dass Pyrrhus nicht mehr kann.«

»Und außer uns weiß keiner, was nun wirklich drin ist in den kleinen wertvollen Tiefkühlportionen«, ergänzte die Gestütsbesitzerin.

»Die Welt will Pyrrhus-Sperma, dann soll sie es auch bekommen«, nickte Jakob.

»So ist es, ist es nicht?«, sagte Karolus Niemeyer und griff mit der einen Hand genüsslich zur Eierlikörflasche und mit der anderen Hand nicht weniger genüsslich in Richtung Freifrau Erika zu Schlender-Coloni.

Thorsten Knape, Jahrgang 1961, arbeitet seit 1990 als Fernsehjournalist. Neben politischen und gesellschaftlichen Themen gehört die Berichterstattung von spektakulären Kriminalfällen zu seinem Aufgabengebiet. Knape arbeitet für das WDR-Landesstudio in Bielefeld. Zeit zum Schreiben nimmt sich der gebürtige Bielefelder seit 2010. Seine ersten Kurzkrimis erschienen in den Anthologien »Schöner Morden in OWL« und »Teutotod« des Pendragon Verlags.

Oliver Köhler, Jahrgang 1970, ist seit 25 Jahren als Redakteur, Reporter und Autor für Radio und Fernsehen tätig. Geboren und aufgewachsen ist Köhler in Gütersloh.

Seit nunmehr 15 Jahren macht er schwerpunktmäßig Fernsehen. Vornehmlich für die WDR Sendungen »Lokalzeit«, »Aktuelle Stunde« und »WDR Aktuell«. Ein Schwerpunkt bilden dabei die Blaulicht- und Gerichtsreportagen. Also alles, was mit Verbrechen und deren juristischer Aufarbeitung zu tun hat.

Die Geschichten beruhen auf Tatsachen, dennoch ist vieles frei erfunden. Jede Ähnlichkeit mit lebenden oder dritten Personen ist rein zufällig.

Pendragon Verlag
gegründet 1981
www.pendragon.de

Originalausgabe
Veröffentlicht im Pendragon Verlag
Günther Butkus, Bielefeld 2017
© by Pendragon Verlag Bielefeld 2017
Alle Rechte vorbehalten
Lektorat: Günther Butkus, Julia Schmilgun
Herstellung und Umschlag: Uta Zeißler, Bielefeld
Foto: mauritius images / Westend61
Satz: Pendragon Verlag auf Macintosh
Gesetzt aus der Adobe Garamond
ISBN: 978-3-86532-580-8
Gedruckt in Deutschland

SCHÖNER MORDEN

in Ostwestfalen-Lippe

Krimi-Anthologie, Originalausgabe
368 Seiten, Paperback, Euro 12,95
ISBN 978-3-86532-276-0

Hat der Ostwestfale die Wahl zwischen Schirm und Sonnencreme, dann packt er den Regenschirm ein. Er ist kein Pessimist – wie ihm gern nachgesagt wird –, sondern Realist. Er gilt als eigenbrötlerisch, wenig weltoffen, keinesfalls kosmopolitisch, dafür als nörglerisch und zuweilen gar geizig.

Doch Vorsicht: Die kriminelle Energie der Ostwestfalen ist nicht zu unterschätzen, wie die in diesem Band vorliegenden 30 Geschichten eindrücklich belegen. Da wird gemordet, erpresst und betrogen, was das Zeug hält – aber selbstverständlich nur in der Phantasie unserer Autoren. Denn eigentlich ist der Ostwestfale ganz lieb. Er will doch nur spielen …

Mit 30 Geschichten von Dietmar Bittrich, Frank Göhre, Erwin Grosche, Andreas Hoppert, Michael Koglin, Hans-Jörg Kühne, Sandra Lüpkes, Que Du Luu, Susanne Mischke, Gisa Pauly, René Pleyter, Jürgen Reitemeier & Wolfram Tewes, Norbert Sahrhage, Jürgen Siegmann, Jobst Schlennstedt, Regula Venske, Marcus Winter, Klaus-Peter Wolf u.a.

P E N D R A G O N - Verlag ——————————

31 Kriminelle Geschichten
Teuto-Tod

Krimi-Anthologie, Originalausgabe
432 Seiten, Klappenbroschur, Euro 14,99
ISBN 978-3-86532-379-8

Nehmen Sie sich in Acht!
Im beschaulichen Bielefeld schrecken
gnadenlose Verbrecher die ruhigen
Bürger auf. Schon bald liegen Alten-
heimbewohner und Tierparkbesucher
unter der Teutoburger Walderde. 31
skrupellose Täter suchen das idylli-
sche Ostwestfalen heim. Kommen die
Mörder womöglich aus der eigenen,
scheinbar ehrlichen und bodenständi-
gen Nachbarschaft?

Gemordet wird am Alten Markt und
im Ravensberger Park, auf dem Sen-
nefriedhof sind nachts seltsame Gestalten unterwegs, während in der
Bielefelder Uni gemeine Intrigen gesponnen werden. Als Taxifahrer ge-
tarnte Entführer treiben ebenso ihr Unwesen wie falsche Polizisten.
Ganz zu schweigen von den tödlichen Gefahren, die überall in Ostwestfalen lauern.

Mit Beiträgen von Volker Backes, Mechtild Borrmann, Glauche/Löwe,
Hans-Jörg Kühne, Sandra Niermeyer, Hellmuth Opitz, Que Du Luu, Rei-
temeier/Tewes, Norbert Sahrhage, Uwe Vöhl u. v. a.

P E N D R A G O N - Verlag —————————